Libro de Trabajo Cristiano para la Recuperación de la Codependencia:

De la supervivencia a la trascendencia

EDICIÓN REVISADA

Escrito por Stephanie Tucker
Traducido por: Mayra Bedoya

Libro de Trabajo Cristiano de Recuperación de la Codependencia: De la Supervivencia a la Trascendencia.
Por Stephanie Tucker

Publicado por:
Spirit of Life Recovery Resources
18652 Florida Street, Suite 200
Huntington Beach, CA 92648

Todo el dinero recaudado por la compra de este libro ayudará a cumplir nuestra misión. Spirit of Life Recovery apoya a las personas que luchan con retos emocionales y espirituales, incluyendo la adicción y la codependencia. Spirit of Life Recovery es un ministerio cristiano sin fines de lucro clasificado como 501 (c)(3) — Impuestos federales #27-3278002. Para conocer más, visite www.spiritofliferecovery.com

Este libro no tiene necesariamente la intención de diagnosticar o tratar asuntos individuales. Si usted está en una situación grave o que amenace la vida, por favor obtenga ayuda profesional de inmediato. Este libro de ninguna manera tiene la intención de reemplazar la necesidad de tratamiento profesional y/o médico.
Para asuntos de gramática, editoriales u otros relativos a la calidad de la producción de este libro de trabajo, por favor póngase en contacto directamente con la casa publicadora, Spirit of Life Recovery.

Impreso en los Estados Unidos de América

❧ Reconocimientos

Gracias a mi mejor amigo, compañero, mentor y esposo, Dr. Robert Tucker.

Tu búsqueda apasionada para ayudar a la gente a encontrar la libertad a través de la Sangre de Jesucristo es evidente en todo lo que haces. Has sido una influencia que me guía en mi entendimiento de la naturaleza de la adicción y la realidad de la guerra espiritual. Qué bendición tengo de compartir, aprender, crecer, amar y experimentar contigo la plenitud de una relación diseñada a la manera de Dios.

Un agradecimiento especial a los alumnos que participaron en nuestro primer taller de entrenamiento cuando este libro de trabajo vino a dar fruto. Su estímulo, testimonios y compromiso absoluto con la solución de Dios, me inspiró. Que Dios bendiga y prospere su fidelidad.

Chris G.
Dawn S.
"3Bob"
Heather R.
Juliet V.
Kenny G.
Mike L.
Mike B.
M'Liss S.
Patrick S.
Randall O.
Roxanna G.
Tia D.
Theresa G.
Tracy C.

Dedicatoria

A los hombres y mujeres que sufren de la enfermedad del alma de la codependencia. Que aprendan, entiendan y sean liberados a través del verdadero Sanador. Hay una vida de pasión, propósito y fidelidad esperando por ustedes.

A Arianna e Isabella - ustedes son mis preciosos regalos de Dios que incluso me enseñan aun más profundamente el amor de nuestro Padre Celestial.

Y aun más importante, gracias a mi Señor y Salvador, Jesucristo. Por todo lo que me has dado, rescatado y por todo lo que me has librado, Tu gracia siempre es suficiente. Este libro es escrito a través de Ti, y para Ti, y para que Tú seas glorificado en él.

Prefacio

por Stephanie Tucker, MDAAC, RAS, M.Min.

Conozco muy bien lo que es ser escéptico. Estudié cada libro, teología, iglesia y sistema de creencias concebible en una búsqueda desesperada para encontrar el significado de la vida. Con tanta información, tantas verdades en conflicto y tanta desconexión entre la Biblia y la psicología, parecía que el escudriñar para encontrar respuestas era simplemente imposible.

¿Respuestas a qué? A la vida. A las relaciones. Al amor. Quería saber por qué mi vida no funcionaba. Quería conocer cómo la Biblia - si realmente decía la verdad - podría ayudarme. Encontré que era frustrante que de alguna manera las escrituras en la Biblia tuvieran la intención de aplicarse a mí en lo personal, cuando por dentro yo estaba tan destrozada y simplemente no podía hacer que sus declaraciones fueran una realidad en mi vida.

Ciertamente puedo decir que no tendré todas las respuestas, pero sí sé que hubo un punto en mi vida en que clamaba por ayuda. Todas mis decisiones "responsables", mis esfuerzos, mis intentos para "averiguarlo" y la obsesión por "mantener la calma" me dejó absolutamente confundida, indefensa, sin esperanza y llena de desesperación. En mi punto más bajo, le pedí a Jesucristo que Se revelara a mí, sin importar el precio.

Lo que encontré en mi estado de quebrantamiento es el lugar que creo que todo ser humano que ha existido desea profundamente - un lugar dulce, íntimo y de descanso en el amor, cuidado, guía, alimentación, protección y bondad de mi Señor y Salvador. Ah, yo ya conocía Su teología antes. Sabía que la Biblia enseñaba acerca de Él. Simplemente no Lo conocía. Él no llegó a ser una Persona real hasta el momento en que de verdad comencé una relación con Él en base a Su amor y gracia hacia mí. Y a través de esa relación, Él me liberó de mi modo de pensar, mis sentimientos y mi manera de vivir, que eran disfuncionales y estaban distorsionados. Esos cambios no sucedieron de la noche a la mañana, pero sí se dieron.

Lo que aprendí de la enfermedad del alma llamada "codependencia" es algo que nunca pude haber entendido si no lo hubiera experimentado yo misma. Conozco el profundo dolor de la codependencia. Pero también se lo engañosa que es. Es una máscara que cubre a la gente, a las familias, a las iglesias y a las sociedades, todo en el nombre de "hacer el bien". Sin importar cómo luce por fuera, sé cómo mata y destruye la vida por dentro.

A través de mi propio peregrinaje, Dios me preparó para ser capaz de entender, identificar, revelar y ayudar a la gente, por medio de la guía del Espíritu Santo a vencer las cadenas y ataduras relacionadas con el estilo de vida de "supervivencia". Con humildad me siento honrada de ser capaz de dedicar mi vida tanto personal como profesional al área de la recuperación de la codependencia centrada en Cristo. Como directora del Tratamiento de Codependencia en New Life Spirit Recovery y como facilitadora de talleres en Spirit of Life Recovery, he sido capaz de participar en las vidas de miles de hombres y mujeres que han sido lo suficientemente valientes como para decir "debe haber algo más". Y a través de ese corazón dispuesto, Dios ha plantado una nueva semilla que los ha llevado por un camino de salud, esperanza y plenitud en Cristo Jesús.

Si usted es escéptico, tal como lo era yo, le animo simplemente a que abra su corazón y que le pida a Dios que le revele la verdad. Donde quiera que sea su travesía, espero que Su amor le libere.

Esta última edición del libro de trabajo ha sido editada y mejorada para hacerla más agradable. Agradecemos a cada una de las personas que han contribuido con sus comentarios y su amable paciencia mientras aprendíamos y crecíamos a través de este proceso. ¡Qué jornada ha sido esta!

En Su gracia ilimitada y sin comparación,
Stephanie Tucker
Directora de Codependencia
New Life Spirit Recovery

Prólogo

Quizás la experiencia más dolorosa que un líder sincero, un pastor, un consejero o un ser querido pueda soportar es la de sentarse y observar los comportamientos destructivos de la adicción que operan dentro de una familia con poca o ninguna esperanza de encontrar una solución saludable. Y ciertamente, nadie busca una solución a un problema si no se cree que existe. Los comportamientos de los alcohólicos y los adictos son identificados, etiquetados y entendidos más fácilmente. Por otro lado, los comportamientos del codependiente típicamente se presentan a sí mismos como "buenas obras" realizadas para el beneficio de los demás. En la mayoría de los casos - si no en todos - esto está muy lejos de la verdad.

Este libro tiene la habilidad de llevar al lector por un recorrido a través del cual se revelan conflictos profundos dentro del alma. Con Jesucristo en el centro, este libro de trabajo ayuda al lector a:

- exponer mentiras
- revelar la verdad
- eliminar fortalezas disfuncionales
- recibir la verdadera sanidad de Dios

Soy afortunada de estar en una posición que me permite experimentar de primera mano los resultados de esta solución centrada en Cristo.

Muchas personas que batallan con la adicción también batallan con la codependencia. Quisiera animar a los líderes en el ministerio, a las instalaciones cristianas de tratamiento, los grupos de recuperación de las iglesias y a cualquiera que esté interesado en ayudar a otros a través del proceso de recuperación que agregue este libro a su currículo.

Dr. Robert T. Tucker
Director de New Life Spirit Recovery
Presidente de la Asociación de Consejeros Cristianos para Drogas y Alcohol

Índice

1

Enfrentando la Codependencia

Espero que puedan comprender, como corresponde a todo el pueblo de Dios, cuán ancho, cuán largo, cuán alto y cuán profundo es su amor. Es mi deseo que experimenten el amor de Cristo, aun cuando es demasiado grande para comprenderlo todo. Entonces serán completos con toda la plenitud de la vida y el poder que proviene de Dios. - Efesios 3:18-19

Nuestra Ventana de Vida

Todos crecimos en familias y con experiencias que nos ayudaron a desarrollar nuestro sentido de identidad y establecieron "reglas" para la vida que llevamos con nosotros hasta la edad adulta. De manera similar a una ventana que deja ver un paisaje, estas experiencias nos enmarcaron a tener perspectivas únicas de lo que pretende ser el mundo, cómo funcionan las familias y qué cosas valorar en nuestras vidas. Mientras crecíamos con estas singulares ventanas de perspectiva, sólo conocíamos lo que se nos fue enseñado y automáticamente asumimos que era lo correcto. Los mensajes y sistemas de creencia comenzaron a ser grabados en nosotros, los cuales nos enseñaban a conocernos a nosotros mismos, qué esperar de la gente, cómo vivir nuestras vidas, qué roles desempeñar, y cómo cuidar de la gente en nuestras vidas. También desarrollamos nuestro concepto de Dios o nuestra falta de fe en Él.

Conforme nos acercamos a la edad adulta, nuestras vidas se desarrollaron sobre la base de esas creencias adquiridas. Pensábamos, sentíamos y nos comportábamos de acuerdo a ellas. Lo que "hacíamos" parecía ser simplemente un sub-producto de quiénes nos habíamos convertido, ya sea que esto fuera correcto o incorrecto. Eso pensábamos.

Algunos de nosotros habíamos llegado a un punto donde nos dimos cuenta que las formas fundamentales en que pensábamos, sentíamos, actuábamos y vivíamos en nuestras relaciones estaban causándonos dolor. Podemos seguir creyendo que otras personas son responsables de ese dolor. O podemos ser demasiado severos con nosotros mismos. Podemos intentar aferrarnos a los eventos actuales de nuestras vidas, sin entender que los asuntos de "hoy en día" a menudo son influenciados por cosas más profundas. En realidad, nuestra batalla en las relaciones y en nuestra incapacidad crónica para resolver los problemas que enfrentamos necesitan ser tratados a nivel fundamental.

¿Por qué un Método de Recuperación?

Ya sea que usted se identifique o no con ser "codependiente", puede estar seguro, que el propósito de este libro de trabajo y el proceso que encierra, tiene poco que ver con sólo ponerle a usted una etiqueta. Usamos este término para describir e identificar batallas comunes y comportamientos similares que compartimos. Es un don el ser capaz de hacerlo. Al darnos cuenta que no estamos solos, podemos extender la mano y compartir nuestra jornada de sanidad. Sin embargo, nunca debemos confundir esto con permitir que la etiqueta de codependencia "defina" quienes somos - esa etiqueta no nos define.

Este libro de trabajo está escrito para animar a aquellos que no sólo buscan vencer los comportamientos codependientes, sino ver y vivir la vida desde una perspectiva totalmente nueva. Cada capítulo está diseñado para traer un nuevo reto y una oportunidad de crecimiento. Es de esperar que el intenso proceso le ayudará a obtener acceso a los asuntos en su vida que quizá no comprenda totalmente. Esto requiere dos fases:

- Debemos ver y entender las cosas en nuestra vida que no han estado funcionando, y conocer las razones
- Debemos adoptar el diseño auténtico de nuestra vida a través de la "ventana de perspectiva" de un Padre que nos creó para tener importancia, placer, pasión y la plenitud de Él mismo en nosotros.

Puntos de Aplicación:
Escriba su "historia" de lo que le trajo al punto en el que se encuentra hoy. Específicamente escriba:
   1. Comenzando con su experiencia más temprana, escriba la historia de su vida de los eventos y situaciones en el pasado que le han influenciado, insertándose en la dolorosa dinámica que puede haberle afectado. Pida a Dios que le muestre cosas que necesita ver. Imagínese a sí mismo caminando de la mano con Él, permitiendo que Él le guíe a través de su pasado.

2. Describa los eventos actuales que le llevaron a darse cuenta que usted necesita ayuda ahora mismo.

La Ventana de la Codependencia

Históricamente el término de "co-dependencia" ó "codependencia" fue usado para referirse al cónyuge de un alcohólico activo. Esto es porque se hizo aparente que, tal como el alcohólico, el cónyuge sufría de características similares, y el miembro dependiente de la familia también compartía un patrón único de comportamiento. Particularmente, estas eran herramientas para compensar los comportamientos ultra-controladores en un intento de resolver el problema del alcohólico.

La definición como la entendemos hoy en día aplica a situaciones mucho más amplias, aunque la codependencia es más obvia en el ciclo de la adicción. Para nuestros propósitos vamos a definir la codependencia como un juego de estrategias de supervivencia aprendidas y utilizadas para funcionar en un ambiente que está desbalanceado y es disfuncional. Es un método falso de expresar amor y para embarcarse en relaciones saludables basadas en la espiritualidad. La codependencia se manifiesta en una variedad de comportamientos, pero el factor impulsor de un codependiente es un quebrantamiento interno.

En realidad, la codependencia se puede desarrollar o existir donde las relaciones (pasadas o presentes) son deficientes en amor. También ocurre cuando buscamos algo desde el exterior para llenar el "vacío interno" que tenemos dentro. Ya que el vacío interno puede ser llenado sólo por Dios, un codependiente sin saberlo intenta poner una persona, una situación u otra cosa en el lugar de Dios. Antes que seamos abrumados por esa definición, reconozcamos que por omisión todos los seres humanos hacemos esto. Por lo tanto sería técnicamente correcto decir que todas las personas somos hasta cierto punto "codependientes".

El Rol de la Persona Encargada del Cuidado de los Demás.

A menudo, como codependientes, hemos desarrollado el rol de "cuidador" para balancear una relación o sistema familiar que ha sido desbalanceado debido a que una persona no estaba disponible física, mental o emocionalmente. La necesidad de enfocarse demasiado en las necesidades de esta persona ocasiona una disrupción y un malentendido acerca del propósito de la relación. Al enfocarnos más en las necesidades de esa otra persona, quizá nos hemos enfocado menos en nuestra propia persona. Ya que a la persona que "cuidamos" era incapaz de retribuirnos (emocional, espiritual, financiera o físicamente) en la relación, aprendimos a convertirnos en un compensador y algunas veces incluso en un "rescatador". En el proceso, nuestras propias necesidades fueron descuidadas o desnutridas, ocasionando que nuestro propio crecimiento espiritual, mental y emocional fuera atrofiado.

Referenciado Externamente

Con el tiempo, nos hicimos muy sensibles a las necesidades y expectativas de la gente y las circunstancias que nos rodean. Y nos acostumbramos a satisfacer y acomodar las necesidades de otras personas, comenzamos a usar a personas o circunstancias externas como un punto de referencia para todas las cosas en nuestras vidas. Nuestras vidas se componían de esfuerzos para "leer" a la gente a través de expresiones no habladas o "analizando" su comportamiento irracional. Al aferrarnos en cómo leer nuestro ambiente, nos referenciamos externamente. Nos llevó a niveles enfermizos ya que ese punto de referencia a menudo no tenía una perspectiva lógica o racional que lo impulse.

Aun así, creíamos que algo "en el exterior" tenía la respuesta a lo que necesitábamos "en nuestro interior". Finalmente comenzamos a creer que nuestro propio sentido de la felicidad y realización descansaba en nuestra capacidad de ayudar, cuidar y complacer a la gente en nuestras vidas. Si no éramos capaces de hacerlo, esto tendría el potencial de aplastar completamente nuestro sentido de valía.

En niveles más avanzados de codependencia, nos enredamos tanto con las personas en nuestras vidas que no fuimos capaces de separar nuestros propios sentimientos, pensamientos y actos. Esta manera de vivir ocasionó que nos desconectáramos de nosotros mismos, de nuestra auténtica identidad y de nuestras necesidades verdaderas. Nos hicimos un catalizador de las necesidades de aquellos que nos rodeaban y de alguna manera nuestro sentido del "yo" quedó disuelto totalmente. Sin poder identificar este patrón o las razones detrás de él, quedamos atrapados en un círculo vicioso al intentar ayudar, aferrarse, cambiar y complacer a otros, mientras que al mismo tiempo nos sentimos vacíos, enojados, decepcionados y desconectados.

¿Dónde se Desarrolla la Codependencia?

La semilla de la vergüenza, en un punto dado, ha echado raíces en la vida del codependiente. La vergüenza dice "Yo no doy la talla, algo está mal conmigo". Algunas veces la vergüenza es impuesta en el niño de maneras muy sutiles, tales como vivir en un hogar cristiano estricto donde el niño no "da la talla". Algunas veces es impuesta de maneras brutales por un ambiente muy caótico y abusivo.

Al codependiente es muy probable que no se le dio o no se le modeló amor. Si el amor está ausente o es visto como algo por lo cual necesitamos "trabajar", desarrollaremos comportamientos de compensación en nuestra edad adulta.

Las familias de origen no son la única razón por la que una persona puede ser expuesta a la codependencia. Algunas veces los eventos y relaciones externas también pueden guiar estos comportamientos. Un matrimonio abusivo, el rechazo en la escuela, o una amistad disfuncional pueden ser caldos de cultivo para las tendencias codependientes.

Atributos de la codependencia

- Creer que una relación con su cónyuge llenará la necesidad absoluta de amor

- Depender de relaciones con personas que no están disponibles emocionalmente para satisfacer nuestras propias necesidades
- Comprometerse en relaciones por desempeño (qué hago yo) en vez del valor y el mérito (quien soy yo)
- Obsesión con los problemas y necesidades de otras personas
- Cuidar en exageración a otras personas y descuidar sus propias necesidades. Como resultado, sentirse victimizado y "utilizado"
- Incapacidad de decir "NO"
- Tolerar el maltrato o el abuso de parte de otros, mientras que justifica su comportamiento tratando de defenderlos
- Evitar el tener conflictos con otras personas al punto de ser incapaz de hablar de sus verdaderos sentimientos o pedir necesidades válidas, en ocasiones contrarrestados por ataques de enojo o rabia (agresión pasiva)
- Cubriendo a la gente irresponsable, mintiendo o "llenando los vacíos" para "ayudarles"
- Hacer por otros lo que ellos debieran hacer por sí mismos
- Intentar proteger a una persona del dolor emocional o de consecuencias de comportamientos enfermizos, tales como usar drogas y alcohol. Sin estar conscientes que al hacerlo se fomenta el problema en vez de solucionarlo
- Intentar directa o indirectamente arreglar, manejar o controlar los problemas de otra persona, incluso si lo hace de una manera amorosa
- Tratar de complacer a la gente haciendo un gran esfuerzo para ayudar, ser considerado o cuidar, y luego enojarse o desanimarse si la respuesta deseada no ayuda (Los motivos eran lograr que la persona respondiera, en vez de tratar de bendecirla).
- Migrar hacia la gente que necesita ayuda, pero teniendo dificultades para recibir la ayuda de otros
- Estar dispuesto a poner en riesgo su sistema personal de creencias o su moral para complacer a otra persona o para satisfacer sus necesidades emocionales
- Preocuparse tanto de los sentimientos de otras personas afectando directamente sus propios sentimientos. Estar ligado a las emociones de otra persona (Feliz cuando está feliz, enojado cuando está enojado)
- Perder sus propios intereses e identidad al estar en relaciones cercanas. Creer que la gente alrededor son una reflexión directa de sí mismo
- Miedo de estar solo o aislarse por miedo a las relaciones cercanas

La Personalidad del Codependiente

Como codependientes, a veces entramos en relaciones con un paquete externo de actos de amor, sacrificio, fuerza y estabilidad. Mientras que algunos aspectos de esto representan nuestro verdadero carácter, a menudo lo cubre un quebrantamiento interno. Si fuéramos honestos, podríamos admitir que en el fondo estamos completamente vacíos por dentro, desconectados emocionalmente y con necesidad de conectarnos con otras personas. Sin saberlo, atraemos personas quebrantadas a nuestras vidas que pueden darnos inicialmente la validación de "sentirse necesitados". Pero tristemente, ya que a menudo traemos personas perjudiciales a nuestras vidas, estas tienen poco o nada que ofrecer como retribución. Por tanto, el esfuerzo cíclico por obtener el amor de personas que no están disponibles es contrarrestado por un enojo interno, un vacío y una desconexión.

Por ejemplo, Dana pasó la mayor parte de su vida saltando de una relación a la siguiente. Las primeras etapas de la relación estaban llenas de pasión y emoción. Sin embargo, cuando la relación progresaba, ella se encontraba a sí misma enredada. Mientras que al principio ella parecía ser ultra-amorosa y atenta, Dana estaba tratando desesperadamente de encontrar mérito siendo demasiado responsable en las relaciones. Emocionalmente, ella no sabía cómo separarse de la otra persona y por tanto estaba enfocada en todo lo que su pareja necesitaba.

Ya que ella a menudo atraía a su vida a hombres adictos o emocionalmente ausentes, la relación eventualmente caía en las profundidades de lo enfermizo. A menudo estos mismos hombres que ella "ayudaba" en muchas formas, abusaban de ella, la maltrataban y se aprovechaban. Ella dejaba la relación sintiéndose hastiada por haber comprometido sus propios principios morales a expensas de las necesidades o deseos de ellos. Ella usualmente afirmaba ser una "víctima" y consideraba que los "hombres eran una basura". Incluso cuando ella juraba "nunca de nuevo", terminaba luego en relaciones similares y el ciclo se repetía otra vez.

Entendiendo la Personalidad Adictiva a Comportamientos y a Sustancias Químicas

Para entender a un "codependiente" es útil formar una idea del tipo de persona que el codependiente atrae. Las Personalidades Adictivas a Comportamientos y a Químicos (abreviado: PACQ) no necesariamente se refieren a las personas que están usando activamente drogas o alcohol. De hecho, las adicciones vienen en muchas formas - incluyendo el enojo, el arrebato, el sexo, la religión, etc. De la misma forma, la gente que es adicta químicamente puede poseer principalmente atributos de codependencia. Por tanto, el abuso de sustancias no es lo que define estas personalidades.

En cambio, la valoración de la manifestación de lo que llamaremos en este capitulo como los PACQ puede ser hecho a través de otras características distinguibles. Estas personalidades son usualmente una forma de supervivencia; pero al contrario del codependiente, ellos usan métodos agresivos, controladores y manipuladores para lograr que sean satisfechas sus necesidades. Del mismo modo, los PACQ pueden ser encantadores y algunas veces sensibles, lo cual puede hacer que su patrón de comportamiento sea más confuso. Mientras que el codependiente ve su rol en las relaciones como el que "da", el PACQ normalmente ve las relaciones como un medio para "obtener" necesidades o intereses personales. Pueden crecer acostumbrados a ser el centro de atención y por tanto sentir una profunda sensación de merecerlo.

Los PACQ tienen una necesidad genuina de amor, pero son incapaces de expresar o apoyar conexiones emocionales y espirituales. Pueden ser capaces de ligarse hasta cierto grado, e incluso ser "románticos" al principio; pero eventualmente esto desaparece. En ocasiones, conforme a que los patrones negativos continúan, pueden ser cada vez más hostiles y egocéntricos, haciendo que el "amor" sea casi imposible dentro de sus relaciones.

¿Cómo se Desarrolla una Personalidad Adictiva?

A pesar de lo horrible que puede sonar este comportamiento, de igual forma que el codependiente, estas personalidades están usualmente muy quebrantadas por dentro. Mientras que aprenden diferentes maneras de enfrentar la vida y sobrevivir, los codependientes y los adictos típicamente son el resultado del mismo sistema familiar disfuncional.

Algunos PACQ se desarrollan en hogares extremadamente caóticos, abusivos y negligentes. Se les obliga a sobrevivir física, mental y emocionalmente sin liderazgo, y algunas veces "salen de la casa" a muy temprana edad. Otros PACQ pueden ser criados en un ambiente donde un padre no ha tratado con sus propios asuntos de codependencia y por tanto "amó" demasiado y "cuidó" demasiado a ese hijo a través de tácticas controladoras. Este padre o madre sin saberlo le impidió a su hijo madurar creando un patrón de dependencia aprendida. Debido a que este tipo de padre o madre a menudo "administró" y "patrulló" a su hijo, éste resintió sus tácticas de control. Mientras que por un lado un hijo puede haberse revelado, por el otro el mismo hijo aprendió a como manipular las debilidades emocionales de sus padres.

Por ejemplo, Jeff, un alcohólico activo, aún vivía con su madre ya entrado en sus "cuarentas". Ocasionalmente "deja el nido" mientras está involucrado en una relación afuera, pero a menudo estas situaciones eran temporales. Aunque Jeff era un adulto, la relación con su madre permanecía con la dinámica madre-hijo. La madre de Jeff se hacía cargo de preparar su comida, de lavar su ropa y todas las otras necesidades. A cambio, Jeff era el amigo y la compañía de su madre. Él dominaba el arte de ser encantador con ella para así obtener cualquier cosa que él necesitaba. A cambio, él le brindaba seguridad emocional.

La mamá de Jeff quería lo mejor para él, incluyendo que él dejara de tomar, pero honestamente creyó que su "amor" era suficiente para hacer que dejara la bebida. Ella ni siquiera mencionaba su problema con el alcohol o hacía cualquier cosa para confrontarlo directamente. Mientras que otras personas le advertían acerca de su alcoholismo, ella sentía que era verdaderamente su trabajo cuidar de él.

Jeff no tenía ninguna habilidad para la vida y no sabía cómo funcionar fuera de ese sistema familiar. Estaba acostumbrado a una madre que lo "sacara de apuros". Él negaba su alcoholismo y usaba las vulnerabilidades emocionales de su madre para manipularla y obtener cualquier cosa que él necesitara.

El Ciclo de Activación

¿Por qué las personalidades codependientes y los PACQ son atraídas la una a la otra? Debería ser bastante obvio. Como codependientes, sentimos una afirmación personal al ayudar excesivamente, manejar y arreglar a la gente que nos "necesita". De alguna forma creemos que nuestras necesidades serán satisfechas a través de esta persona pues seremos capaces de mostrar actos de "bondad" y "servicio". A menudo creemos que podemos rescatar a una persona a través de esfuerzos por amarla. Debido a que nuestra necesidad de ser amados y aceptados es tan profunda, nuestro apego a la personalidad del adicto es de hecho una adicción en sí. Lo que a menudo no entendemos es que procede de nuestro propio quebrantamiento, aunque se muestra a sí mismo como amor genuino. El PACQ ya no puede ofrecer a cambio amor al codependiente, entonces el codependiente puede ofrecer al PACQ amor auténtico.

El PACQ necesita un codependiente en su vida. El codependiente alimenta las necesidades del PACQ regularmente y le permite ser irresponsable, negligente y ausente sin traer consigo consecuencias. El PACQ sabe que el codependiente está buscando su amor y respuesta emocional, tomará ventaja y manipulará a cualquier costo. Conforme la adicción o el comportamiento negativo incremente, la necesidad del codependiente también incrementará. El codependiente se vuelve el vínculo necesario para asegurarse de que la vida del PACQ "funcione". Si el PACQ tiene que enfrentar las brutales consecuencias de su propio comportamiento sin la intervención del codependiente su vida no podrá continuar como está.

Tabla 1: El Ciclo de Activación

Comportamiento Típico del Codependiente	Personalidad Típica de los Adictos a Comportamientos y a Químicos (PACQ)
El "amor de la vida" del codependiente es el PACQ. Este "amor" es lo que controla e influencia sus propios pensamientos, sentimientos y comportamientos.	El "amor de la vida" del PACQ es la sustancia, sus propias necesidades y otros problemas de comportamiento - esto es lo que controla sus propios pensamientos, sentimientos y comportamientos.
El codependiente es dependiente del PACQ y no es capaz de funcionar sin la relación.	El PACQ es dependiente de la sustancia u otras fortalezas del comportamiento, y es incapaz de funcionar sin ellas.
El codependiente es excesivamente leal al PACQ a pesar de la falta de respeto y la irresponsabilidad del PACQ. El codependiente siente una responsabilidad personal de "ayudar" al PACQ.	El PACQ se mueve en sentido contrario y es infiel porque la adicción o las necesidades propias reclaman el primer lugar en su vida.

Comportamiento Típico del Codependiente	Personalidad Típica de los Adictos a Comportamientos y a Químicos (PACQ)
El codependiente tiene el "trabajo" de proteger los sentimientos del PACQ y por lo tanto no es capaz de pedir directamente ayuda para satisfacer sus propias necesidades.	El PACQ demanda que el codependiente cumpla sus necesidades personales. Mientras que parece fuerte, el adicto es en verdad emocionalmente débil, ocasionando que los demás "caminen en alfileres y agujas".
El codependiente se convierte en un "rescatador" y encuentra significado en "salvar" al PACQ de malas decisiones, problemas emocionales o necesidades espirituales.	El PACQ necesita estar alejado de las consecuencias de su irresponsabilidad para permanecer en su comportamiento.
El codependiente se siente extremadamente responsable por cumplir su propia validación y "necesita sentirse necesario".	Debido al comportamiento irresponsable del PACQ (emocional, físico, espiritual u otro), el PACQ necesita a alguien para culpar o para "llenar los vacíos"
El codependiente sufre de falta de identidad y cambia para complacer a otros, perdiendo su propia identidad en el proceso.	El PACQ le dice a la gente "lo que es" para mantener un sentido de control o algunas veces ignoran e invalidan a los demás completamente.
El codependiente tiene una baja autoestima y carece de valía propia - creyendo que el amor del PACQ será su cura.	El PACQ tiene una baja autoestima y se da poco valor - creyendo que la sustancia lo curará.
El codependiente tiene límites personales deficientes y fácilmente lo llevan a comprometer sus valores y creencias fundamentales para ganar el amor del PACQ.	El PACQ no tiene respeto a los límites y los presiona para satisfacer sus propias necesidades a cualquier costo para permanecer en ese comportamiento.

Tristemente, este ciclo puede durar toda una vida y puede ser que ninguna de las partes sea capaz de identificar los asuntos fundamentales que lo generan. Ya sea que el ciclo adicción / promotor sea aplicable para usted o no, es importante saber que podemos participar en este ciclo en cualquier momento que iniciemos relaciones desbalanceadas en las que comenzamos a compensar por otro. Mientras que los frutos de ello pueden no parecer tan extremos, a menudo son similares, ya que la codependencia gira alrededor de una persona que está emocional, espiritual o físicamente ausente. Esto puede incluir:

- Un cónyuge que trabaja crónicamente

- Un miembro de la familia con un problema de ira
- Un niño que tiene problemas emocionales
- Una madre que está demasiado involucrada en las actividades de la iglesia
- Un jefe que es agresivo y controlador

Si podemos reconocer este ciclo en cualquier nivel, es importante que entendamos verdaderamente cómo y por qué podemos participar. A través de nuestro propio proceso de recuperación, podemos alterar las formas dañinas en las que nos hemos involucrado en este comportamiento. Sin embargo, romper el "ciclo de activación" no siempre es fácil. Si una persona no se mejora, la otra persona puede resentirse inicialmente. Aun así, la verdad es que cuando el ciclo es interrumpido, la relación por consecuencia tiene una mayor probabilidad de sanar. Puede permitir que ambas partes eventualmente encuentren un camino a la recuperación. Con el tiempo, puede ocurrir una sanidad.

Antes de que avancemos, recuerde que el cambio verdadero ocurre al nivel del corazón. Por esta razón si simplemente tratáramos de detener o cambiar el comportamiento externo, fallaríamos. Pero si somos lo suficientemente valientes y tratar con nuestros propios fines, entraremos a una temporada en la que dejaremos de luchar para hacer que funcione la relación y haremos un compromiso para tratar con nuestros propios asuntos y necesidades personales. Esto no significa que la relación terminará, sino significa que nuestra perspectiva será alterada.

¿Qué es La Recuperación?

La recuperación es simplemente traer algo de regreso a su propósito original. La clave aquí que debemos entender es que nuestro propósito final es estar en una relación con Dios primero, y luego tener relaciones saludables y plenas con otras personas. En la etapa de recuperación nosotros abordamos los "por qué" y los "cómo" de los comportamientos dañinos. Esto se hace sólo para ser llevados a una solución genuina.

En los ejemplos anteriores, tanto Dana como Jeff necesitaban soluciones para su recuperación que les permitiera ver sus problemas. No fue hasta que la madre de Jeff murió que él se vio forzado a tratar con su dependencia profunda y desequilibrada, tanto al alcohol como a la relación con su madre. Cuando Dana padeció suficiente dolor y sufrimiento de una ruptura reciente, ella finalmente llegó a entender que algo debía estar mal dentro de sí misma.

En la recuperación, Dana y Jeff necesitaron:

- Entender e identificar el problema de sus comportamientos
- Aprender el "por qué" de su comportamiento, rastreándolo desde la raíz

- Entender cuál fue la intención de Dios para sus vidas tanto en lo personal como en sus relaciones con otros
- Vencer los efectos negativos de la vergüenza
- Adoptar el auténtico propósito e identidad por el que fueron creados

Mientras que el codependiente y el PACQ tienen diferentes problemas, la recuperación es muy similar. Así como una persona que se recupera de cualquier forma de adicción, la recuperación de la codependencia tiene varios niveles. Conforme observamos manifestaciones, descubrimos cosas a niveles cada vez más profundos. Por lo tanto, la recuperación de ninguna manera es algo que pueda ser realizado rápidamente. Es algo que requiere trabajo constante durante toda la vida.

Los pasos para la recuperación que se enseñan en este libro de trabajo incluyen:
1. Identificar nuestro sistema de creencias, nuestras fortalezas emocionales y nuestros patrones de relaciones que aprendimos desde la niñez u otras circunstancias de influencia.
2. Entender y experimentar personalmente el amor de Dios; aprendiendo a diferenciar el amor verdadero de la versión falsificada de la codependencia.
3. Aprender a rendir nuestra voluntad al cuidado y provisión del Dios Todopoderoso. Esto significa rendir nuestros propios esfuerzos para cambiar las consecuencias en la gente y las circunstancias.
4. Ver las cosas como realmente son sin importar qué tan dolorosas puedan ser. Dios nos guía fuera de nuestro doloroso pasado al darnos nuevos sistemas de creencias basados en Su verdad.
5. Entender nuestras necesidades verdaderas y apropiadamente lamentar y dejar ir las cosas que hemos perdido.
6. Retirar la vergüenza y los efectos de experiencias negativas al conocer cómo dar y recibir perdón adecuadamente. El perdón trae la libertad definitiva.
7. Entender que lo que somos ante los ojos de Dios tiene mucho valor y nos permite liberar la necesidad de "hacer cosas" para ganar la aceptación de Dios y de los demás.
8. Reconectarnos con nuestro verdadero yo, la persona que Dios nos creo para ser. Encontrar nuestra identidad, propósito auténtico y el plan de Dios para nuestras vidas.
9. Establecer límites saludables y apegarnos a ellos para protegernos y guiarnos de maneras saludables.
10. Aceptar las promesas de Dios en nuestras vidas a pesar de nuestras circunstancias o lo que otras personas digan o hagan.
11. Día a día, minuto a minuto, aprender a estar relacionados por medio del Espíritu Santo que reside dentro de nosotros, y ya no estar ligados a las referencias externas de lo que otras personas piensen o sientan. En pocas

palabras, aprender cómo "caminar en el Espíritu".

12. Servir a otras personas mediante una dependencia primero a Jesús. Ser obedientes a aquello que Dios escoja y cómo lo escoja para usarnos en las vidas de otras personas. Aprender a no aceptar el fracaso o recibir la victoria por lo que le sucede a otra persona. Entender verdaderamente que Dios (¡y no yo!) tiene el control.

Una Oración Acerca de la Codependencia

Padre Dios,

Estoy leyendo este libro porque reconozco que algo no está funcionando bien en mi vida. A menudo me siento distanciado, quebrantado y vacío; todo esto mientras aparentemente me involucro en mi rol de "ayudar" a otros para evitar que todo se caiga en pedazos. Esto es tan confuso. Parece que estoy haciendo lo correcto, pero al mismo tiempo, algo está esencialmente mal en mi vida y en mis relaciones. Por favor, Señor, ayúdame. Muéstrame la verdad, pero ofrécela bajo el poder y la bondad de Tu amor hacia mi. Dame la sabiduría y la fortaleza para encontrar la recuperación y ofréceme una esperanza que me llevará a habitar en Tu gozo y paz.

En el nombre de Jesús, Amén.

Puntos de Aplicación:

¿Qué características que describen la codependencia en esta lección se aplican a usted?

_____

_____

_____

_____

¿Cómo entiende usted la codependencia?

_____

_____

_____

_____

¿Se identifica con el "ciclo de activación"? ¿Cómo?

_____

_____

_____

_____

En su familia o su origen ¿Estuvo usted en un rol de compensación?

_____
_____
_____
_____

En su familia actual, ¿Está en un rol de compensación?

_____
_____
_____
_____

¿Qué es lo que espera obtener de la recuperación?

_____
_____
_____
_____

¿Qué es lo que está dispuesto a hacer para que la recuperación suceda en su vida?

_____
_____
_____
_____

Describa los puntos específicos en la historia de su vida, no necesariamente en sus circunstancias actuales, que refleje la necesidad de entrar en una recuperación. Sea muy específico.

_____
_____
_____
_____
_____
_____
_____
_____

2

Sistemas Familiares

Todos y cada uno de nosotros hemos sido influenciados profundamente por nuestros sistemas familiares de origen. Ya sea que estos tengan ingredientes saludables o dañinos, el ambiente y las personas que nos criaron, así como las experiencias que ocurrieron dentro de ese sistema, tienen un efecto increíble en nuestro carácter en la edad adulta. Algo similar al proceso de "sazonar", los patrones de comportamiento, los sistemas de creencias y las habilidades para relacionarnos que nos fueron modelados, son "absorbidos" por nosotros y por lo tanto han "sazonado" cada aspecto de nuestras vidas.

Mientras que tienen mucha influencia, es importante entender que al embarcarnos en una jornada de recuperación, sin importar nuestra experiencia terrenal, tenemos un Padre celestial que busca "volvernos a sazonar" en Su verdad. Ya que Él es el Creador del sistema familiar, Él tiene la capacidad de reemplazar cualquier cosa negativa o tóxica que hayamos experimentado si nosotros se lo permitimos.

¿Por qué Creó Dios la Familia?

Así como los seres humanos, Dios deseaba una familia propia a la cual cuidar, amar y conceder Sus provisiones y bendiciones. De hecho, todos nosotros fuimos creados para el regocijo de Dios para ser amados y para aprender a dar Su amor a los demás. El corazón de Dios está expresado a través de la familia —este muestra Su carácter en acción como un padre de familia y cónyuge, su intención es enseñarnos la misma naturaleza de Dios y la profundidad de Su amor por nosotros. Mientras que como humanos fallaremos en nuestros roles familiares en alguna medida, Dios cumple perfectamente Su rol en nuestras vidas.

En la tierra el propósito de la familia fue diseñado para brindar un refugio seguro donde el amor, la seguridad y la certeza permitieran un crecimiento saludable en los ámbitos físico, emocional, mental y espiritual de cada miembro, pero especialmente de los niños. La familia es un campo de entrenamiento y preparación para el "campo de batalla" de la vida. Los niños usan el hogar por encima de cualquier otra influencia para obtener habilidades, tratar con emociones, aprender relaciones y aprender cómo amar. Esta institución especial supone ser un lugar de descanso en medio de un mundo lleno de problemas y presiones. Es un lugar donde deberíamos experimentar intimidad y encontrar aceptación.

Entendiendo a la Primera Familia

Antes de tratar de comprender a nuestras familias, es importante conocer que estamos en desventaja al venir al mundo. Heredamos habilidades de una familia disfuncional de nuestros primeros padres y hemos sido delineados por sus tóxicos resultados desde entonces. Esto simplemente significa que, nos guste o no, nuestras familias tendrán imperfecciones.

La historia de la primera familia es valiosa para identificar con exactitud nuestros retos dentro de nuestros sistemas familiares. En el libro de Génesis encontramos el famoso relato de la creación de Dios, sobre Adán y Eva en el que él dice "No es bueno que el hombre esté solo. Haré una ayuda ideal para él" (Génesis. 2:18). Cuando Dios le dio a Adán una compañera, Él tenía la intención de que fuera una tremenda bendición. Estaba diseñada para ser su pareja perfecta y su ayuda, alguien con quien Adán pudiera relacionarse y amar.

Al principio, Adán y Eva disfrutaron un pacto seguro, satisfactorio y bendecido donde ellos eran "uno" con Dios y también el uno con el otro. Ellos experimentaron amor, paz y gozo mientras compartían y disfrutaban una comunión en la comodidad y la perfección del jardín. Pero no tardó mucho tiempo para que la misma bendición se convirtiera en un punto de entrada de Satanás para trastornar el plan de Dios para la familia.

Cuando Eva escogió desobedecer el sencillo mandamiento de Dios de no comer de un árbol en particular del jardín, no fue un simple error, fue el creer y confiar que lo que Satanás le había dicho era verdad y que lo que Dios le había dicho era una mentira. No sólo eso, sino que al destronar a Dios de su posición de autoridad en su vida, ella procedió a hacer lo mismo con su marido. El pecado de Adán no fue sólo desobedecer a Dios, sino que él se permitió ser influenciado por su esposa a través de una mentira. En esencia, esto le dio a ella permiso de estar en una posición de autoridad sobre él mismo y sobre Dios. Su incapacidad de mantenerse firme ante ella en nombre de la verdad le costó muy caro. Dios lo responsabilizó por el pecado de ambos porque Adán fue designado como el líder.

Las Consecuencias del Pecado

La caída en el jardín significó que la comunión con Dios había sido rota y que el plan original para la humanidad se había perdido para siempre. Las consecuencias de la separación de Dios fueron inevitablemente espantosas. Esto dejó un vacío dentro de Adán y de Eva, y colocaron una maldición en esa misma relación que Dios supuestamente quería que fuera literalmente la "dicha del matrimonio". Ellos comenzaron entonces a intentar llenar ese vacío de maneras erróneas, poniendo atención continuamente a otras seducciones. Ellos tampoco tenían los recursos necesarios para hacer que esa relación funcionara ya que no estaba basada directamente en su unión con Dios.

Y las cosas empeoraron. El pecado había dejado una plaga y traería dolor al sistema familiar de ahí en adelante . Mientras que no siempre es una enseñanza popular, Dios de hecho colocó una maldición en los roles de cada género como consecuencia de la desobediencia de Adán y Eva. El varón recibió la maldición de trabajar los campos, lo cual significaba que llevaría la carga de la responsabilidad de trabajar y ser el soporte financiero de su familia. Este sentido de responsabilidad se extendería más que a sólo las necesidades materiales, y finalmente fue hecho responsable de todas sus necesidades. La mujer recibió la maldición de dar a luz con dolor y en su ahora naturaleza caída, "desearía" el amor de su esposo, pero a la vez resentiría su autoridad sobre ella. "Haré más agudo el dolor de tu embarazo, y con dolor darás a luz. Y desearás controlar a tu marido, pero él gobernará sobre ti" (Génesis 3:16).

La ironía acerca de estas dos maldiciones es que es la verdadera representación de las anomalías que vemos que ocurren en muchos sistemas familiares hoy en día . El marido se rebela contra su rol de género siendo irresponsable y abandonando a su familia (¡o trabajando demasiado!). La mujer se rebela contra su rol de género tratando de ganar control sobre su marido (o esperando que él satisfaga todas sus necesidades).

Ambos, Adán y Eva, ahora quedaron con el vacío de la separación del Espíritu de Dios, la consecuencia de sus maldiciones, las demandas de las tareas diarias de la vida, las dificultades de la relación matrimonial, y les sería dada la responsabilidad más importante, — la de criar hijos. Siendo aún tan preciados y una dulce bendición, estos hijos heredarán una naturaleza caída a causa del pecado y nacerán separados de Dios. Esto significa que todos los niños que ellos criaron y amaron estarían sujetos a corrupción. De hecho, esa corrupción ocasionó que su primogénito Caín asesinara a su segundo hijo, Abel. Las garras del pecado habían penetrado en el corazón de Caín. Primero había sido plantado en Adán y Eva, y fue heredado por la siguiente generación. Tristemente, las consecuencias del pecado pueden extenderse a las generaciones futuras.

Cualquiera que fuera nuestro nivel de tragedias, retos o angustias; la realidad de vivir con naturalezas humanas caídas en un mundo caído está sujeto a tener consecuencias negativas. Puede ser reconfortante entender que la explicación a todos nuestros problemas se halla a través de esta primera familia. Heredamos la maldición del pecado. Más aún, heredamos las maldiciones que vienen con las consecuencias del pecado. Esto significa que no podemos hacer las cosas bien o vivir sin resultados negativos simplemente porque somos humanos. Y nuestros padres no pudieron tampoco.

Las buenas noticias vienen cuando nos damos cuenta que así como Dios maldijo a Adán y a Eva, también proveyó un camino hacia la redención. La maldición no fue el fin de la historia. Junto con el vacío sin llenar, la desconexión y la pérdida de comunión con Dios, fue introducido un plan de redención. Este plan de salvación permitiría a la gente encontrar individualmente un camino de regreso a Dios (consulte el capítulo 8). No sólo ocurriría una restauración individual, sino que las familias tendrían la oportunidad de ser redimidas. A través de Jesucristo, el corazón mismo del matrimonio sería grabado para este plan de redención —dando la oportunidad de ser sanados y restaurados. De hecho, el propósito mismo del matrimonio representaría la relación que Cristo tiene con Su iglesia. Al cumplir con este enorme llamado, ambos cónyuges podrían venir juntos en búsqueda de la madurez espiritual, plenitud e intimidad con Dios —el aspecto definitivo y más gratificante del matrimonio.

Mientras observamos y tratamos de entender nuestros propios sistemas familiares, debemos estar conscientes de los dos lados: la naturaleza caída que está plagada con la maldición y el plan de Dios a través del Señor Jesucristo que nos ha sido dado por gracia. Al estar dispuestos a ver ambos lados podemos enfrentar algunas realidades, mientras que al mismo tiempo encontramos esperanza. Mientras observa este capítulo, ármese de valor y pídale a Dios que le muestre qué es lo que necesita ver y entender para así poder sanar.

Una Oración para Revelar la Verdad

Padre Dios,

Mi vida familiar ha estado lejos de ser perfecta. No quiero permanecer en mis antiguas o en mis presentes dinámicas familiares, sino que quiero entender Tu voluntad y propósito en mi vida. Dame la habilidad de ver exactamente lo que necesito ver para ser liberado de cualquier sistema de creencias nocivo que pude haber adquirido. Ayúdame, Señor. Sé mi Padre perfecto ahora, llévame y guíame a toda verdad de acuerdo a tu perfecta voluntad en mi vida.

En el nombre de Jesús, Amén.

Edificando la Casa a la Manera de Dios

El Salmo 127:1 dice "Si el Señor no construye la casa, el trabajo de los constructores es una pérdida de tiempo." Si visualizamos el hogar perfecto de Dios, veríamos un delicioso lugar de descanso, consuelo, amor, paz y realización. Estaría compuesto por miembros de familia trabajando en puestos ordenados por Dios para cumplir los propósitos y planes para sus propias familias. Cuando un hogar está operando en el orden de Dios, algunas características distintivas seguramente van a ocurrir:

- Jesucristo será puesto en el cimiento como una Persona real a quien le es dada la capacidad de ser soberano y tener el control. Por lo tanto, Su amor y poder afectará todos los aspectos de la vida.

- La gracia cubrirá el ambiente, donde a cada miembro de la familia se le es permitido exponer sus faltas y debilidades sin riesgo al rechazo. Como resultado, será inculcado el valor, la aceptación y el mérito central en todos los miembros.

- El amor incondicional estará presente en base al amor de Dios trabajando a través de cada miembro de la familia. Esto significa que no hay condiciones especiales y no hay tareas necesarias que realizar para obtener el amor.

- El corazón será más importante que los comportamientos, donde un hijo es entendido como precioso, valioso y amado sin importar lo que haga. (Sin embargo, los comportamientos negativos son disciplinados).

- Los roles y responsabilidades serán definidas claramente y entendidas, permitiendo que cada miembro se haga responsable de su rol y permitiendo que los demás se hagan responsables por su parte.

- Los límites serán establecidos con claridad, los cuales definen lo que es aceptable y lo que no lo es. Cuando los límites sean traspasados, se harán cumplir las consecuencias que claramente enfatizan que el infringir el límite no fue aceptable.

- La comunicación es real, abierta y honesta, donde a todos los miembros de la familia se les permite expresar sentimientos reales y compartir los retos de la vida.

- Esta consistencia existirá día tras día, promoviendo por tanto un ambiente sano y salvo para todos.

Cuando estas funciones están implementadas en un sistema familiar, ocurren algunos beneficios positivos, incluyendo:

- La seguridad, la paz y el gozo son los cimientos. Esto no significa que circunstancias dolorosas estarán ausentes, sino que a través de todos los retos, hay un sentido de control, fidelidad y amor por parte de Dios.

- La familia tiene un deseo genuino de someterse los unos a los otros. Cuando la familia es amorosa, los miembros querrán complacer a otros y renunciar a sus derechos personales en aras de expresar ese amor.

- El hogar tiene un espíritu de libertad que permite a todos la oportunidad de tener éxito y fallar. Permite que los niños tengan la capacidad de aprender con seguridad de los errores. La libertad no significa permitirles hacer cualquier cosa, es enseñarles el valor inherente de vivir a la manera de Dios mientras que se ejercita el regalo del libre albedrío.

- El desarrollo de límites saludables ofrece la capacidad de conocer cómo establecer las directrices personales y reconocer el valor de someterse a todas las reglas y normas.

- La autoestima saludable se forma cuando los niños son capaces de encontrar su personalidad individual, dones e identidad y aprender el valor de quienes son dentro del plan diseñado por Dios.

- El proceso de madurez es alimentado y el crecimiento saludable tiene lugar espiritualmente y emocionalmente, así como físicamente.

- Cuando observamos esta lista, podemos quedar abrumados. Debe quedar claro que de alguna forma, nuestra propia experiencia familiar no siempre estará a la altura. Pero el propósito de entender el proyecto de Dios para la familia no sólo es para ver cómo hemos fallado, sino para entender a Su Arquitectura e intención del mismo —la cual es una expresión de Su corazón. Esto significa que por encima de todo podemos ver el deseo que nuestro Padre Celestial tiene de relacionarse con nosotros.

Una Casa que se Desmorona.

En realidad, siempre que un sistema familiar no cumple las expectativas, ese sistema no está operando como lo diseñó Dios y por tanto se hace "disfuncional". Ya que la familia está diseñada para ser una representación de cómo nos ama Dios, cuando se encuentra deteriorada, puede impactar justo en el centro de nuestras percepciones y de nuestro entendimiento de Dios mismo.

Visualice una casa que está siendo construida sobre unos cimientos que están cuarteados o que no tiene cimientos en sí. Sin esa base, todo lo demás también sería inestable. Luego, imagine si las paredes y los techos no se terminaron o se dejaron apenas asegurados. Ciertamente no parece ser una casa en la que alguna persona se sentiría segura de ocupar. Finalmente, ¿Qué si descubrimos que la casa no tiene una viga de hormigón que la mantenga en pie o le de soporte? Sus componentes externos pudieran parecer seguros, pero eventualmente la casa se derrumbará.

Ya que el propósito mismo de una casa es ser un lugar seguro y un refugio, una casa que ha sufrido este nivel de daño estructural está funcionando fuera de su propósito. De hecho, en vez de protegerlos, podría poner a sus ocupantes en grave peligro.

Podríamos pensar que es una locura que alguien ocupara una casa que físicamente luce como si fuera a derrumbarse; aun así, muchos de nosotros hemos ocupado ese mismo tipo de "casa" en nuestras propias vidas. Nuestras vidas familiares lejos de Dios pueden llevarnos a cantidades increíbles de disfunción. Veamos algunas de las maneras en que los sistemas familiares se desmoronan:

- Impulsada por la necesidad egoísta de un miembro o miembros de la familia donde una persona dicta toda la operación general. Dependiendo de los problemas, actitudes, creencias y comportamientos adictivos de esta persona, el efecto de esto puede tornar un hogar en un ambiente de temor y de inseguridad.

- El amor es condicional —basado en desempeño —donde los hijos rápidamente reconocen que lo que ellos hacen importa más que lo que ellos realmente sienten o experimentan. No entienden o ven su valor y mérito inherente. Se prestan para complacer a sus padres, o rebelarse cuando no pueden vivir cumpliendo los estándares que se les imponen. Aprenden que el amor no es gratis, sino viene con condiciones especiales.

- La casa está envuelta de culpa, vergüenza y miedo. Estas emociones negativas impulsan a los miembros de la familia a intentar vencerlas a través de "buenos comportamientos" o rebelarse contra ellas.

- Los roles no están definidos y son caóticos (lo platicaremos con mayor detalle más adelante).

- No han sido establecidos límites apropiados, generando una falta de respeto hacia las necesidades de otros miembros de la familia. Esto produce una sensación de que los derechos individuales no están protegidos. Los miembros de la familia recurrirán a una forma de supervivencia, en vez de a la habilidad de involucrarse unos a otros en una forma segura y con amor (consulte el capítulo 11).

- Una falta de consecuencia y/o disciplina puede estimular y fomentar un comportamiento inadecuado. La disciplina injusta, guiada por el enojo puede llevar a los hijos a la rebeldía.

- La falta de una honesta comunicación conlleva a la incapacidad de comunicar pensamientos y sentimientos reales. Todos están desempeñando un rol en un espectáculo de teatro; pretendiendo vivir externamente de una manera, mientras que internamente siendo y sintiéndose de otra forma. Los hijos en estos hogares aprenderán estos patrones de comunicación por toda la vida. Ellos reprimirán emociones, lo que los puede llevar a todo tipo de comportamientos compulsivos y adictivos.

Estos ambientes familiares disfuncionales producen:
- Un sentido de vergüenza, inseguridad, miedo y enojo
- El miembro de la familia necesita rebelarse o "compensar" exageradamente para evitar que todo se desmorone
- Límites personales deficientes
- Falta de control o impotencia y un sentido de sentirse "atrapado"
- Autoestima e identidad deficientes
- Inmadurez emocional y espiritual
- Incapacidad de tener relaciones saludables

Donde sea que nos encontremos hoy en nuestros sistemas familiares, debemos conocer que la intención de Dios siempre es regresar las cosas a Su diseño original —

esto es el proceso de restauración que enfatizaremos constantemente a través de este libro de trabajo ya que es el objetivo final de la recuperación. Mientras que el propósito de este libro no está dirigido al matrimonio y la paternidad (este proceso se examina a través de *Una Casa Edificada por la Gracia*), está dirigido al proceso de restauración del codependiente, el cual puede finalmente afectar a todo el sistema familiar.

Entendiendo los Roles Familiares

Ya que un sistema familiar está integrado por miembros individuales, podemos rastrear la disfunción familiar hasta los integrantes individuales de la familia y los roles que desempeñan dentro de ese sistema. Lo más importante es la interacción del marido y la mujer, su rol con respecto al otro y con respecto a sus hijos.

Mientras estudiamos estos roles, tenga en mente que necesitamos aprender nuestros roles dados por Dios a pesar de nuestro estado civil. Si nos han dejado o hemos sido abandonados por nuestro cónyuge o somos padres/madres solteros debido a decisiones que tomamos, esta lección se aplica a nosotros. Es importante identificar nuestras propias experiencias en la niñez, así como también estar preparados para nuestras relaciones futuras. Si estamos casados, esta lección es muy aplicable. Pero recuerde, todos estamos casados con Dios y somos miembros de Su familia. Así que todos necesitamos aprender a cómo estar sanos dentro de un sistema familiar.

El Orden de Dios en el Proceso de Edificación en el Matrimonio

Los componentes más importantes para construir una casa a la manera de Dios son el orden y el establecimiento de los roles dentro de ese sistema familiar. Cuando las cosas van mal, es porque un miembro de la familia no es capaz de cumplir su rol debidamente. Cuando miramos a la familia disfuncional, nos imaginamos algunas formas fundamentales en como una casa puede derrumbarse. Demos un paso más allá y veamos la falla del sistema familiar en términos de la descomposición de roles. De acuerdo con el diseño de Dios, hay algunos ingredientes necesarios para hacer que una casa opere adecuadamente. Del mismo modo, cuando estos ingredientes están faltando o el orden es roto, pueden ocurrir algunas consecuencias graves. Vamos a observar con detalle este orden.

1. Jesucristo es el fundamento sobre el cual la casa está construida.

Cuando Jesucristo redimió a la humanidad, Él deshizo la maldición de Adán y Eva. Esto significa que aquellos que lo acepten a Él, no necesitan vivir a la luz de la caída, sino a la luz de la gracia de Dios. Esto coloca nuestros roles y responsabilidades bajo una perspectiva enteramente diferente. El libro de Efesios aborda este "misterio".

Es más, sométanse unos a otros por reverencia a Cristo. Para las esposas, eso significa: sométase cada una a su marido como al Señor, porque el marido es la cabeza de su esposa como Cristo es cabeza de la iglesia. Él es el Salvador de su cuerpo, que es la iglesia. Así como la iglesia se somete a Cristo, de igual manera la esposa debe someterse en todo a su marido. Para los maridos, eso significa: ame cada uno a su esposa tal como Cristo amó a la iglesia. Él entregó su vida por ella a fin de hacerla santa y limpia al lavarla mediante la purificación de la palabra de Dios. Lo hizo para presentársela a sí mismo como una iglesia gloriosa, sin mancha ni arruga ni ningún otro defecto. Será, en cambio, santa e intachable. De la misma manera, el marido debe amar a su esposa como ama a su propio cuerpo. Pues un hombre que ama a su esposa en realidad demuestra que se ama a sí mismo. Nadie odia su propio cuerpo, sino que lo alimenta y lo cuida tal como Cristo lo hace por la iglesia. Y nosotros somos miembros de su cuerpo. Como dicen las Escrituras: «El hombre deja a su padre y a su madre, y se une a su esposa, y los dos se convierten en uno solo». Eso es un gran misterio, pero ilustra la manera en que Cristo y la iglesia son uno. Por eso les repito: cada hombre debe amar a su esposa como se ama a sí mismo, y la esposa debe respetar a su marido. (Efesios 5:21-33).

A través de esta escritura, vemos que Cristo es el tema central —con Él en el centro, el marido y la mujer se aman el uno al otro a través de Él y para Él. Esto significa que los matrimonios cristianos que no están funcionando apropiadamente no sólo son el resultado de vivir bajo la maldición, sino que es una indicación de que a Jesucristo no se le ha dado el señorío total de sus propias vidas.

Muchos matrimonios pueden estar espiritualmente desbalanceados. Uno de los cónyuges puede amar a Dios mientras que el otro no camina o no vive basado en los principios cristianos. ¿Qué podemos hacer? La Biblia nos dice que si estamos casados con un incrédulo, debemos mantenernos casados si nuestro cónyuge así lo desea. Pero si insiste en abandonarnos, podemos permitir que lo haga, y proceder con nuestras propias vidas y futuras relaciones de matrimonio (consulte 1era de Corintios. 7:12-15).

Sin embargo, si tenemos esposos o esposas cristianos, siempre somos llamados a mantenernos casados (a menos que haya ocurrido infidelidad y en algunos casos, formas extremas de abuso que hacen que la relación sea demasiado peligrosa). Cuando nuestra relación matrimonial es desequilibrada, debemos ser diligentes para cumplir con nuestra responsabilidad como si estuviéramos sirviendo a Cristo directamente. Debemos aprender a permitirle a Él satisfacer nuestras necesidades directamente y acudir a Él como la fuente de las necesidades que están careciendo en nuestros matrimonios. Esto, por supuesto no significa que debemos permitir que comportamientos de pecado o nocivos de nuestro cónyuge afecten directamente nuestra vida. De hecho, Jesucristo mismo no condona o permite que estas cosas sucedan sin consecuencia. Pero aun así podemos encontrar plenitud a pesar de que lo que nuestro cónyuge decida hacer. (Para mayor información, favor de consultar el capítulo 11 acerca de los límites. Este tema también se aborda en *Una Casa Edificada por la Gracia*).

En general, lo que podemos concluir es que el propósito de nuestras propias vidas y los propósitos del matrimonio son conocer y amar a Dios en primer lugar.

2. El esposo/padre representa la estructura básica y la infraestructura de la casa que está construida sobre los cimientos.

Sin un fundamento de apoyo y seguro, cualquier tipo de infraestructura construida encima se volverá insegura. No fue la intención de Dios que nuestras vidas funcionaran sin Él y esto ciertamente incluye al matrimonio ya que está hecho para describir Su relación con nosotros como el Cónyuge. Cuando trabajamos de acuerdo a Sus propósitos, el siguiente componente importante de la edificación de la familia es el rol del varón. La figura masculina de padre/esposo representa la estructura de la casa en sí misma y toda la cobertura, incluyendo paredes, techo y toda la estructura por debajo de ella. Obviamente, si pudiéramos imaginarnos una casa real, esto es lo que hace que una "casa" luzca como una "casa". Una casa sin estos componentes ¡no es una casa en absoluto! Así que es obvio que al usar esta ilustración, el hombre carga algunas responsabilidades extremadamente importantes como la "cobertura". Echemos un vistazo más de cerca:

Las responsabilidades del marido:

- Él es el **director general y el líder.** Un hombre ha sido designado líder de su casa. Dios le pide que sea como Cristo, para representar las mismas características que Él como líder de Su iglesia. Los varones son en verdad llamados a ser "Jesús en persona" para sus esposas y sus familias. Si él lidera por medio de su ejemplo y en amor, bendice grandemente a su familia.

- **Él ha recibido la autoridad dada por Dios.** El rol del hombre adulto es de autoridad, ya sea que él escoja o no aceptar esa posición. De la misma forma que un país necesita un líder, una corporación contrata un director general, Dios ha decretado al marido/padre en la posición de autoridad. Por lo tanto, independientemente de cuán exitoso él sea en ese rol, el rol nunca cambia esta posición. En definitiva, Dios lo hace responsable del sistema familiar en su totalidad. Cuando algo está yendo mal, Dios lo mirará primero a él para las correcciones.

- Él está **llamado a ejercer el amor, no el control.** El marido es llamado a amar a su esposa como Cristo ama a la iglesia. Esto se refiere al amor desinteresado e incondicional que no está basado en emociones ni basado en cómo la otra persona lo ama a cambio. Su amor es un mandamiento bíblico y claramente establece el curso de todo el sistema familiar. Un marido que abusa de su posición de autoridad y ejerce la fuerza y el control injustamente está lastimando grandemente su posición y a todos los demás miembros de la familia. De hecho, sin su amor, la familia fallará en alguna medida.

- **A él le es dada la responsabilidad de ser el proveedor y el protector.** Como lo aprendimos anteriormente, parte de la maldición del hombre incluyó que se le requiera que atienda las necesidades de su familia. Pero esto no es solamente una maldición, también es el resultado de asumir la responsabilidad por las necesidades de su familia porque él la ama. De hecho, si el amor no fuera el elemento, ¿Qué pudiera incluso haberlo motivado a tomar esa responsabilidad en primer lugar? Dios nos ama de esta misma forma. Cuando vivimos bajo Su señorío, Él trae consigo Su provisión. Del mismo modo, cuando vivimos bajo la cobertura de un liderazgo masculino, Dios le pide a él que cumpla con las necesidades designadas y legítimas de la familia.

- **Él es un amante.** Un hombre está diseñado para satisfacer sexualmente a su esposa, cuidando de las necesidades de ella más que las suyas propias. Esto es porque su sexualidad en el matrimonio debe estar basada en el amor por ella, no sólo por simple auto-gratificación. Cualquier cosa que esté fuera de este contexto promoverá dificultades.

Las necesidades del Esposo:

Dios le dio a Adán una ayuda porque vio que él verdaderamente no estaba diseñado para vivir solo. Esto no quiere decir que ser soltero no es un llamado. El apóstol Pablo era soltero y animaba a otros a que se mantengan solteros si ese era su don. Pero en el matrimonio, a un marido se le dan ciertas responsabilidades y a cambio, él necesita ciertas cosas de su esposa y su familia.

Esto incluye:
- El respeto por su posición de autoridad y la toma de decisiones. Él prospera cuando es honrado por su esposa e hijos y ellos se someten a su liderazgo.
- La afirmación, apoyo y motivación de su esposa. Él prospera cuando tiene una ayuda que se hace cargo de los detalles, cumple con varias responsabilidades del hogar y le ofrece palabras de ánimo y apoyo.
- La estructura y el "toque femenino" en su casa. Un hombre fue diseñado para necesitar "hermosura". El toque maravilloso y embellecedor de la esposa le trae a él satisfacción y plenitud.
- El encanto y la sexualidad de su esposa. Esta conexión no está basada sólo en su apariencia externa, sino en el afecto que él tiene por ella físicamente, emocionalmente y espiritualmente —lo cual es celebrado a través del regalo del sexo.

No es coincidencia que Dios designara a Adán una posición de autoridad y que al mismo tiempo hiciera que su mayor necesidad fuera el ser respetado por su esposa y sus hijos. De hecho, en el matrimonio, este es un patrón común —Dios hace que tengamos deseo por una necesidad que a nuestro cónyuge se le ordenó satisfacer. La necesidad del hombre de ser respetado es perfectamente legítima. Los problemas que pueden surgir a menudo no están basados en aquellas necesidades legítimas, sino cuando esa necesidad se tergiversa o se deforma y ya no se alinea con los principios de Dios.

Por ejemplo, un hombre tiene un deseo innato y una atracción por su esposa, al menos inicialmente. Su necesidad para las relaciones sexuales con ella fueron diseñadas exclusivamente para la relación del matrimonio. Una vez que él busca en otro lugar, ya no está actuando adecuadamente en esa necesidad innata, sino que está abusando de ella impuramente.

En el matrimonio, tanto el marido como la mujer batallarán para alinear expectativas y "necesidades" reales con las verdades bíblicas del matrimonio. Algunas veces las "necesidades" del hombre son deseos equivocados, por tanto sería inapropiado imponerlos a su cónyuge o buscarlos fuera de la relación del matrimonio o en otro lugar.

Cuando un hombre no cumple con su rol

Así como en la infraestructura de una casa, el rol del hombre es tan importante y tan influyente que toda la casa será ya sea estable o débil en base a su disponibilidad y su cumplimiento de ese rol. Todos los hombres son propensos a fallar en este rol. Los hombres que no conocen a Dios o que no tienen una relación personal con Jesucristo no tienen una base sobre la cual construir y por lo tanto nunca podrán cumplirlo como Dios lo destinó. Incluso un hombre cristiano encontrará esta tarea abrumadora y difícil, un reto que simplemente es incapaz de hacer sin la dependencia y la guía del Espíritu Santo.

Algunas de las maneras más significativas en que un hombre tergiversa su rol incluyen:
- En vez de enfocarse en amar a su esposa, él se pone en el extremo de recibir el amor de ella hacia él. En realidad él debe ser el instigador de amor, — "perseguirla" y cubrirla con ese amor. El amor de ella debe ser una respuesta a esto.
- En lugar de proteger, él controla a los miembros de su familia al estilo de un dictador donde él amenaza o abusa de ellos. Esto creará un ambiente hostil donde los miembros de la familia se rebelarán o buscarán protección.
- En vez de ser el líder, él evade su responsabilidad o permite que su esposa tome el control.
- En vez de ser el proveedor él busca que su esposa o alguien más supla por él (siempre hay excepciones a esto cuando hay dificultades por falta de empleo,

discapacidades físicas, trayectorias de carrera profesional, etc.). También puede enfocarse tanto en "proveer" que no está disponible para hacer otra cosa excepto trabajar, descuidando así otras facetas de su responsabilidad (tales como el amor).

- En vez de ser sexualmente fiel a su esposa, se involucra en relaciones fuera del matrimonio.
- En vez de ser una infraestructura inquebrantable y estable, desatiende y abandona las necesidades de su familia. La tragedia más grande en el rol del hombre, es el dejar a su familia, además de la infidelidad.

La pérdida de esta figura masculina en un sistema familiar es tan destructiva como la pérdida de paredes y techo en una casa. Deja a los miembros de la familia vulnerables, desprotegidos, y en un estado de caos y negligencia. Usualmente, en una forma extrema, la esposa o los hijos compensarán para mantenerlo todo funcionando u operando sin problemas. Este rol de compensación es la base de la codependencia como lo comentamos en el capítulo 1. Si los miembros de la familia no compensan lo que está haciendo falta, da la impresión que estarán destinados a sufrir devastación y pérdida.

Siendo restaurados a la manera de Dios

Si un hombre ha sufrido una derrota en su posición como marido/padre, nunca es demasiado tarde para que corrija las cosas. Si usted tiene un esposo (o padre) que le ha decepcionado, comience a orar por él por un cambio radical de vida y que usted aprenda cual es su parte en la relación.

Cuando él quiera solucionar las cosas, él deberá entender que es incapaz de cumplir con su rol lejos del poder, el amor y la gracia de Dios, operando en su propia vida. En cualquier rol, cuando el hombre comienza a exhibir un liderazgo en Dios, todo el sistema familiar ciertamente de seguro será influenciado radicalmente como resultado de esto. Ya que la misma naturaleza del rol del hombre está basada en dar, él debe estar recibiendo fortaleza y apoyo del Padre Celestial regularmente, de otro modo él no tendrá nada que ofrecer y eventualmente se desgastará o se "agotará".

Si un hombre no estaba operando bajo los principios de Dios pero comienza a someterse al cambio, no puede esperar que toda la familia se alinee de inmediato. Por ejemplo, un hombre puede haber estado usando drogas y alcohol; ocasionando un caos y dolor en la familia. Si el deja la droga y permanece sobrio a través de Jesucristo, automáticamente comenzará a desear cumplir con su rol responsablemente. Al principio, esto puede no ser bien recibido. La familia ya habrá invertido mucho tiempo ajustándose a su ausencia, que no necesariamente querrán restaurarlo en su posición de autoridad. Él necesitará permanecer firme, confiar en el Señor y entender el poder del amor. Si lo hace, es muy probable que vea resultados. Pero si no es así, él deberá aprender a cubrir a su familia en oración para continuar siendo responsable de su posición a pesar de su respuesta y entregarlos diariamente a Dios.

Puntos de Aplicación:
Responda lo siguiente acerca del padre en su vida.

¿De qué forma mi padre nos amo a mí a mi madre?

_____

_____

_____

_____

¿De qué manera mi padre no nos amó a mí y a mi madre?

_____

_____

_____

_____

¿Cómo intento obtener el amor de mi papá?

_____

_____

_____

_____

¿Cómo respondí o me rebelé yo a los esfuerzos que hizo mi padre para amarme?

_____

_____

_____

_____

¿Cómo proveyó mi padre para mí y para mi madre?

_____

_____

_____

_____

¿Cómo descuidó mi papá mis necesidades inmediatas y las necesidades de mi madre?

_____

_____

_____

_____

_____

¿Cómo dirigió mi papá mi vida y la vida de mi madre?

_____

_____

_____

_____

¿Cómo falló él en dirigir mi vida y la vida de mi madre?

_____

_____

_____

_____

Como resultado de esto ¿Cómo lo compensé?

_____

_____

_____

_____

¿Cómo me protegió mi padre?

_____

_____

_____

_____

¿Cómo falló mi papá en protegerme a mí o a mi madre?

_____

_____

_____

_____

¿Qué es lo que esto ocasionó que sintiera?

_____

_____

_____

_____

_____

1. *Si usted es una esposa, regrese y responda las preguntas remplazando "padre" con*

"esposo"; luego reemplace "madre" con usted misma.

2. *Si usted es un esposo, regrese y responda las preguntas remplazando "padre" con "yo"; y "madre" con "esposa".*

3. La esposa representa la viga de soporte, o el "pilar".

La posición de una esposa es fundamental para que la casa permanezca unida. Ella mantiene la estructura general del hogar al mantenerse firme en su rol de apoyo. Si es visualizada, ella puede ser vista como un pilar decorativo que soporta tanto a la casa como a la infraestructura, mientras que ofrece un elemento de embellecimiento. Si ella deja su posición, la casa será inestable, sin apoyo y propensa a derrumbarse.

Cuando Eva fue creada por Dios, fue para que sea la ayuda de Adán. Una "ayuda" es un rol de apoyo por definición propia. La mayoría de la gente en nuestra cultura ve al rol tradicional de la mujer como degradante y ofensivo, como si "someterse" al hombre significara que somos "menos que el". La única cosa en la que la mujer es "más débil" que el hombre es quizá en su fuerza física y en que es más propensa a los engaños emocionales. Pero recuerde, si buscamos el significado de "Apoyo" podemos interpretarlo como la "fuerza" detrás del sistema de operación general. Es de ayuda verlo en este contexto, porque el rol de una mujer tiene un valor extraordinario para mantener la función del sistema familiar como un todo. Proverbios 14:1 dice "La mujer sabia edifica su hogar, pero la necia con sus propias manos lo destruye." Su posición no es de debilidad. De hecho, es tan influyente, que esta escritura dice que ella por sí sola tiene el potencial de edificar su hogar o destruirlo.

En la mayoría de las corporaciones, el director general no está haciendo las operaciones del día a día; él está supervisando y brindando la dirección, las metas financieras y la visión a futuro para la organización. Mientras que él toma las decisiones importantes, el personal operativo clave es el que termina haciendo la mayoría del trabajo. A menudo, los miembros del personal operativo implementan los planes y la visión del director; tienen algún nivel de independencia y capacidad para tomar decisiones en base a límites predeterminados.

En realidad, la corporación no podría operar efectivamente si esos miembros del personal optaran por cumplir sus propias metas e intenciones. Si el director fuera irresponsable o no estuviera disponible, esos miembros del personal no podrían tener otra opción que hacer que las cosas funcionen. Pero si el liderazgo no ocurre, se produciría el caos y la organización puede fallar.

No hay diferencia con un sistema familiar. El rol de apoyo de una esposa es crítico para mantener en funcionamiento la rutina del día a día, para mantener intacta la salud emocional general de la familia y para atender las necesidades básicas de cada miembro. Puede que ella no sea la jefa o "directora", pero su trabajo está cargado de responsabilidad. Si ella llega a estar ausente, la familia sufriría una pérdida de la misma manera que sufriría grandemente un director general sin personal gerencial para implementar sus planes.

Es importante entender que el rol femenino en esencia, es el de recibir, así como la función primaria del rol masculino es la de dar. Mientras que el marido lleva el peso de la responsabilidad, ella está en una posición mucho más vulnerable. Ella debe recibir lo que el marido le da para poder funcionar apropiadamente en su rol. Esto no significa que no es una persona saludable y completa, simplemente significa que sus propias responsabilidades dependen de si él cumple o no con las suyas. Muchas veces la mujer quiere independencia financiera y otras libertades en un matrimonio, por esta misma razón, ellas prefieren no tener que depender de su marido. Pero tan lógico como pueda parecer (y las mujeres que han sido heridas por un hombre pueden tener una razón muy justificable) esto nunca llevará al tipo de matrimonio que Dios diseñó. Esto es porque su rol es diferente a esto. Si ambos están en la misma posición, el rol de la mujer puede ser descuidado y el rol del hombre puede ser disminuido.

Algunas de las responsabilidades de la mujer incluyen:

- **Ella debe ser sumisa y respetuosa.** Así como al hombre se le ordena a amar a su esposa, Dios llama a la esposa por encima de todo a respetar la autoridad de su esposo. Si tenemos dificultades con esto, puede ser reconfortante recordar que Jesucristo se sometió a Su Padre (Su figura de autoridad) en todos los aspectos de Su vida en la tierra. La sumisión es la clave —y Dios requiere que en algunos aspectos nos sometamos "unos a otros" constantemente. La noción de sumisión es un gran reto para una mujer y ella se rebelará hacia su marido especialmente cuando él no le da amor. Es útil conocer que ella no necesita someterse a los comportamientos injustos de un cónyuge, sólo a la posición misma.

- **Ella es alguien que da apoyo y aliento.** El rol femenino es invaluable en su naturaleza general de apoyo. Ella es la que anima, alguien que da aliento y tiene la capacidad de manejar varias cosas simultáneamente para simplemente mantener el hogar funcionando adecuadamente. Su rol de apoyo ayuda a edificar toda la familia, pero su desconexión y falta de apoyo producirá el efecto contrario.

   El poder de una mujer permanece en su "lengua" o sus palabras. Ella puede usar esas palabras para edificar o arruinar a los que la rodean.

- **Ella es la que brinda hermosura.** Una mujer posee una cierta cualidad que le permite decorar y "adornar las cosas" para que se vean hermosas, cálidas y acogedoras. Mientras que no todas las mujeres pueden exhibir estas características como un todo, tener este atributo es más común que no tenerlo. Como un fuerte pilar, ella es una fortaleza en el hogar, pero también trae hermosura.

- **Está llamada a nutrir.** Una mujer está llamada a nutrir el desarrollo emocional y espiritual de sus hijos, estableciendo una conexión con el corazón; enseñándolos y guiándolos en los principios de la Palabra de Dios. A menudo tiene el don de ser maestra por lo cual, disfrutará interactuando y compartiendo las cosas que ella aprende con aquellos que la rodean.

Ella es una amante. Una mujer está diseñada para ser la amante de su esposo. Ella debe ser deseada por él y debe complacerlo, lo cual a su vez le trae a ella placer y amor. La imagen de la sexualidad de la mujer es la de entregarse a su marido. Es importante conocer que a menudo la mujer busca la sexualidad por amor más que por el simple placer físico.

Las necesidades de la mujer

Cuando Dios creó a la mujer, Él la formó con ciertas necesidades. Ella era una diferente clase de "especie" que Adán. Ya que ella fue diseñada para ser su ayuda, en realidad fue creada para "encajar" con él. Esto significa que lo que él necesitaba, ella lo podría brindar. Y lo que ella necesitaba, él lo podría brindar. Esto, por supuesto, no debe confundirse con las necesidades divinas y espirituales que vienen sólo de Dios.

- Ella necesita ser guiada con amor —ella se desarrolla mejor bajo una infraestructura bien cimentada. De igual manera, cuando el esposo no cumple sus responsabilidades, ella es proclive a enojarse, amargarse o exhibir tendencias fuertes de codependencia.
- Ella necesita que se le muestre afecto y encontrar aceptación, aprobación y amor por parte de su padre/esposo —ella se desarrolla mejor con la afirmación de que él la cuida y la aprecia. Ya que ella fue creada para ser su ayuda, por su naturaleza misma ella desea su amor. Esto es normal y legítimo bajo el contexto del matrimonio, cuando no está interfiriendo o reemplazando el amor de Dios.
- Ella necesita ser provista y protegida —ella se desarrollará mejor si se siente segura y cuidada. Una mujer da la imagen de alguien que es "rescatada" o "conquistada" por su príncipe encantador. Si él no hace esto, ella a menudo intenta usurpar su rol; pero tristemente, ella pierde ese rol femenino en el proceso. En su codependencia, ella a menudo intentará protegerlo, salvarlo o rescatarlo a él, en vez de que sea lo contrario.

De la misma forma que el hombre tiene una necesidad innata de respeto, una mujer tiene una necesidad innata de ser amada. Ella siempre prosperará mucho más bajo la influencia del amor y se rebelará más cuando este falte.

Cuando el rol de la mujer deja de funcionar

Una mujer que ha sido abandonada por un hombre puede encontrar ofensiva la lista anterior. Pero todas las mujeres, si somos honestas, desearíamos que un hombre nos cortejara, nos amara apasionadamente y proveyera responsablemente.

Simplemente es una parte de su constitución genética como mujer el desear esto. Si un hombre abandona su rol en cualquier nivel, ella puede tender a enfocarse más en completar el rol de su esposo —el rol masculino. Esto es porque sin una estructura básica, la casa no puede siquiera mantenerse o sobrevivir. Incluso si él no es negligente en su rol, ella puede aun por naturaleza desear ponerse en su lugar y adoptar los roles que él estaba destinado a cumplir.

- Algunas de las maneras más significativas en que una mujer deforma su rol incluyen:
- Ella intenta ser la proveedora y protectora de la casa en lugar de su marido. Esto ocasiona que ella se vea a sí misma en la posición masculina en vez de la femenina.
- Ella asume una posición de autoridad y liderazgo sobre su marido. Esto está en el núcleo de la caída en el jardín. El problema no está en si su esposo cumple o no su rol; a él se le colocó en esa posición y cuando la mujer trata de usurparla, generará resultados negativos.
- Ella suele manipular al hombre para que él la ame y que provea para ella las cosas que ella desea. Ella puede engañar y usar su encanto para obtener las cosas que desea, lo cual es un intento sutil de ganar el rol de control en la relación.
- Ella fracasa en nutrir las necesidades emocionales de la familia. Su falta de capacidad para enseñar y nutrir a sus bebés y sus niños afectará en gran manera su madurez espiritual y su sentido de la seguridad.
- Ella se despreocupa o se niega a administrar la casa y se descuida de su sentido general del orden y la belleza. Un hogar caótico herirá a toda la familia.
- Ella usa su propia belleza y/o sensualidad para atraer o captar la atención de otros hombres. Su belleza es un don para su esposo, no para otros hombres. Está bien que otros hombres la encuentren atractiva, pero ella es responsable de cómo se proyecta a sí misma y hasta qué grado.

Darnos cuenta de nuestras propias anomalías puede ser doloroso para algunos o dejar a otros asustados. "¿Qué se supone que deba hacer si mi esposo se marchó o está ausente?" La respuesta sincera es que algunas veces una mujer tiene que llenar el rol masculino para compensar por lo que un hombre no está haciendo. Si es soltera, ésta es simplemente una manera de vivir necesaria. Pero si se hace sin un entendimiento de la importancia de su rol de género dado por Dios, esto puede tener un efecto profundo en su identidad, en cómo ella se ve a sí misma y cómo se involucra en todas sus relaciones futuras. Esto puede alejarla mucho más del deseo de permanecer en su rol femenino. A decir verdad, cuando una mujer se hace cargo del rol masculino a menudo quiere el control y la autoridad que viene con él. Abandonar este rol una vez que ha sido tomado puede ser muy difícil. Si usted está luchando con esto, no está sola y no permita que eso impida su recuperación.

Siendo restaurados a la manera de Dios

La esposa/madre será mucho más fructífera cuando aprenda a verse a sí misma en matrimonio con Jesucristo —y contar con Él como el Amante, Proveedor, Protector y Dador de lo que ella necesita. Es cierto, ella puede verse afectada por la ausencia o las fallas de su esposo (si es aplicable) pero puede continuar siendo el pilar de fuerza. Una mujer es admirada en nuestra cultura cuando asume las responsabilidades del hombre. Pero si lo vemos desde la perspectiva de Dios, Él es motivado por una mujer con un espíritu amable —una mujer con un espíritu de sumisión.(1 Pedro 3:4) Esto no significa que ella no pueda ser fuerte, pero tampoco necesita "hacerse cargo" siempre. De hecho, su espíritu controlador es su defecto de carácter más grande. Para contrarrestar eso, su arma más poderosa es su relación con Jesucristo y su capacidad de orar por las necesidades de su esposo y sus hijos.

La mujer es una creación sorprendente. Mientras pueda alinearse a su identidad y propósito en Cristo Jesús, ella será capaz de ver su hermoso diseño como mujer. Dios es capaz de llenar el vacío de esposos ausentes, pero también es capaz de restaurarlos. El cambio tiene que comenzar con una persona y ella puede ser esa increíble influencia santa en su marido; simplemente demostrándole una relación íntima con su Perfecto y Amoroso Esposo, Jesucristo. Esto toma tiempo y requiere un entendimiento más profundo de la recuperación, así que llénese de paciencia y tiempo (este proceso está contenido en *Una Casa Edificada por la Gracia*).

Para hombres y mujeres también, estos roles presentan anomalías mientras aprendemos cómo sobrevivir sin los recursos o la guía necesarios. Por eso no tenemos que huir de las cosas que vemos en nuestro rol en función del género que puedan estar equivocadas; simplemente necesitamos darnos cuenta de lo que ha ocurrido. Recuerde, no podemos cambiar nuestro comportamiento, Dios debe cambiar nuestro corazón. El propósito de este libro de trabajo es desarraigar, exponer y tratar con las cosas que necesitamos cambiar, y liberar y entregar las cosas que necesitamos aceptar. Pero en el proceso, tratamos de ver y entender quién es Dios, por qué nos creó, y el amor radical que Él tiene por nosotros. ¿No cree que vale la pena?

Puntos de Aplicación:

Responda lo siguiente en cuanto su madre en su vida:

¿Cómo mostró respeto mi mamá hacia mi papá?

_____

_____

_____

_____

¿Cómo animó, nutrió y apoyó mi mamá a mi papá y a mí?

_____

_____
_____
_____

¿Cómo falló mi mamá en animar, nutrir y apoyar a mi papá y a mí?

_____
_____
_____

Como mujer u hombre, ¿Qué me enseñó ella acerca de la belleza y la femineidad?

_____
_____
_____
_____

¿Cómo veo al sexo femenino en su conjunto?

_____
_____
_____
_____

¿Mi mamá poseía características masculinas? ¿Cuáles?

_____
_____
_____
_____

¿Qué ve usted como injusto o incorrecto con ser una mujer? (si aplica)

_____
_____
_____
_____

1. *Si usted es un esposo, regrese y responda las preguntas remplazando "madre" con "esposa" y "papá" con "yo";*
2. *Si usted es una esposa, regrese y remplace "mamá" con "yo" y "papá" con su esposo (o persona amada).*

Los Roles de los Hijos

Los hijos representan las futuras generaciones. Son traídos al mundo con necesidades básicas: ser amados, valorados y aceptados por sus padres. Aunque nacen separados de Dios, aún por naturaleza son preciosos e inocentes. De hecho, Jesús dijo que necesitamos venir a Él como un pequeño *niño*.

Los niños vienen al mundo como bebés indefensos y dependientes que necesitan valerse de sus padres para que los cuiden. Si no se los cuida y si no se relacionan apropiadamente con sus padres, pueden tener problemas de acoplamiento y problemas en sus relaciones por toda su vida. De hecho, los primeros tres años de sus vidas es cuando son más vulnerables y dependientes. Por eso estos son los años más formidables para cualquier persona en cuanto a desarrollar su sentido de seguridad, confianza y su sentido de valor en general.

Los niños serán influenciados profunda y sorprendentemente por la relación matrimonial, el rol y modelos de género que les fueron ofrecidos por mamá y papá. Pero más que cualquier otra cosa, la relación y los estilos de amor que aprendieron de niños serán llevados directamente a sus relaciones como adultos, incluyendo:

- Las madres le enseñan a las niñas pequeñas cómo amar y cuidar a los hombres
- Las madres enseñan a los niños pequeños como ser amados y cuidados por las mujeres
- Los padres le enseñan a las niñas pequeñas cómo ser amadas y cuidadas por los hombres
- Los padres le enseñan a los niños pequeños cómo amar y cuidar a las mujeres

Los roles de hombres y mujeres se distorsionan en una variedad de maneras, pero para los niños, el efecto de esto puede dejar un impacto permanente. En un sistema familiar extremadamente disfuncional, los niños pueden además experimentar negligencia y quizá hasta abuso. Ellos pueden experimentar el divorcio de sus padres, ser criados por sólo uno de sus padres o ser expuestos a todo tipo de comportamientos inmorales.

Siempre que uno de los padres abandona la posición de ser responsable, el hijo de alguna manera aprenderá a compensar por la pérdida de este. Si uno de los padres no puede o no provee para las necesidades emocionales, físicas o espirituales del hijo, este necesitará aprender cómo satisfacer esas necesidades por sus propios medios. Este modo de supervivencia a menudo está en el mismo centro de los patrones de comportamientos tanto del codependiente como del PACQ.

La responsabilidad de los hijos

Los hijos deben estar en una especie de "escuela" que los prepara para la vida. Están siendo entrenados para ser esposos, esposas, padres de familia, trabajadores responsables, etc. Los hijos pueden recibir una variedad de responsabilidades con la edad, pero están más que nada en la posición de aprender y ser equipados. Por eso esperar que un niño realice los roles de un adulto es tan injusto - ellos sencillamente son incapaces de hacerlo.

Y por encima de todo, Dios pide que los hijos honren, obedezcan y respeten la posición de autoridad de sus padres. De hecho, uno de los diez mandamientos está basado en este mismo principio.

Sin embargo, en las familias enfermas los niños enfrentan retos difíciles. Pueden tener padres que aparentemente no merecen ninguna forma de respeto. Pueden incluso no tener padres que ofrezcan nada, por lo tanto los hijos se hacen más "adultos" que sus padres. ¿Deben los hijos respetar a sus padres en estas situaciones? Como lo hace un cónyuge, los niños no tienen que aceptar el mal comportamiento de su padre/madre, pero necesitan honrar la posición de padres. El problema es que los niños no se dan cuenta de la diferencia. Por lo tanto, en su esfuerzo por amar y aceptar al padre o madre, un hijo a menudo sin saberlo acepta los comportamientos nocivos de los padres, como si estos estuvieran bien y por lo tanto tiende a repetir ese comportamiento. Esto puede ser considerado bíblicamente como una "maldición generacional" donde las mismas fortalezas negativas son pasadas de una generación a la siguiente.

Lo que necesitan los hijos:
- Los niños necesitan que se les enseñe. Ellos se desarrollarán y madurarán en la seguridad de saber que a pesar de lo que hagan, la gente que los rodea los ama. Si el amor falta, todo su sentido de seguridad y propósito puede ser dañado en algún nivel.
- Conforme crecen los hijos, ellos necesitan ser disciplinados y entender la diferencia entre el bien y el mal. Un padre de familia que "ama" a su hijo tratando de complacerlo y nunca le asigna consecuencias por el mal comportamiento, realmente no ama a su hijo. Disciplinar es amar.
- Los niños necesitan que se les debe enseñar. En los sistemas familiares saludables, los niños tienen un vasto margen para cometer errores y fallar en el proceso de aprendizaje. Sin embargo, si el ambiente es estricto o basado en la vergüenza, ellos nunca podrán entender la naturaleza general del aprendizaje y pueden inclinarse ser perfeccionistas, propensos al rendimiento y a la rebelión. En otros ambientes, los niños no son enseñados a nada y por lo tanto van por la vida intentando "averiguar las cosas".

Cómo se distorsionan los roles de los hijos

Los hijos en situaciones disfuncionales "actuarán" en una variedad de formas. Los niños que no tienen satisfechas sus necesidades o no son amados apropiadamente necesitarán aprender a sobrevivir de algún modo. Ellos pueden:

- **Tratar de asumir roles y responsabilidades de adulto, convirtiéndose en "mini-adultos."** Estos hijos sufrirán de la enorme desconexión y negación de sus necesidades y deseos verdaderos. Ellos no aprenderán a verse o valorarse a sí mismos, sino que se enfocarán en su "trabajo" para ayudar a resolver los problemas de aquellos que les rodean. (este es el desarrollo de la personalidad codependiente).
- **Rebelarse en contra de todo el sistema familiar y actuar de formas visiblemente irrespetuosas.** Estos hijos(as) pueden comenzar a usar drogas y alcohol a temprana edad o quedar embarazadas en la adolescencia. Puede ser que los padres se avergüencen de este hijo(a), y culpar al hijo(a) por todos los problemas. Pero en un ambiente disfuncional, los hijos rebeldes actúan a menudo en base a lo que está pasando en el hogar. Incluso cuando a ellos se les tacha de "malos", a menudo son más honestos emocionalmente que los otros miembros (este es el desarrollo del PACQ).
- **Retirarse y esconderse, aislándose de la familia y de otras relaciones.** Estos hijos se fundamentan en el temor y tendrán dificultad en socializar o interactuar en relaciones en cualquier nivel. Pueden ser susceptibles a adoptar una personalidad adictiva.

Echemos un vistazo a la familia de Jesse. Cuando era niña, su padre era un alcohólico y eventualmente abandonó su rol y dejó a la familia del todo. Pero mientras vivía aún en la casa, la mamá de Jesse asumió la mayoría de las tareas diarias. Ella era quien percibía financieramente y realizaba todas las tareas "prácticas" que operan una casa. El padre de Jesse, por otro lado, a menudo estaba fuera tomando con sus amigos. Él cambiaba de un trabajo a otro y nunca fue capaz de sostener un puesto responsablemente. Se volvía violento y enojón cuando tomaba y como resultado, Jesse había desarrollado miedos profundos y abrumadores ante la presencia de su papá.

Al ver a su madre sufrir, Jesse sintió la obligación de ayudarla. Jesse asumió responsabilidades de adulto desde una edad joven. Su madre dependía de Jesse no sólo para los aspectos funcionales de dirigir la casa, sino que a menudo la usaba para su propio sistema de apoyo emocional. Debido a esto, Jesse siempre sintió que ella cayó en un rol de adulto y por tanto abandonó sus propias necesidades de la niñez. En vez de recibir de un padre, ella tendía a pensar en las responsabilidades de la familia. Esto le enseñó a Jesse algunos sistemas de creencias muy distorsionados y deformados sobre los roles del esposo/padre y esposa/madre, incluyendo:

- La figura masculina no estuvo disponible para ella —ocasionando que ella creyera que no era digna de que un hombre le proveyera, le protegiera o le amara.
- Una figura femenina modeló el rol masculino —ocasionando que ella creyera que el rol femenino era el de autoridad, provisión, protección, etc. Ella terminó

"siendo la madre" de los hombres en vez de esperar que ellos dirigieran.

• Su rol en la niñez fue el de actuar y comportarse como un adulto, —ocasionando que ella creyera que ella no tenía derecho a las necesidades que otros niños tenían, y por lo tanto ella paso su niñez por alto.

Jesse creció y se casó con una persona químico-dependiente que le mostró inicialmente mucho amor, pero que eventualmente adoptó muchas de las características de su padre. Ella naturalmente fue una "madre" para él, lo cuidó y se sintió obligada a apoyar a la familia financiera y de forma práctica.

Jesse estaba viviendo bajo la maldición de su propia experiencia familiar. Mientras que las intenciones eran totalmente buenas, ella terminó repitiendo exactamente los mismos roles familiares en su vida adulta como le fueron expuestos en su niñez. Más aún, debido a que a ella le pidieron cargar con el peso de las necesidades de sus padres física, financiera o emocionalmente, ella no sólo se privó a sí misma de sus propias necesidades, sino que también se le pidió que realizara roles con madurez cuando ella aún era inmadura. Ella no "maduró tan rápido", sino que en algún sentido nunca maduró en absoluto.

La Familia en Recuperación

Durante la recuperación, Jesse aprendió a reconocer cómo su propia experiencia familiar formó su sistema de creencias. Ella vio como la costumbre y familiaridad con roles distorsionados se transfirieron a su futura relación matrimonial, incluso cuando al principio parecía estar "revestida" de forma tan diferente. Ella también aprendería la intención y el propósito de Dios para su familia y su rol en el matrimonio y lentamente ella permitió que Dios transformara su personalidad.

Así como cada miembro de la familia ha aprendido a ajustarse y enfrentar la vida de una forma negativa, cada miembro de la familia debe tratar sus asuntos propios y aprender a alinear su vida bajo los principios de Dios. No hay un arreglo rápido a este proceso, pero para el codependiente, el cambio es absoluta y totalmente posible. Incluso cuando únicamente el codependiente se ofrece a cambiar, la familia tiene mayor potencial para sanar.

Todo lo que usted haya experimentado en su propia familia, o esté experimentando ahora mismo, recuerde que Dios es un Dios Restaurador. Esto significa que no es necesario hacer todo bien la primera vez para que Dios intervenga y haga que algo o (alguien) que estaba resquebrajado, quede entero nuevamente.

Si usted está tratando con asuntos del pasado en su familia, es importante que usted trate apropiadamente con las circunstancias que ocurrieron y en realidad lamente lo que perdió (abordaremos esto en los capítulos 6-9). Usted necesita sentir eso dolor por el abuso o la negligencia. Usted puede necesitar sentir ese dolor por el abandono y la pérdida. Pero su sanidad finalmente vendrá cuando entienda el corazón de su Padre Celestial. Como lo aprenderemos, este Padre Celestial tiene la capacidad de reemplazar cada una de las necesidades que hemos perdido en nuestra niñez. Él puede reparar cada herida. No hay nada que nuestros padres terrenales hicieron o no hicieron que puedan causar una herida permanente.

Si usted actualmente está atravesando por problemas familiares, recuerde que una familia nunca cambiará si los miembros intentan cambiar a otros miembros. Esto es lo que sucede a menudo y sólo aumenta y agrava los problemas de fondo. Sólo Dios tiene el poder de cambiar a nuestras familias (consulte el capítulo 5). Algunas veces, la única manera en que podemos permanecer sanos y encontrar una restauración personal en un sistema familiar enfermizo es estableciendo límites y adhiriéndose a ellos (consulte el capítulo 11). Esto puede incluir la separación por un tiempo.

¿Cuál es el arma verdadera? ¡La oración! Cuando nos abrazamos al entendimiento de que no tenemos poder sobre los miembros de nuestra familia, podemos al mismo tiempo reconocer que Dios es más poderoso. Por lo tanto, la oración por sí sola es nuestra arma más grandiosa para tratar con los comportamientos difíciles de un miembro de la familia. Incluso cuando no vemos la evidencia de ello, sabemos que Dios es fiel en contestar el clamor de Sus hijos. Después de todo, el es el Padre perfecto. Podemos depender de Su amor incluso cuando nuestra propia familia aparentemente nos ha abandonado.

Recuerde estos importantes pasos para tratar de entender cómo son restauradas las familias:

1. La familia está compuesta de personas que contribuyen cada una a la salud o enfermedad del sistema.
2. El cambio sólo sucede al reconocer un problema.
3. Los miembros de la familia sólo pueden ser responsables de cambiarse a sí mismos, no a los otros miembros.
4. Dios es el Único con la capacidad de cambiar nuestros corazones.

La familia de Dios

Como cristianos, somos llevados al cuerpo de Cristo y de hecho estamos casados con Jesucristo. Dentro de esta familia, Dios es nuestro padre. Esto hace a los demás cristianos nuestros "hermanos" y "hermanas" en Cristo. Si tenemos sistemas familiares difíciles o desbalanceados, la iglesia es una nueva familia donde podemos encontrar ejemplos de santidad, donde somos exhortados en nuestros propios roles bíblicos y aprendemos cómo trabajar estos principios con otros que tienen una manera de pensar similar. Ahora bien, eso no significa que en la iglesia no seremos familias disfuncionales- algunas iglesias también pueden no estar sanas. Así que, si usted está buscando una familia-iglesia, asegúrese de encontrar una "buena combinación". También busque el apoyo de grupos de recuperación cristiana, como lo es Celebrate

Recovery (Celebrando la Recuperación). Estos maravillosos lugares de apoyo también pueden ser una familia espiritual mientras usted camina través de su viaje.

El propósito de Dios para su iglesia, incluyendo la recuperación cristiana, es que sea un lugar donde pongamos todos estos principios en acción. Pero también es un lugar donde Dios puede completar las pérdidas y ausencias en nuestras vidas dándonos padres espirituales, hijos espirituales, modelos espirituales de género y amigos cercanos. Haga que parte del objetivo en el proceso de recuperación, sea el encontrar una iglesia saludable.

Una Oración Para Mi Familia

Padre Dios,

Estoy tan agradecido de saber que Tú eres la Fuente de la Verdad. Aun cuando es doloroso ver cómo mi propia vida familiar no ha cumplido este plan que tú proveíste, tengo mucha esperanza de que tú ya estás en el proceso de restaurar lo que ha sido roto. Enséñame, Padre, a cómo finalizar con pecados y ciclos generacionales de comportamiento que son dañinos. Permite que desempeñe el rol que Tú diseñaste.

Te agradezco que Tú ya me ves como tu hijo perfecto. Cambia mi corazón, no sólo mis acciones exteriores. Llévame a la vida que Tú diseñaste y muéstrame todo lo que no viene de Ti para poder hacer lo correcto.

También pido en oración por los miembros de mi familia. Señor, los pongo en Tus manos. Sólo Tú tienes la capacidad de restaurar a mi familia. Te agradezco de antemano y alabo Tu nombre. Tú eres bueno. Tú tienes el control.

En el nombre de Jesús. Amén.

Puntos de Aplicación:

Describa su sistema familiar durante su crecimiento.

_____

_____

_____

_____

¿Cómo era visto Dios en su familia? ¿Era visto como alguien a quien temer, a quien amar, o alguien que no existía?

_____

_____

_____

_____

Describa su sistema familiar actual.

_____

_____

_____

_____

¿Qué ve usted que está dando resultado en su vida que sea funcional?

_____

_____

_____

_____

¿Qué ve usted que está dando resultado en su vida que sea disfuncional?

_____

_____

_____

_____

3

Fortalezas Emocionales

La mayoría de nosotros alcanzamos un punto donde el dolor emocional nos lleva a buscar ayuda. Tomamos este libro, comenzamos un programa o sólo oramos que Dios nos quite nuestro dolor. A menudo al principio de esta jornada, estamos llenos de tantas emociones negativas que ni siquiera sabemos por dónde comenzar. De manera similar que tomar una aspirina para el dolor de cabeza, estamos buscando el "método de reparación" más corto y más rápido que pueda llevarse el dolor. Para el codependiente, nuestros intentos de medicar y tratar el dolor son usualmente bastante sutiles. A diferencia de los dependientes químicos, podemos no tener adicciones visibles en nuestra vida. Aun así, hemos desarrollado otros mecanismos perjudiciales para intentar sobreponernos al dolor.

Tan difíciles como pueden parecer, las emociones realmente tienen una razón de ser. Y más aún, si aprendemos a identificarlas apropiadamente, podemos adoptar cierta perspectiva, ocasionando por ende que pierdan su intensidad. Mientras que este libro de trabajo en su totalidad trata con esta área, vamos a dar un vistazo a algunas de las fortalezas emocionales más comunes. Y de igual importancia, vamos a aprender acerca del propósito de las emociones y las estrategias generales que podemos comenzar a desarrollar para hacerles frente.

¿Son Malas las Emociones?

Quizá nos fue enseñado que las emociones son incorrectas o son algo que no se nos permite expresar. Quizá hemos aprendido a ocultarlas. Quizá incluso hemos sido enseñados en el cristianismo que todas las emociones son "malas". Pero claramente, este no es el caso. Ya que somos creados a la imagen de Dios, debemos primero entender que las emociones son simplemente parte de lo que nos hace un ser humano. Dios nos dio emociones de manera que podamos sentir, ser apasionados y experimentar la plenitud de la vida. Dios también exhibió emociones. (Sal. 33:5;

95:10; Is. 49:15-16; 61:8; Sof. 3:17). Si Dios mismo tiene emociones, claramente estas no siempre están equivocadas por sí mismas. Sin embargo, al igual que otras cosas, nuestras emociones pueden estar torcidas y sesgadas. Cuando estamos viviendo separados del plan de Dios, hay muchas consecuencias negativas. El dolor emocional es una de esas consecuencias.

El Propósito de las Emociones

Las emociones son como la luz de revisión del motor de un vehículo. Cuando las emociones se apagan, debemos entender que algo está sucediendo "dentro de nuestro motor" y que la emoción es una señal de advertencia. Si nos enteramos de noticias tristes, la reacción normal debe ser la de tristeza y aflicción. Si sentimos la convicción de que hemos hecho algo malo, necesitamos ponernos a cuentas con Dios. Nuestras emociones no son el problema. Son simplemente una EXPRESIÓN del problema.

Imagine la vida si no sintiéramos. Imagine si no tuviéramos la capacidad de responder y experimentar la vida con emoción. La vida sería, monótona y superficial, al punto de carecer totalmente de sentido. Si no sintiéramos, no seríamos diferentes a una computadora o un robot.

Por otro lado, podemos estar completamente presos de nuestras emociones. Cuando hemos perdido el control de nuestras emociones, ya no entendemos o identificamos los problemas que las ocasionaron y les permitimos que reinen y gobiernen nuestra vida.

El origen Negativo de las Emociones

La mayoría de las emociones negativas vienen de creencias defectuosas y de un pensamiento defectuoso. Cuando creemos algo que tiene su raíz en nuestra carne, las mentiras de Satanás o la filosofía y el sistema del mundo, esto lleva a un pensamiento defectuoso. Lo que pensamos afecta cómo nos sentimos. Lo que sentimos influencia nuestros comportamientos. Parece algo como esto:

Creencias ➜ Pensamientos ➜ Sentimientos ➜ Comportamientos

Es importante entender que mientras nuestros pensamientos y creencias son una elección (en base a nuestro libre albedrío) las emociones son irracionales. Si alguien nos dice "deja de sentirte así", no seremos capaces de hacerlo. En vez de eso, necesitaremos "dejar de creer o de pensar así".

Para poner eso en perspectiva, imagine que usted acaba de enterarse que alguien que usted ama ha tenido un terrible accidente automovilístico. Si usted escoge creer eso, su respuesta emocional será una gran tristeza y ansiedad. Usted puede correr al hospital o comenzar a hacer llamadas telefónicas para alertar a otras personas de las noticias. Ahora, imagine que descubre que fue mal informado. De hecho, su ser querido está perfectamente bien. Una vez que usted conozca que su miembro de la familia está a salvo, sus emociones se estabilizarían. Y eso cambiaría instantáneamente su comportamiento.

Si sus emociones le están ocasionando dolor y sufrimiento continuos, es imperativo que usted conozca más acerca de ellas y lo que puede estar ocasionándolas. El propósito de capítulos posteriores, es diagnosticar esa raíz que impulsa las emociones. Por ahora, busquemos entender algunos de los retos emocionales más comunes que enfrentamos.

EL Enojo: La Emoción de Defensa

El enojo es una emoción defensiva que surge cuando sentimos que nuestros límites y nuestro sentido de los derechos han sido violados de alguna forma. El enojo es un intento por mantener lo que tenemos, de validar cómo nos sentimos o proteger lo que sentimos que tenemos derecho de poseer. Por lo tanto es una forma de auto-preservación. También podemos experimentar enojo cuando nuestro propio sentido de valía es amenazado, nuestras necesidades básicas no son satisfechas apropiadamente o cuando sentimos que nuestras creencias están bajo ataque. El enojo es normalmente una emoción secundaria - es impulsada por una emoción más profunda que enmascara la emoción inicial. La mayoría de la gente que sufre de codependencia experimenta mucho enojo. Ya que estamos intentando balancear las relaciones desbalanceadas, es probable nos dé una sensación de ser transgredidos y de "ser usados", incluso si no lo expresamos exteriormente. Cuando el enojo da como resultado la violencia, la ira y comportamientos más erráticos, es fácil de reconocer. Pero no todo el enojo se eleva a esos niveles. Algunas veces, el enojo puede ser muy sutil y disimulado. Mucha gente dice "me siento tan frustrado" o "esto en verdad me está perjudicando", y no consideran que eso sea enojo.

¿Cómo identifica el enojo?
- El enojo puede surgir cuando:
- Nos sentimos ignorados
- Nos sentimos invalidados
- Nos sentimos impotentes
- Nos sentimos amenazados en nuestra seguridad
- Nos sentimos amenazados de que nuestras necesidades básicas no sean satisfechas
- Nos sentimos no amados
- Nos sentimos rechazados
- Nos sentimos menospreciados
- Nos sentimos transgredidos
- Sentimos que nos faltan el respeto por nuestras creencias morales
- Sentimos que no somos tomados con seriedad

- Nos sentimos ridiculizados
- Nos sentimos abandonados
- Nos sentimos usados

Ejemplos de enojo:
- Una esposa y madre se hace cargo de las necesidades de su familia. Ella dice poco y espera poco a cambio. Ella sería descrita por cualquier persona que la conozca como alguien que es amigable. Pero ella está frustrada y sola en su interior y nadie lo sabe realmente - incluyéndola a ella misma.
- Un trabajador exitoso trata duramente de obtener las metas y desempeñarse bien en su trabajo. Sin embargo, a pesar de sus esfuerzos, su jefe nunca dice nada positivo y crónicamente es negativo y sarcástico. Ya que él se esfuerza tan duro, se siente menospreciado y abriga profundos resentimientos.
- Un esposo regresa a casa de un día difícil para encontrar que su cena aún no está lista para ser servida. Inmediatamente embate a su esposa por ser incompetente y le grita a sus hijos. Él usa su enojo en un intento de tener al ambiente bajo control.

¿Es Malo el Enojo?

Cuando el enojo es manejado apropiadamente, no causa problemas. La palabra de Dios dice "Además, «no pequen al dejar que el enojo los controle». No permitan que el sol se ponga mientras siguen enojados, porque el enojo da lugar al diablo." (Efesios 4:26-27).

Cuando nos sentimos enojados, es reconfortante saber que Dios también muestra esta emoción. Dios claramente estaba enojado con la maldad. Él la odiaba. Y a nosotros nos es permitido odiarla también. Pero no se nos permite enojarnos con las personas al punto que nuestros corazones se llenen de amargura y resentimiento. La clara distinción entre el enojo "justificado" y el tipo de enojo que lleva a muchos niveles de comportamiento pecaminoso es la capacidad de separar a la persona de la acción. Ya que la mayoría de la gente no hace esto al menos inicialmente, un enojo "que da lugar al pecado" toma el control.

El enojo nos puede lisiar. Puede llevarnos a los caminos de comportamientos llenos de ira, abusivos y violentos. Puede ocasionar que nos ahoguemos en la miseria y en una profunda depresión. No hay nada acerca del enojo que debamos tomar a la ligera. Debe ser retirado si hay alguna esperanza de recuperación.

Mientras que el enojo puede sonar "feo", al igual que otra cosa que podamos aprender en la recuperación, tiene una razón, una explicación y una solución. El enojo está conectado usualmente con muchas otras emociones. Usualmente tenemos que encontrar la emoción "original" que ocasionó el enojo. Recuerde, el enojo es en verdad la necesidad de preservar algo en lo que sentimos una amenaza de perder, incluyendo nuestra auto-valía.

Maneras en que Usamos el Enojo Defensivamente

Usar el enojo para defendernos y protegernos no es saludable. Puede convertirse en un método para responder o hacer frente equivocadamente a nuestro dolor y también está afiliado con la necesidad de dominar o controlar a los demás. También es la emoción: "trataré con este dolor a mi manera".

El enojo literalmente causa que nuestro corazón se endurezca y asuma una postura combativa o defensiva. Incluso puede actuar como una droga. Cuando nos enojamos, no tenemos que sentir el dolor que ocasionó el enojo, pero no tendremos ningún buen sentimiento tampoco. Tomado al extremo, el enojo aparentemente nos da el poder para cambiar las circunstancias que nos amenazaron en un principio.

Dios quiere que nosotros nos enojemos con las cosas impías e inmorales de la vida y Él especialmente quiere que nos motivemos a mantener esas cosas fuera de nuestra vida. La forma "justificada" del enojo puede motivarnos a cambiar o puede disparar movimientos como la Revolución Americana. Cuando usamos el enojo "justificado", tomamos esa energía y la aplicamos a una solución.

Puntos de Aplicación:

Enumere las manifestaciones de enojo que usted ve en su vida ahora o que haya experimentado en el pasado.

_____

_____

_____

_____

Rechazo

Ser rechazado por alguien es quizá la cosa más dolorosa que podemos experimentar. Pero el rechazo es una realidad de la vida. Si hemos experimentado una niñez dolorosa con mucho rechazo, esto puede hacer que enfrentar el rechazo en la edad adulta sea mucho más difícil. Una raíz de rechazo puede ocasionar mucho dolor y llevarnos a todo tipo de pensamientos, sentimientos y comportamientos disfuncionales. En esencia, la persona con una raíz de rechazo en verdad ha creído: "No soy suficientemente bueno, no valgo mucho, ¿Quién podrá amarme?". En el momento en que una situación afirma a esos sistemas de creencias negativos, el sentimiento de rechazo entra en escena.

Rechazo y Enojo

Debido a que a menudo es demasiado doloroso hacer frente al rechazo, muchas personas pasan directamente de sentirse rechazados a sentirse enojados.
Algunos ejemplos:

- Una mujer es rechazada por un novio y comienza a molestarlo y echarle en cara todas las maneras en que él la decepcionó en su relación.
- Un miembro de la iglesia se siente traicionado por otro miembro que parece haber perdido el interés en su amistad. Ella comienza a decir chismes acerca de la vida personal de ese hermano como una forma sutil de "castigo".
- Una esposa se siente rechazada por su esposo debido a su adicción química. Mientras que intenta sutilmente cambiarlo, ella se queja incesantemente de él y usa amenazas que no funcionan. Ella llama a sus amigas para quejarse acerca del terrible marido que ha sido él.

En el fondo de estas situaciones, todas las personas que expusimos sintieron el estallido inicial del rechazo, pero rápidamente se convirtió en enojo para hacerle frente. Cuando enfrentamos rechazo, a menudo lo contrarrestamos con una necesidad de encontrar la falla en la persona o circunstancia que nos rechazó. Podemos incluso nunca darnos cuenta que cuando hacemos eso, en realidad estamos actuando en el modo defensivo del enojo.

El Rechazo y el Complacer a la Gente

En otras ocasiones el rechazo puede impulsarnos a encontrar compulsivamente una manera para "ser más aceptables". Esto nos lleva a los comportamientos de codependencia y de "complacer a la gente". Comenzamos a creer que la persona que nos rechazó está bien y por tanto necesitamos ajustar, compensar o cambiar para lograr que esa persona nos acepte. Con los mismos ejemplos anteriores, podemos ver cómo responde una "persona complaciente":

- Una mujer es rechazada por un novio y trata de averiguar cómo cambiar ella misma y ganárselo otra vez. O de no ser así, mira a la siguiente relación y hace todo lo posible para asegurarse de que el novio no la rechazará de la misma forma.
- Una hermana de la iglesia se siente traicionada por otra hermana que parece haber perdido el interés en su amistad. Ella comienza a elogiar a aquella hermana cada vez que la ve, le trae regalos y se esfuerza para alabarla frente al grupo. Ella espera de esta manera ganarse a la hermana por sus esfuerzos.
- Una esposa se siente rechazada por su esposo debido a su adicción a las sustancias químicas. En un esfuerzo de encontrar su aceptación y amor, ella trabaja duramente cada día para compensar, complacer y apaciguar cada necesidad que él tenga. Ella se esfuerza mucho por no hacer algo que pueda hacerlo enojar o enfadar.

Es importante saber que cuando la gente adopta este tipo de sistema para hacer frente a su rechazo, han adaptado un punto de referencia externo para determinar quiénes son o lo que deberían hacer. En esencia, esto significa que usan a otra persona como su guía básica. Por tanto, han colocado a esa persona en la posición de Dios.

Tratando Adecuadamente con el Rechazo

Al tratar con el rechazo, debemos primero hacernos una pregunta difícil: ¿Estoy haciendo alguna cosa o comportándome de algún modo que no se vea bien o que sea inaceptable? Por ejemplo, podemos sentirnos rechazados por una pobre evaluación de desempeño en el trabajo. Pero quizá esta evaluación fue legítima. Este tipo de rechazo es realmente de naturaleza disciplinaria - hay algo acerca de nuestro comportamiento (no necesariamente en nuestro carácter) que merezca ser rechazado. Otras formas de rechazo, sin embargo, no tienen nada que ver con nuestro propio comportamiento o acciones y consisten en que otras personas - a causa de sus propios problemas - nos tratan mal o nos abandonan. Esto podría estar basado en su punto de vista distorsionado, sus cargas emocionales, o su perspectiva retorcida. En el sistema de familia disfuncional, por ejemplo, un niño puede ser rechazado continuamente por las expectativas irracionales e injustas de unos padres poco saludables. Ese niño siempre será incapaz de satisfacer sus expectativas.

¿Cómo podremos aprender a enfrentar y aceptar el rechazo, cuando puede ser tan doloroso? Cuando nos sentimos rechazados por otros, necesitamos intentar identificar con exactitud la situación, identificar a la otra persona e identificarnos a nosotros mismos. Y luego, necesitamos adoptar la perspectiva de Dios. Nosotros no somos responsables por cómo la gente escoja vernos, en vez de eso, debemos mantenernos firmes en quienes somos (Capítulo 10). Aquí es donde la batalla es siempre ganada o es perdida.

- He aquí algunas preguntas que podemos hacernos cuando nos sentimos rechazados:
- ¿Cuál es la naturaleza del rechazo?
- El rechazo, ¿Está basado en la realidad o en mis propios sentimientos?
- ¿He hecho algo que pudiera haber contribuido al rechazo?
- ¿Es esta persona poco saludable y quizá está proyectando en mí sus propios problemas?
- ¿Cómo puedo afrontar esto?

No somos perfectos, y quizá tenemos cualidades en nosotros que la gente rechazará, pero aún tenemos dignidad innata y valía. Como lo aprenderemos en otras secciones, debemos aprender a vernos a nosotros mismos a la luz de cómo nos ve Dios. Dios dice, ". . . Nunca te fallaré. Jamás te abandonaré." (Hebreos 13:5)

Puntos de Aplicación:
¿Reconoce usted un patrón de rechazo en su vida?

_____

_____

_____

_____

¿Podría reconocer cómo hacerle frente al rechazo?

_____

_____

_____

_____

Encuentre una promesa de la escritura que responda a su rechazo.

_____

_____

_____

_____

Miedo

El miedo viene de una amenaza de peligro y un sentido de inseguridad. Algunas veces el miedo es real: una tormenta está a punto de golpear nuestra casa, por poco tenemos un accidente automovilístico, nos enteramos que tenemos una enfermedad. Pero a menudo, el miedo es irracional, es decir no tiene una base real. Podemos tener miedo de personas y eventos que nunca nos afectarán. Podemos tener miedo al fracaso y nunca intentar nada nuevo o retador. Podemos tener miedo al rechazo y nunca aspirar relaciones satisfactorias. La gente que está basada en el miedo muy probablemente no experimentó seguridad y protección en su niñez o edad adulta. Quizá no sintieron la sensación de protección, de esperanza y seguridad de apoyo, cuando surgía una situación peligrosa o "no muy cómoda". La gente que está basada en el miedo no tiene el entendimiento adecuado de Dios, o no conoce cómo Él se relaciona con nosotros como el perfecto Padre, Proveedor, Protector, Dios amoroso y Dador.

El miedo tiene la capacidad de paralizar completamente a las personas. Una persona delimitada por el miedo es una persona que no quiere atreverse a hacer nada. Literalmente se esconden bajo su coraza, se separan y se retiran. Puede no ser una separación física, pero a menudo la separación sucede a nivel emocional.

El miedo también tiene la habilidad de generar codependencia. Ya dedicamos tiempo a entender el rechazo. El MIEDO al rechazo puede provocar los mismos sentimientos negativos. ¿Cuál es la diferencia? Si somos rechazados, necesitamos enfrentar la realidad. Pero si tememos ser rechazados, esto no ha sucedido todavía.

Nuestro miedo puede evitar perseguir una relación u ocasionar que hagamos cosas irracionales. El miedo puede algunas veces ser obvio, pero a menudo viene disfrazado:

- Una mujer trabaja tiempo extra y toma varios desempeños en el trabajo porque en el fondo constantemente siente miedo de que si no hace mucho más de lo que se le pide, alguien mejor pudiera reemplazarla. Se siente menospreciada y "utilizada"
- Una joven nunca socializa ni se esfuerza por hacer nuevos amigos, encontrando siempre la excusa de que no tiene tiempo. Sin que otros sepan, ella desearía tener amistades, pero se siente insegura de sus habilidades sociales. A ella le disgusta el hecho de no tener una vida social.
- Un hombre no sabe cómo iniciar una conversación con una mujer, así que va a un bar y toma una cerveza para tener más "valentía". Él conoce a mujeres que lo usan y luego lo botan, haciéndole sentir rechazado y enojado.

Cada una de estas situaciones tiene como raíz el miedo, lo cual también superpone sentimientos de rechazo. En este ejemplo, el miedo también lleva al enojo, el cual se convierte en la emoción secundaria. ¿Cómo definimos el miedo? Así como sucede con el enojo, necesitamos hacer un inventario de nuestros miedos reales. La Biblia nos dice que no hay temor aceptable excepto el "temor al Señor". El miedo es del enemigo, no de Dios. De hecho, también aprendemos que "el amor perfecto expulsa todo temor". (1 Juan 4:18) por lo tanto, con seguridad podemos concluir que donde tenemos miedo, tenemos una falta de amor.

Identificar el miedo es importante, pero esto también indica que necesitamos más tiempo para nutrir nuestra relación con el Señor. Debemos buscarlo, mirarlo a Él y creer que Él es nuestro Protector y Defensor en todas las formas y en todas las situaciones. A diferencia de otras emociones, el miedo siempre es ilegítimo. Se nos recuerda cientos de veces en la Palabra de Dios que no debemos temer. Debemos escoger la verdad de Dios y creer en ella.

Puntos de Aplicación:
Estos son los miedos que reconozco en mi vida:

_____

_____

_____

_____

Puedo reclamar la siguiente promesa cuando me enfrento al miedo:

_____

_____

Soledad

La Soledad no es necesariamente estar solo. Significa que nos sentimos aislados y desconectados de los demás. La Soledad dice: "soy la única persona que está pasando por esto." Muchas personas pasan por la vida solos y nunca son capaces de identificarlo. Llenan su vida con cosas, actividades, agendas sociales, y aun así se sienten vacíos y desconectados.

Dios nos creó para estar en relación unos con otros, por lo tanto, estas relaciones fueron siempre diseñadas de manera que Él ocupe el primer lugar (Capítulo 4). Cada vez que nos desconectamos de nuestra necesidad primaria de estar en relación con Dios, experimentaremos la soledad.

La soledad puede llevar al enojo o puede llevar a otras condiciones tales como la depresión. Ya que los problemas en las relaciones interpersonales son el núcleo de la codependencia, este puede ser un obstáculo profundamente desafiante para ser vencido.

Ejemplos de cómo la soledad puede ser manifestada:
- Una enfermera pasa su atareado día con pacientes, trabajando turnos de doce horas cada día, y llega a casa sintiéndose vacía e insatisfecha.
- Una mujer lleva frenéticamente su día llenando su agenda de cosas por hacer, gente que visitar, maneras de servir y responsabilidades de la iglesia. Pero a pesar de toda su actividad se siente desconectada y sin saberlo está experimentando la soledad.
- Una joven regresa a casa de la universidad y se encuentra decepcionada y desconectada. Se da cuenta que su familia no está ligada emocionalmente y esto ocasiona que ella sienta una inmensa soledad a pesar de estar en su propia casa.

Entrar en un proceso de recuperación puede hacernos sentir solitarios si necesitamos dejar relaciones que ya no son saludables; o los miembros de nuestra propia familia no entienden por lo que estamos pasando. Es esencial conectarnos con la gente que pueda animarnos y que pueda entender dónde estamos.

En realidad, el proceso de recuperación y sanidad es un proceso de CONEXIÓN. Primero, Dios repara nuestra conexión con Él. Y finalmente, eso nos dará la capacidad de conectarnos con otras personas de maneras saludables.

Pero a pesar de eso, debemos estar dispuestos a experimentar la soledad como parte de la experiencia humana. Algunas veces nos sentiremos solos y necesitaremos usar esos momentos de soledad con Dios, en vez de aislarnos de los demás. Al identificar nuestra soledad, podemos comenzar a poner ese sentimiento en manos de Dios. Podemos usar esos momentos para oración, lectura de la Palabra de Dios y simplemente para "estar con Él". Al enfocarnos en Él, encontramos que la dulzura de Su presencia nos envuelve. En vez de sentirnos solos, nos sentiremos conectados con Él. Jesús dijo ". . . Jamás te abandonaré." (Hebreos 13:5). Qué reconfortante es saber esto cuando nos sentimos abandonados o dejados a nuestra suerte.

Puntos de Aplicación:
Explique cómo experimenta la soledad.

_____

_____

_____

_____

Explique qué hace para hacer frente a la soledad.

_____

_____

_____

Impotencia

Cuando nos sentimos impotentes, somos incapaces de ayudarnos a nosotros mismos. Somos incapaces de cambiar nuestras circunstancias, porque algo más poderoso se apodera de nosotros. Puede ser positivamente aterrador el sentirse impotente en situaciones negativas – particularmente si hay una necesidad directa de codependencia con la persona envuelta (esposo/a, algún miembro de familia, Jefe). La impotencia también puede tomar lugar cuando alguien infringe o ataca nuestro carácter. Esto pudo haberse experimentado en la niñez al haber tenido familias poco saludables y muy controladoras. Si hemos sentido bastante impotencia en nuestras vidas y si enfrentamos una situación con las mismas circunstancias, seremos mucho más proclives a tener una reacción defensiva casi de inmediato.

Ejemplos de sentimiento de impotencia:
- Una mujer siente que depende de su empleo, pero debe tolerar un jefe abusivo y que la denigra.
- Un hombre viene a casa para encontrar ebria a su esposa aun cuando ella prometió que dejaría de tomar
- Una joven termina una relación sólo para encontrar que él destruyó su reputación en el campo universitario; esparciendo rumores falsos y maliciosos acerca de ella.

La impotencia está en la médula de muchos problemas de enojo. Cuando nos sentimos incapaces de ayudarnos a nosotros mismos o cambiar nuestras circunstancias, podemos protegernos a través del enojo. Podemos también intentar controlar las cosas a través de nuestros propios esfuerzos, directa o indirectamente. Muchas veces, en situaciones de impotencia, nos esforzamos aún más . Esos esfuerzos de seguir intentando pueden ser vistos especialmente en un codependiente.

En realidad la impotencia no es el problema. El mayor problema es la manera cómo respondemos a la impotencia. Nuestros propios esfuerzos, nuestro enojo y nuestras reacciones vengativas o nuestra depresión, no pueden cambiar las cosas. Cuando aprendemos a identificar la emoción de la impotencia, podemos llegar a un punto de rendición verdadera. Junto con esa impotencia real (sin ningún esfuerzo de cambiar nada) necesitamos tener la actitud de que "Dios es más poderoso", que cualquier obstáculo que enfrentemos. En vez de intentar solucionarlo arduamente, encontramos victoria en la capacidad de rendirnos y entregar el asunto a Él. En medio de la tensión y el dolor de sentirnos tan fuera de control, podemos contar con esta verdad que nos estabiliza: "Pues todo lo puedo hacer por medio de Cristo, quien me da las fuerzas." (Filipenses 4:13)

Sentir impotencia es algunas veces el resultado de la falta de límites saludables. Mientras que los límites no tienen la intención de "controlar" nuestro ambiente, nos ayudan a obtener un sentido de cordura y paz. Después tomaremos más tiempo para estudiar los límites en el capítulo 11.

Puntos de Aplicación:
¿Reconoce haber sentido impotencia en su vida?

_____
_____
_____
_____

¿Qué promesa bíblica puede usted proclamar para sobreponerse a este sentimiento de impotencia?

_____
_____
_____
_____

Vergüenza y Culpabilidad

La vergüenza es la sensación inherente de que "algo está mal conmigo". La culpa es la sensación de que cometimos un acto ilícito. Tanto la vergüenza como la culpabilidad son subproductos del enemigo. Pueden ser el resultado de decisiones pecaminosas, o el resultado de los pecados de otra persona o de expectativas irreales. Pero es importante establecer que como un hijo de Dios, no hay espacio para ninguna de estas emociones. Incluso si continuamos pecando, ya no somos culpables. "Por lo tanto, ya no hay condenación para los que pertenecen a Cristo Jesús;" (Romanos 8:1) La cruz cargó con la vergüenza de nuestros pecados y la vergüenza fue quitada de una vez por todas.

Al mismo tiempo, debemos ser capaces de sentir el dolor de hacer algo malo sin tener la raíz de la vergüenza y la culpabilidad. Dios usa algo llamado "convicción" para mostrarnos el error de nuestros caminos. La convicción de Dios es algo BUENO. Él usa la convicción en la vida de un creyente para que nos arrepintamos y regresemos a Él. Cuando él nos coloca bajo convicción, podemos sentirnos horriblemente. Pero es una represión en amor que nos atrae de nuevo hacia Él.

Sin embargo, Satanás usa el arma de la culpabilidad y la vergüenza de una manera distinta. Él quiere hacernos creer que no somos lo suficientemente buenos y no tenemos lo que se requiere para vivir la vida cristiana. Él quiere que nosotros renunciemos y nos alejemos de Dios. Así como el propósito de la convicción es llevarnos a Dios, la culpabilidad y la vergüenza provoca que huyamos y nos escondamos. Cuando estamos experimentando esta clase de culpabilidad y vergüenza, tenga la certeza de que SIEMPRE proviene del enemigo y nunca del Señor.

Si fuimos criados en una familia que utilizó la vergüenza y la culpabilidad como un método de control, podemos pensar que Dios opera de la misma forma. Pero Dios no opera así. El tipo de dolor que Dios permite es sólo para que regresemos a Él. Él es y siempre será el Padre perfecto, amoroso y lleno de gracia.

Cómo Lidiar con la Vergüenza

Estudiaremos la vergüenza en detalle en el capítulo 7. Por ahora, entendamos que la vergüenza se convierte en un problema de identidad, cuando continuamente sentimos que no somos lo suficientemente buenos, que no damos la talla, y la misma esencia de nuestro ser no es aceptable, ponen cadenas alrededor de nuestra alma. La vergüenza es muy tóxica y muchos de nosotros ni siquiera nos damos cuenta de que está sucediendo en nuestras vidas.

La verdadera sanidad en nuestras vidas ocurre cuando esa vergüenza es retirada. De hecho, el proceso completo de sanar gira alrededor de eliminar la vergüenza. Este libro de trabajo está diseñado para llevarnos de la mano en ese proceso.

Superando la emociones dolorosas

¿Hay alguna manera de abandonar la emoción en un "momento de exaltación"? Tratar con emociones puede ser el reto más difícil que encontremos. Simplemente "pasarlas por alto" es difícil y simplemente no sucederá rápidamente. Pero podemos comenzar a aprender cómo estabilizar nuestras emociones de las siguientes maneras:

1. Recuerde que las emociones son indicadores, no son hechos.

Las emociones reflejan lo que está sucediendo en nuestro corazón. No deben ser ignoradas, pero tampoco deben ser tomadas como una verdad exacta. Si comenzamos a entender que son esencialmente una "respuesta" y no el problema real, esto nos ayuda a poner las cosas en la perspectiva adecuada. Si estamos pasando por un momento de dolor por una relación fallida, esos sentimientos de dolor y tristeza son un subproducto. Es normal y saludable experimentar aflicción. La gente que intenta reprimir y negar emociones acaba cargando con problemas de mayor escala. Sin embargo, mientras atravesamos la aflicción y aprendemos a aceptarla y a avanzar más allá de la pérdida, tenemos la oportunidad de continuar viviendo una vida saludable. Podemos reflexionar sobre nuestros errores y confiar en lo que hemos aprendido.

Por otro lado si continuamente nos enfocamos en la pérdida de esa relación y nunca intentamos dejarla atrás, quedamos presos por la tristeza y la desesperación al punto que se hace paralizante. Esto trastorna nuestras capacidades de poder vivir una vida de gozo y paz, o de ser capaces de experimentar todas las bendiciones de Dios en nuestras vidas. Esta emoción ya no es un estado saludable de sentir dolor y es una forma de esclavitud.

2. Identifique el sistema de creencias que generó la emoción.

Cuando las emociones se hacen intensas, necesitamos retroceder e identificar el origen de la circunstancia, pensamiento, idea o creencia. Usualmente no podemos "detener" el sentimiento. En el ejemplo de arriba, la pérdida de tal relación puede en verdad parecer devastadora. Pero con el tiempo, los sentimientos de desesperación pueden ser dirigidos a mensajes falsos como: "No puedo vivir sin esa persona, la vida no vale la pena." Esas son las creencias que necesitan ser entendidas y reconocidas, porque bajo esas creencias hay una mentira. En realidad, experimentamos la pérdida. Y duele. Pero podemos sobrevivir y sobreviviremos y sanaremos. A menudo, tenemos un sistema de creencias completo acerca de la vida, el amor y la relación que necesitan ser transformados. Así que encontrar estas creencias puede llevarnos a la revelación de que necesitamos una cantidad enorme de sanidad, más allá de una relación. Si usted se encuentra en este punto, no se desespere, sino regocíjese. La obra más grande de Dios es realizada cuando alcanzamos este lugar de reconocimiento. Este libro de trabajo continuamente abordará esta área.

3. Identifique cuándo transferimos la responsabilidad.

Debemos darnos cuenta de que la otra persona no es responsable por cómo nos sentimos. Las emociones son influenciadas por nuestras PROPIAS ideas y creencias. Eso no niega el hecho de que la gente pueda herirnos genuinamente. Sin embargo, al ser dueños de nuestras emociones podemos comenzar a desviar mensajes negativos. Por ejemplo, si alguien nos dice que somos tontos, podemos internamente decir "no, no soy tonto, en realidad soy muy inteligente". Siempre y cuando seamos humildes al respecto, hemos rehusado a permitir que estas palabras penetren. Aun nos podemos sentir un poco heridos, pero sabemos que el comentario era falso. Por otro lado, pudimos haber escogido creer que en verdad somos tontos. Si recibimos eso como una verdad, lo hacemos parte de nuestra conversación interna. Y puede llevar a sentimientos de falta de valía, rechazo y enojo.

4. Reconocer la parte de Satanás.

No podemos descontar el elemento del ataque espiritual en nuestros retos emocionales. Satanás no puede hacernos "sentir" cualquier cosa, pero sabe lo vulnerables que somos. Él trabaja tiempo extra, tratando de tentarnos a pensar cosas falsas acerca de nosotros y otros, sabiendo que si "mordemos el anzuelo" estaremos eventualmente en esclavitud de nuestras emociones y reacciones pecaminosas. La Biblia habla acerca de las armas de la guerra espiritual para derribar fortalezas.

> Somos humanos, pero no luchamos como lo hacen los humanos. Usamos las armas poderosas de Dios, no las del mundo, para derribar las fortalezas del razonamiento humano y para destruir argumentos falsos. Destruimos todo obstáculo de arrogancia que impide que la gente conozca a Dios. Capturamos los pensamientos rebeldes y enseñamos a las personas a obedecer a Cristo; (2 Corintios 10:3-5)

5. Reclame las promesas de Dios para derrotar emociones negativas.

Siempre que sintamos una emoción negativa, podemos encontrar una solución a esa emoción en la Palabra de Dios. Reclamar una promesa en contra de la emoción no cambia la circunstancia. Necesitamos abordar esa situación por lo que es en sí misma. Pero reclamar una promesa en contra de la emoción significa que en vez de quedarnos en el dolor que provoca la emoción, vamos a morar en los recursos gloriosos de Dios para satisfacer nuestra necesidad, cualquiera que esta sea.

Aprender a responder bíblicamente a emociones dolorosas es un proceso de crecimiento; dependiendo de cuál sea nuestro nivel de madurez, puede llevarnos tiempo antes de que veamos cambios significativos. Eventualmente, conforme aprendemos a responder a nuestras emociones en una forma saludable, estas son puestas en su lugar apropiado. Por ejemplo, cuando sentimos miedo, podemos aferrarnos a una de las reconfortantes promesas de Dios. Al morar en la verdad de Dios, invitamos al poder de Dios, a través del Espíritu Santo a intervenir en nuestra situación. En vez de permitir que el miedo nos consuma, comenzamos a experimentar la paz y el gozo de Dios. Al practicar esta disciplina en todas las áreas de nuestra vida, eventualmente nuestro pensamientos, sentimientos y comportamientos serán alterados radicalmente.

Tabla 2 : Organigrama de Creencias, Emociones y Comportamientos

Tomamos cientos de decisiones cada día que afectan cómo pensamos, sentimos y actuamos. Estas son normalmente "reacciones" en una situación dada. El objetivo en la recuperación es que nosotros eventualmente identifiquemos los patrones de creencias y pensamientos en nuestras vidas, de modo que podamos responder en base a la realidad, que es la verdad de Dios. A continuación se encuentra una tabla para ayudarnos a identificar algunos de los sentimientos impulsados por creencias engañosas.

Creencias Engañosas	Emociones que provocan	Reacciones en el Comportamiento	Respuesta basada en la verdad
Tengo que sentirme de esta manera.	Impotencia, enojo.	No puedo elegir mis respuestas emocionales, así es la vida; soy víctima de mis propias circunstancias .	Mis emociones no reflejan la realidad. Necesito basarme en lo que Dios dice que es verdad. Si yo aprendo a morar en las promesas de Dios, mis emociones pueden cambiar.
No puedo aceptarme sin el amor y/o aprobación de aquellos que me rodean. Soy adorable si los demás así lo piensan. Debo trabajar duro para hacer que ellos me amen.	Miedo (al rechazo), vergüenza.	El objetivo central de mi vida es enfocarme en las necesidades de otros e intentar complacerlos. También trabajo arduamente para hacer que la gente me vea de cierta manera.	Puedo aceptarme sin el amor o aprobación de alguien más. Soy amado y aprobado por Cristo Jesús. Mi único objetivo en la vida es complacer a Dios.
Si no hago todo perfectamente, soy un total fracaso.	Vergüenza, culpabilidad, miedo (al rechazo o a fallar).	Tengo un estándar de perfección en todas las cosas que hago. Impongo altos estándares en los demás. Si no puedo hacer algo perfectamente mejor no lo haré.	Puedo aceptarme calmadamente sin importar lo que hago o cómo me desempeño. Haré mi mejor esfuerzo y le dejaré los resultados a Dios. Aprendo a caminar en la gracia.
Otras personas o cosas que están fuera de mí, hacen que sienta las emociones que siento.	Impotencia, enojo.	Obligaré a la gente que me haga "sentir" bien o los culparé cuando me "hagan sentir mal". Trataré de cambiar la manera en que otros se sienten. Me enojo cuando la gente no satisface mis necesidades.	Yo, y sólo yo, escojo creer y pensar la manera en que lo hago. La manera en que pienso afecta cómo me siento. Cuando mis ideas se basan en la verdad de Dios, mis sentimientos se estabilizan.

Creencias Engañosas	Emociones que provocan	Reacciones en el Comportamiento	Respuesta basada en la verdad
Me enojo cuando las personas no se comportan de la manera en que pienso que deberían hacerlo. Mi trabajo es hacerles entender sus formas erradas de comportamiento.	Enojo, impotencia.	Intento controlar el comportamiento de otras personas de modo que estén a la altura de mis propias normas.	Es el trabajo del Espíritu Santo traer convicción hacia una persona para cambiar su comportamiento. Puedo establecer límites saludables en mi vida, pero no tengo derecho a intentar cambiar o controlar los comportamientos de las otras personas.
Necesito ser ultra-responsable de los demás. No pienso que puedan manejarlo y las cosas se derrumbarán si no lo hago.	Miedo, impotencia.	Hago cosas para otras personas y evito que las personas que me rodean tengan que enfrentar consecuencias negativas (fomentar la irresponsabilidad).	Soy responsable de mí mismo y necesito dar la oportunidad a los demás de que sean responsables por sus propias decisiones. A menudo me pongo en el camino de Dios interviniendo e intentando "ayudar" y "arreglar" a los demás
Puedo derrotar el "mal" comportamiento de alguien, siendo "el bueno".	Vergüenza, miedo, enojo e impotencia.	Trabajo arduamente para ser el bueno y seguir todas las reglas. Mis esfuerzos intentarán corregir todo lo que está "mal" alrededor de mí.	No tengo habilidad de deshacer el comportamiento de alguien más, incluyendo mi propio comportamiento. Sólo Dios puede hacer esto a través de Su Gracia y del Poder de Su Sangre Redentora. Mis "buenas obras" deben provenir de Jesús para que ellas tengan poder.

Una Oración para Tratar con mis Emociones

Amado Padre,

Vengo a Ti con el corazón roto. He estado sintiendo dolor, pero no he sido capaz de identificar la verdadera fuente del mismo. A menudo el enojo es mi método

para hacer frente al profundo dolor interior. Me doy cuenta que Tú tienes soluciones para tratar con ese dolor. Es sólo que aún no conozco cómo reclamarlas cuando me encuentro en el "fragor de la batalla". Por favor, ayúdame. Dame la habilidad de discernir la fuente de mi dolor emocional. Ayúdame a ver cómo las creencias negativas están ocasionándome que piense, sienta y reaccione inadecuadamente a las situaciones. Y aun más importante que esto, por favor arregla esas cosas en mí que necesitan ser arregladas y dame la habilidad de entender que las otras personas no son responsables de mis sentimientos, sin importar cuánto me hayan herido. Gracias, Padre, porque Tú vas a hacer por mí lo que yo no puedo hacer por mí mismo.
En el nombre de Jesús. Amén.

Puntos de Aplicación:
Describa la naturaleza de su confusión emocional actual.

_____
_____
_____
_____

¿A qué circunstancias o personas ha culpado por sus emociones?

_____
_____
_____
_____

Desarrolle un plan para "llevar cautivos sus pensamientos". Comience un diario con las categorías enumeradas abajo. Si usted no sabe dónde comenzar, intente identificar primero las emociones o los sentimientos. Si usted se siente enojado, triste, o solo, trate de rastrear esa emoción hacia donde usted está pensando. Si usted se da cuenta de que sus sentimientos o pensamientos impulsan ciertos comportamientos, también escriba esto. Si no puede compilarlo todo, sólo espere y déjelo en blanco.

Si usted es capaz de llevar cautivo un pensamiento que es mentira, remplácelo con la verdad en las escrituras. Ahora, mantenga un diario por las siguientes 24 horas para practicar esta lección para identificar pensamientos, sentimientos, y comportamientos y alinearlos con la verdad de Dios.

Yo Pienso:

_____
_____
_____

_____

Yo Siento:

_____
_____
_____
_____

Yo Actúo:

_____
_____
_____
_____

La mentira que creí:

_____
_____
_____
_____

La verdad con la que la remplacé: (encuentre una promesa bíblica)

_____
_____
_____
_____

4

Sistemas De Amor

Antes que inicie a leer esta lección, escriba su definición de amor. ¿Qué le impulsa a amar a la gente? ¿Usted se siente amado? ¿Cómo recibe amor?

_____

_____

_____

_____

_____

_____

_____

_____

Dios nos creó con una necesidad inherente de amor. Es incluso más importante que el aire que respiramos y que la comida que nos alimenta. Así como nuestro cuerpo físico eventualmente morirá sin nutrición, la falta de amor perjudica nuestras habilidades de crecer emocional y espiritualmente. La razón misma de nuestra existencia está labrada por el amor - fuimos diseñados para recibir y dar amor como base misma de todas las relaciones. Sin amor, nunca podemos cumplir nuestro propósito dado por Dios. Más aún, nunca estaremos satisfechos, saludables o completos.

Como lo aprendimos en el capítulo 2, Dios usó a nuestros padres para brindarnos este amor tan necesario, antes de que fuéramos capaces de conocerlo personalmente. Ellos fueron nuestra primera experiencia de cómo aprendimos a interpretar, dar y recibir amor en las relaciones. El tipo y la cantidad de amor que recibimos como niños impactó profundamente nuestra capacidad de amar en las relaciones como adultos. Si no fuimos amados adecuadamente, iremos por la vida con una necesidad de amor o un vacío sin llenar. También podemos adquirir innumerables creencias falsas acerca del amor que afectarán directamente todas nuestras relaciones.

Una falta de amor en nuestra formación nos deja terriblemente vulnerables a intentar "ganar" y "comprar" amor inapropiadamente. Nuestros métodos de compensación, supervivencia y nuestras tendencias controladoras, son simples esfuerzos de obtener el amor que deseamos.

¿Qué es el Amor en Todo Caso?

Es importante entender que la Biblia describe tres diferentes tipos de amor. Así como tenemos un ser de tres partes (cuerpo, alma y espíritu), estas formas pueden ser desglosadas como amor físico, emocional y espiritual.

Eros (amor físico) Este "amor" está usualmente basado en la atracción física de otra persona. Típicamente, en el proceso de tener citas, eros es lo que nos atrae a alguien en un nivel externo. Esta forma de amor puede ser romántica o sexual. También tiende a impulsar las formas más carnales de atracción, que pueden llevarnos a niveles profundos de vinculación. Sin embargo, dentro del contexto del matrimonio, este tipo de amor juega un papel importante. La atracción y el vínculo sexual es absolutamente importante y necesario. Pero si este tipo de amor está separado de una forma más profunda de amor, este es superficial y mal utilizado como gratificación egoísta. Si eros es el único amor presente, no es un amor real en absoluto.

Philia (amor emocional) Este "amor" está basado en el alma, en el área de las emociones. Puede encontrarse en amistades y relaciones románticas. Este es un sentimiento de querer cuidar y compartir con otra persona donde se intercambian sentimientos, y se desarrolla un nivel de intimidad. Si funciona adecuadamente, el amor Philia debe incluir la capacidad mutua de dar y recibir. El amor Philia es necesario para que un matrimonio sea saludable. No tiene nada que ver con la atracción física pero tiene todo que ver con la capacidad de conectarse y vincularse en un nivel más profundo a través de platicar, compartir, escuchar y tenerse empatía.

Las emociones cambian y por tanto el amor Philia puede cambiar con las emociones. Las emociones no son siempre estabilizadas en patrones de pensamiento saludables o en la verdad, por lo tanto, así como el amor eros puede ser manifestado en una sensualidad ilegítima, el amor Philia puede ser similar en el área de las emociones. En las relaciones que son poco saludables, dos personas pueden estar vinculadas a fortalezas emocionales. Pueden estar alimentándose del otro para cumplir con sus propias necesidades emocionales. O la relación puede estar desbalanceada, donde sólo una persona es la que está dando todo. La codependencia tiene su raíz en una forma sesgada de amor emocional que en realidad se convierte en una atadura emocional.

Ágape (amor espiritual) El amor ágape es el amor de Dios. El amor ágape está derivado del Espíritu Santo que mora en nosotros. Por lo tanto, no es en absoluto un amor humano. Es una forma de amor completamente falto de egoísmo, basado en dar. Este tipo de amor puede amar a una persona a pesar de cualquier desafío físico o emocional. 1 Cor. 13:4-7 lo explica: "El amor es paciente y bondadoso. El amor no es celoso, ni fanfarrón, ni orgulloso ni ofensivo. No exige que las cosas se hagan a su manera. No se irrita ni lleva un registro de las ofensas recibidas. No se alegra de la injusticia sino que se alegra cuando la verdad triunfa. El amor nunca se da por vencido, jamás pierde la fe, siempre tiene esperanzas y se mantiene firme en toda circunstancia."

Vamos a enfocarnos primordialmente en el amor ágape, ya que tiene el poder de deshacer completamente y de cambiar los sistemas negativos de amor en nuestras vidas. La intención de Dios fue que nuestras vidas estén listas para ser encendidas con ágape. En el momento que nacemos de nuevo, el Espíritu Santo viene a morar en nosotros y somos conectados con el amor ágape. Pero a muchos de nosotros no nos ha ocurrido una experiencia de "amor". Para el codependiente, esas creencias pasadas acerca del amor bloquean la capacidad de entender verdaderamente y experimentar el amor de Dios. Podemos tener miedo a la intimidad con Dios porque no entendemos cómo opera Él. Algunas veces, estamos llenos profundamente de amargura y falta de perdón que no permite al Espíritu Santo la capacidad de tener acceso. Como una obstrucción en el drenaje, el Espíritu Santo queda bloqueado y no se le permite reinar y gobernar. Su amor está ahí, pero no podemos experimentarlo porque no somos capaces de permitirle fluir libremente en nuestras vidas. En esencia, contristamos al Espíritu.

Lo notable acerca de la recuperación de la codependencia es que el amor es tanto el problema como la cura. La jornada a través de este libro de trabajo enseña algunos conceptos, pero el verdadero poder detrás de la recuperación es que usted sea capaz de hacer una conexión con el Dios que le creó y que le ama. En ese amor, usted encontrará paz, llenura y la habilidad de funcionar mediante relaciones saludables. Pero este cambio no sucede de inmediato, es un proceso, así que no pierda la fe. Si busca a Dios con todo su corazón, usted lo encontrará.

Entendiendo los Sistemas de Amor

En esta sección, vamos a estar observando los sistemas de amor. El propósito es entender qué motiva e impulsa nuestra necesidad de amar y ser amados por Dios, por nosotros mismos y por otras personas.

El sistema de Amor de Dios

Jesús contestó - "Amarás al Señor tu Dios con todo tu corazón, con toda tu alma y con toda tu mente". Este es el primer mandamiento y el más importante. Hay un segundo mandamiento que es igualmente importante: "Amarás a tu prójimo como a ti mismo". (Mateo 22:37-39)

"Así que ahora les doy un nuevo mandamiento: ámense unos a otros. Tal como yo los he amado, ustedes deben amarse unos a otros. El amor que tengan unos por otros será la prueba ante el mundo de que son mis discípulos". (Juan 13:34-35)

En estos fragmentos de la Escritura, Dios presenta Su sistema de amor. Él nos da una "fórmula" particular a seguir para cumplir el más grande de todos sus mandamientos: ame a Dios, a usted mismo y a otros.

1. **El amor de Dios (**ágape**) por encima de todo y de todos.** Esto significa que debemos ponerlo primero a Él y buscarlo más a Él. El amor de Dios nos proveerá el amor que necesitamos para cuidar de nuestras propias necesidades de amor y ser capaces de verter amor a otros. Nosotros le amamos a Él, porque Él nos amó primero. Amamos a otros, así como Dios nos ama a nosotros.
2. **Ámese a usted mismo.** La mayoría de nosotros piensa que los cristianos humildes no deben amarse a sí mismos, ¡suena tan egoísta! Pero Dios tenía la intención de que recibiéramos Su amor y que amemos a la persona que nos predestino ser.
3. **Ama a otros.** Es claro que hay una relación entre el amor a uno mismo y la manera en que amamos a otros. La escritura dice que amemos a otros ASÍ COMO nos amamos a nosotros mismos. Por lo tanto, es posible que si no nos amamos a nosotros mismos no amaremos a los demás.

Amando a Dios Primero

La persona codependiente usualmente tiene unos puntos de vista extremadamente sesgados acerca del amor, que inconscientemente son transferidos a Dios. Para el codependiente, ha habido muchas etiquetas de precio que han sido anexadas al "amor". Recibir amor sin pagar un costo, es algo que el codependiente tiene dificultades para comprender. El "amor" es algo por lo que se debe trabajar y que debe ser ganado como un trabajo con un pago de sueldo. La mayoría del comportamiento del codependiente está fundado en una mentalidad basada en obras, "si hago esto, entonces obtendré eso a cambio".

Si creemos que Dios nos pide que hagamos cosas especiales para obtener el amor de Él, nos convertimos en personas "orientadas al desempeño". Tenderemos a pensar que: "Dios está enojado conmigo". Si nos medimos por sus "leyes" en vez de por Su gracia, siempre veremos nuestras fallas. Pero el problema es aún más profundo. Cuando estamos en el modo de desempeño con Dios, nuestros actos y comportamientos tratan de "ganar" Su aprobación para hacernos sentir aceptables.

No le damos a Él lo que realmente desea, que son nuestras cargas, dolor y verdaderos pecados. En vez de eso, estamos demasiado ocupados en hacernos dignos de Él.

La razón por la que este ciclo de comportamiento es tan peligroso, es que el amor de Dios no descansa en nuestros esfuerzos o intentos. No es lo que hacemos lo que puede "hacernos dignos" o "indignos" a sus ojos. Es lo que Él hizo por nosotros.

Puntos de Aplicación:

¿Alguna vez se ha detenido a valorar honestamente como usted piensa que Dios le ama? Tómese un momento para reflexionar en esto ahora mismo. Mientras Él mira dentro de usted, mientras le observa, ¿Cómo mueve esto Su corazón? ¿Está complacido con usted? ¿Está Él distante? ¿Cómo sabe usted sin lugar a dudas que Él le ama? Si es así, exactamente ¿Qué significa eso? Escriba sus ideas.

_____

_____

_____

_____

_____

_____

_____

_____

Si observamos las montañas de problemas en nuestras vidas, sería conveniente intentar encontrar un remedio que pudiera decirnos "paso a paso" qué hacer. Sin embargo, la guía, de "cómo hacerlo" en nuestras relaciones, no parece funcionar muy bien. Incluso si intentamos cambiar nuestros comportamientos externos o que alguien más los cambie, estos mismos problemas continuarán surgiendo amenazadoramente.

En realidad, la solución a cada problema que enfrentamos en las relaciones es aprender cómo Dios se relaciona con nosotros a través de Su amor. De hecho, la recuperación verdadera sólo sucede cuando adoptamos y entendemos el amor de Dios y permitimos que fluya a través de nosotros. Si desarrollamos y alimentamos una relación personal con Dios para el resto de nuestras vidas, Él nos puede enseñar perfectamente cómo amar en cada una de nuestras relaciones. No sólo eso, también si las personas en nuestras vidas tuvieran ese mismo conocimiento y experiencia del amor de Dios, podrían derramar ese amor hacia nosotros. Sólo imagine esto funcionando - el amor de Dios al centro y todos derramando Su amor a los demás. Suena demasiado "perfecto" y casi ridículo ¿no es así? Irónicamente ese es el plan y el propósito de Dios. Cualquier cosa que sea diferente ¡Está fuera de la voluntad de Dios!

Antes que podamos abordar el amor, necesitamos echar un vistazo a la definición del "Autor" de lo que es el amor. Aquí hay algunas características generales:

El amor de Dios está basado en gracia - es un regalo gratuito que no podemos comprar (Efesios 2:8-9). Si tratamos de comprarlo, no seremos capaces de recibirlo o experimentarlo. El amor de Dios está basado en lo que Él hizo por nosotros, no en lo que podamos hacer por Él. No solamente accedemos a esta gracia en el momento de nuestra salvación, sino que debemos vivirla y caminar en ella diariamente.

Puntos de Meditación: ¿Trata de hacer regalos a Dios para complacerlo, tales como una lista de todas las cosas buenas que ha hecho?

_____
_____
_____
_____

El amor de Dios está basado en la decisión voluntaria. Él no nos impone ni nos obliga a hacer nada (Santiago 1:15, Deut. 30:19, Mat. 6:24). Dios es el dador y quien respeta el libre albedrío. Podemos recibir Su amor y comenzar una relación. Podemos rechazar Su amor y vivir separados de Él. Si Dios simplemente nos controlara, seríamos robots. En vez de eso, la intención de Dios es que nos involucremos en relaciones donde el amor es la fuerza impulsora. Ya que los codependientes están operando bajo la influencia del control de una persona e incluso ejerciendo ese control sobre otros, este principio de un Dios todopoderoso que nos ama por "decisión propia" es difícil de comprender.

Puntos de Meditación: ¿Siente que tiene el derecho fundamental a poder elegir dentro de su relación? ¿Puede ver patrones de control para "sobrevivir" en la relación? ¿Cómo se traduce eso en su relación con Dios?

_____
_____
_____
_____

El amor de Dios es dado por sacrificio verdadero. A Dios le costó en gran manera mostrarnos su amor (Juan 10:11, 15-18, Juan 15:13, Juan 3:16, 1ª Juan 3:16). Él entregó la vida de Su Hijo, y con dolor impuso la vergüenza y la aflicción de nuestro pecado sobre Él. Jesucristo aceptó ser herido, sangrar, sufrir y morir en nuestro lugar sólo por amor a nosotros. No había un beneficio directo, más que el de rescatarnos y redimirnos. Este tipo de amor es increíble y cuando entramos en contacto con Él, sólo puede poner de manifiesto el gozo, la gratitud y la adoración.

Puntos de Meditación: ¿Cómo ve el sacrificio de Dios en su vida? ¿Reconoce sus esfuerzos de sacrificarse por otros? ¿Cuál cree usted que es el motivo que le impulsa? Compárelo con el motivo de Dios.

_____

_____

_____

_____

El amor de Dios es incondicional. No hay nada que podamos hacer para alejarlo o cambiarlo (1ª Juan 4:7-10, Romanos 8:38-39). Esta es la marca distintiva esencial del amor ágape. Su fuente viene del DADOR, no del RECEPTOR. En otras palabras, el amor incondicional no tiene nada que ver con lo que está dentro o fuera de la otra persona, es un amor que viene de un deseo afectuoso de amar, que está emanando del corazón de Dios. Ese amor puede amarnos cuando estamos haciendo las cosas bien o cuando las hacemos mal.

Puede amarnos cuando estamos en nuestros mejores momentos o en nuestros peores momentos. Sin embargo, Dios establece consecuencias para las decisiones pecaminosas. Él continuará amándonos en nuestros "malos" momentos, pero no aprueba ni recompensa los comportamientos negativos. No podemos confundir el amor incondicional por una aceptación del pecado - el amor de Dios desprecia cualquier maldad. Del mismo modo, las bendiciones de Dios son condicionales. "Si nosotros hacemos, entonces Él hará" este es uno de los temas centrales de la Biblia. Nosotros accedemos a las bendiciones de Dios en base a nuestra voluntad de obedecerle.

Puntos de Meditación: ¿Piensa que Dios le ama más cuando está "haciendo las cosas correctas"? ¿Cómo afecta su propia "condición" la manera en que la gente le ama a usted? ¿Cómo afecta la "condición" de ellos la forma en la que usted los ama?

_____

_____

_____

_____

El amor de Dios busca que reconozcamos el pecado de modo que pueda perdonar y restaurar esas áreas de nuestras vidas (Lucas 16:15, Mateo 23:25-28, Isaías 64:6, Romanos 10:3). Dios no quiere que ofrezcamos nuestros "buenos comportamientos" para impresionarlo o complacerlo. De hecho, Él los rechazará. ¿Por qué? A esto se le llama "nuestra justicia" y Él dice en Isaías 64:6 que nuestra justicia es "trapo de inmundicia" a Sus ojos. Si todo el tiempo funcionara nuestra capacidad de seguir las reglas de Dios y "ser buenos", no requeriríamos un Salvador. No necesitaríamos ser perdonados porque ¡entonces seríamos perfectos!

Muy a menudo, hemos aprendido que los errores son malos. Esa falla es vergonzosa e inaceptable. Pero es una parte inevitable de la experiencia humana. De hecho, la única esperanza que tenemos de hacernos más y más justos es a través de un caminar cercano e íntimo con nuestro Señor. A diferencia de la mentalidad del perfeccionismo, Dios no está interesado en nuestros propios esfuerzos de hacerlo todo sin errores. Él está más interesado en nuestras capacidades de ser honestos y auténticos en Su presencia dejando a Sus pies nuestro pecado, aflicción y desesperación. Es en ese lugar donde Él puede sanar nuestros corazones a través del poder de Su perdón y finalmente enseñarnos cómo perdonar a otros.

Puntos de Meditación: ¿Intenta usted hacerlo todo a la perfección? ¿Tiene miedo a fallar? ¿Tiende usted más a presentar su "bondad" que su "pecado" delante de Dios?

_____

_____

_____

_____

El amor de Dios busca intimidad con el " verdadero yo" (Salmo 139, Isaías 43:4, 1ª Juan 4:18). Dios ama "nuestro verdadero yo" con todas nuestras fallas y debilidades. Él busca intimidad y una conexión cercana - donde nosotros lo vemos, Él nos ve. Podemos intentar huir y escondernos, no por lo que somos a los ojos de Dios, sino por lo que el pecado ha producido en nosotros - ya sea nuestro propio pecado o el pecado que alguien más impuso en nosotros (abuso, rechazo, negligencia, etc.). Cuando escondemos nuestro verdadero ser debido a que nos sentimos "indignos", simplemente revela que no entendemos la gracia. Aún no hemos llegado a entender que Dios es nuestro creador y nuestro verdadero Padre y que Él nos diseñó con su propia mano y corazón. Por lo tanto Él está interesado en relacionarse sólo con nuestro verdadero yo. Él quiere "quitar" el pecado, el dolor y los defectos que nos han dañado, para así ser las personas que Él nos hizo que seamos. Debemos aprender a hacer nuestra la verdad de que en realidad, somos preciosos a Sus ojos.

Puntos de Meditación: ¿Se ha sincerado ante Dios o aún teme que Él vea dentro de su ser? ¿Trata de esconderse de Él? ¿Trata de esconderse de otros? ¿Qué le asusta más acerca de la intimidad?

_____

_____

_____

_____

_____

El amor que Dios nos da desde la abundancia de Su corazón - nunca por coerción, miedo, culpa o necesidad (1ª Corintios 13). Dios nos ama simplemente por el hecho de amarnos. Él no necesita amarnos. Si estamos acostumbrados a sentir que nuestras necesidades representan cargas incómodas para otros o sentimos como si el "amarnos" fuera un fastidio o un trabajo rutinario, podríamos pensar que Dios nos "ama" de manera similar. El corazón de Dios es puro y Él nos ama con un amor que procede de ese corazón puro. No hay "sombra o variación en Él". Nunca somos una carga para Él. Somos Sus hijos amados a quien quizá Él tenga que disciplinar, pero nunca nos rechazará.

Puntos de Meditación: ¿Siente que usted es molestia para Dios y que Él se fastidia de sus peticiones? ¿Constantemente se disculpa con la gente, siempre preocupado de ser una carga, un problema, etc.? ¿usted "ama" a las personas porque se siente obligado o presionado a hacerlo?

_____

_____

_____

_____

Nuestros mejores esfuerzos para producir algo cercano al amor ágape siempre quedarán cortos. Recuerde, el amor verdadero - amor ágape - es un recurso del Espíritu Santo, y únicamente podemos acceder a este amor a través de una relación con Él. Aprenderemos más acerca de esto más tarde dentro de la lección.

Sistemas de Amor poco Saludables

Mientras miramos al corazón de Dios y descubrimos que Él está lleno de gracia, amor y bondad hacia nosotros, esto debe movernos a desear amar y servirle a Él más. A menudo, esto no sucede porque dentro de nosotros aún estamos bloqueados por sistemas de creencias equivocados acerca del amor. Cuando nuestra experiencia terrenal ha sido nula de amor, encontramos que es difícil entender el amor de Dios. Dios es nuestro Padre verdadero. Él es quien nos hizo y por lo tanto, Su aceptación y amor conquistarán todas las experiencias terrenales negativas.

Para ayudar a entender mejor cómo un "sistema de amor" negativo puede desarrollarse, vamos a observar dos ejemplos. Mientras usted lee, intente identificar cualquiera de esas áreas en su vida que están sesgadas.

Eleanor

En cuanto a toda su apariencia externa, la familia de Eleanor era saludable y normal. Sus padres tenían importantes responsabilidades en la iglesia y la vida se centraba alrededor de la actividad en la iglesia. Ya que Mamá y Papá eran tan "importantes", Eleanor se sintió presionada para ser un "poco mejor" que los otros niños de la iglesia. Mientras que los padres de Eleanor estaban tan ocupados con las funciones de la iglesia, en la casa ellos no se involucraban ni se interesaban en Eleanor. Por lo tanto, Eleanor comenzó a buscar la aprobación de sus padres bajo la intensa luz de la iglesia. Ella trataba de "leer" a la gente en la iglesia, incluyendo sus expectativas, de modo que pudiera responder y adecuarse apropiadamente. ¿Cuál era su objetivo? Que la gente lo notara y enviara "buenos reportes" a sus padres.

Mientras que Eleanor escuchaba mensajes de la Biblia, de Dios y de Jesús, su única preocupación era asegurarse de ser una "buena niña" para la reputación de sus padres. A pesar de sus esfuerzos, la madre de Eleanor fácilmente se avergonzaba si el vestido de Eleanor estaba arrugado, si su cabello se desarreglaba o si actuaba con nerviosismo o desatinadamente en frente de la gente.

Eleanor sin saberlo comenzó a aprender que por más que tratara, ella nunca sería lo suficientemente buena en el ambiente de la iglesia. Ella se sentía triste, sola y deficiente de niña, e incapaz de entender cómo podría llegar al lugar donde podría hacer que sus padres estuvieran verdaderamente orgullosos.

En su adolescencia, Eleanor abandonó la iglesia completamente. Ella se retiró eventualmente de cualquier entendimiento de un Dios personal que la amara. Ella decidió, en vez de eso, que Él probablemente no la aprobaría tampoco. Se sintió mejor y más fuerte al vivir una vida tratando de ser "buena" y "exitosa" en base a sus propios logros.

Como adulta, Eleanor fue una mujer de negocios exitosa. Ella parecía tomar constantemente más y más proyectos en su empresa y tenía estándares impecables en el trabajo. Sus tendencias pujantes y agresivas fueron contrarrestadas por profundos miedos a que pudiera perder su posición, ser vista como incompetente o fracasar completamente. Mientras que su acción hacia el exterior era tan impresionante que nadie veía ninguna grieta o falla, por dentro, Eleanor aún estaba sin saberlo, viviendo como esa pequeña niña asustada que no era aceptada ni amada. Eleanor creó sus propias burbujas venenosas y tóxicas al mantener un control exterior, mientras que por dentro se sentía un total fracaso.

El sistema de Amor de Eleanor:

- Eleanor nunca se involucró en ninguna forma de amor hacia sí misma.
- Eleanor aprendió que ella sería digna de ser amada si actuaba apropiadamente.
- En vez de amar a otros, Eleanor les temía y observaba cómo ellos podrían juzgarla.
- Eleanor reemplazó la capacidad de relacionarse con otros con "estándares" irreales y éticas de "trabajo" que otras personas encontraban imposibles de cumplir.
- Eleanor transfirió su sistema de creencias basado en obras hacia Dios. Ella sentía que sin importar qué tan arduamente intentara, ella fallaba en cumplir el estándar de Dios.

Los resultados:

- Eleanor quedó atrapada por el perfeccionismo y el desempeño.

- Eleanor creía que lo que ella "hacía" haría que la gente la amara. Ya que ella falló en el amor, se enfocó más en su esfuerzo por "hacer" cosas.
- Eleanor usó el trabajo para evitar las relaciones.
- El estilo de relacionarse de Eleanor, era simplemente defensivo, ella no sabía cómo permitir que alguien se le acercara, mucho menos amarla.
- Eleanor estaba sola.
- Eleanor no sabía cómo recibir o dar amor apropiadamente.

John

John fue criado en un hogar abusivo y alcohólico. Cuando John tenía doce años, su padre abandonó a John, a su mamá y a su hermano. Después de que su padre partió, su madre siempre estaba muy triste y se ocupó de beber alcohol y de salir con hombres. Faltando su papá, John sintió que necesitaba ser el "hombre de la casa". Se preocupaba todo el tiempo por su madre e hizo todo lo posible para ayudarla. Cuando el novio de su madre la maltrató físicamente, John trató de defenderla. Él siempre falló, y en vez de que su madre se preocupara por él, ella siempre defendía al novio abusivo.

John se esforzó por amar a su madre, pensando que si él podía amarla lo suficiente, ella no necesitaría de aquellos hombres. Dado que ella siempre escogía a los otros hombres, él se sintió fuera de lugar.

John se hizo cargo de la casa y ayudó a criar a su hermano menor. Él siempre fue muy responsable y no reía ni jugaba como otros niños. La vida era un asunto serio. A diferencia de su hermano, quien comenzó a beber alcohol y a usar drogas a temprana edad, John escogió tomar el camino recto y estrecho. Siguió las reglas, nunca bebió alcohol y siempre tomaba decisiones responsablemente. Fue aclamado como líder de clase en su educación universitaria y tomó otros roles de liderazgo que le llevaron a obtener una beca completa a lo largo de toda la universidad.

Mientras que John parecía una historia de éxito brillante y resplandeciente, por dentro él se sentía totalmente inadecuado y siempre estaba esperando que el fondo se desplomara. Su mamá a menudo se pavoneaba de él con sus amigos, pero nunca pasaba tiempo con él y siempre escogía a su novio antes que a su hijo. Debido a que John no podía ganarse a su mamá y cambiar su manera de pensar, sin importar lo que él hiciera, comenzó a creer que era un fracaso.

Con lo que parecía ser el inicio de una vida emocionante y próspera, John comenzó a paralizarse interiormente en su edad adulta. Fue atraído a una mujer con problemas de alcoholismo, y en su matrimonio, él actuó de manera muy similar a su niñez. Intentó rescatar a su esposa de los problemas adictivos y una vez más cayó en la desesperación de ver fallar sus mejores planes. Eventualmente comenzó a tomar. Incapaz de comprender qué estaba faltando en su vida, o cómo deshacerse de las cosas que había hecho mal, se sintió desesperado. Sus estándares eran siempre tan altos, sus decisiones tan medidas y sus intenciones tan buenas - terminar así significaba que no hubo razón para esforzarse.

El sistema de Amor de John:
- Él no se dio cuenta de su valor o la capacidad de ser amado. Él se vio a sí mismo como la persona que tenía que trabajar duro en su relación con su mamá para ganarse su amor.
- Utilizó métodos de compensación y supervivencia para tratar con los padres que lo abandonaron de diferentes maneras.
- Él creyó que tenía la capacidad de cambiar a los demás a través de sus esfuerzos de "amor".
- Él creyó que podía "deshacer" lo "malo" a través de sus esfuerzos de amor.
- Él equiparó "ser bueno" a merecer amor en base a algo que él hacía.
- Él no conoció ni experimentó el amor de Dios.

Los resultados:
- John no fue capaz de conectarse emocionalmente en sus relaciones porque en el fondo él se sentía muy inadecuado y sentía que no era digno de recibir amor.
- John pasó por la vida sintiéndose culpable y responsable por las elecciones y emociones de otros.
- John se midió a sí mismo por su éxito. El fracaso de cualquier tipo le llevó a una completa desesperación.
- John trató de salvar y rescatar a otros, pero no sabía que él necesitaba a un Salvador.

Estos ejemplos pueden parecer dramáticos, pero son siempre muy comunes entre los codependientes. Denotan algo de los sistemas fundamentales de creencias fallidos acerca del amor. Y tristemente, ilustra qué tan profundamente el "amor" ha sido contaminado cuando se ha desarrollado inadecuadamente desde la niñez.

¿Podrán John y Eleanor ir más allá de sus experiencias de la niñez y sus fortalezas de la edad adulta para quitar las ataduras a una vida de esperanza, propósito, y la capacidad de dar y recibir amor? En realidad, sin intervención o cambio, están condenados a un camino de mucho dolor y soledad. Los sistemas de amor se marcan profundamente en nuestro carácter y tienen un camino para ser pasados continuamente de una generación a la siguiente. La única forma de romper este círculo es aprender a amar a la manera de Dios.

Para hacer esto, debemos:
- Estar dispuestos a entender nuestro sistema de amor hasta este punto. ¿Cómo doy amor?
- ¿Cómo me amo a mí mismo? ¿Cómo amo a Dios? ¿Cómo me ama Dios?
- Estar dispuestos a aprender la VERDAD, basada en la Palabra de Dios acerca de lo que Dios pretendía para el amor y las relaciones. Necesitamos escudriñar

y compararlo a nuestro sistema de creencias actual.

- Estar conectados íntimamente con Dios donde Él toma esas verdades acerca del amor y las hace realidad en nuestro corazón. Poco a poco, parte por parte, transformándonos para vivir en Su amor. La intimidad con Dios comienza con quebrantamiento, vulnerabilidad y confianza.

- Aprendemos a amar a los demás a través de nuestra relación con Dios. Aprendemos que no podemos "crear" amor, debemos "convertirnos" en amor. Sólo podemos "convertirnos en amor" a través de una relación con Jesucristo - no hay ningún otro camino.

Cómo Amamos Inapropiadamente

¿Cómo interpreta usted al mundo? A través de nuestros propios sentidos y experiencias, sin darnos cuenta que tenemos dentro de nosotros miles, probablemente millones de "cintas de grabación". Incluso como pequeños bebés, estas cintas estuvieron grabando mensajes que nos dijeron quiénes somos, cómo amar, cómo ser amados, etc. Los niños que fueron criados en hogares saludables pueden ser capaces de volver a reproducir las cintas para recordar lecciones que sus padres les enseñaron. Pero los niños que fueron educados en hogares poco saludables pueden tener mensajes que les dicen: "tú no eres digno de ser amado", "algo está mal contigo", "no eres lo suficientemente bueno para mi amor". Estos mensajes son terriblemente dañinos y destructivos. Para el niño que escucha y cree estos mensajes, ellos tienen el poder de dañar su perspectiva entera sobre el amor y las relaciones durante toda su vida.

Cuando tratamos de enfrentar nuestra codependencia, puede ser difícil darse cuenta que algunos de nuestros comportamientos y acciones, incluso si están llenas de buenas intenciones, fueron el resultado de responder a estos mensajes disfuncionales, no del comportamiento saludable que hemos tratado de crear. Mientras nos hemos envuelto nosotros mismos externamente en un paquete que parece impresionante, atractivo y lleno de buenas medidas, puede ser increíblemente doloroso darse cuenta de que nuestros esfuerzos por arreglar, ayudar y compensar vienen de nuestro propio dolor, nuestro amor no satisfecho y nuestros miedos. Cuando el amor no nos ha nutrido apropiadamente y hemos desarrollado unos sistemas de creencias equivocados acerca del amor, esto puede manifestarse en muchas maneras poco saludables.

A continuación se muestran algunas maneras comunes en que un codependiente desarrolla comportamientos inadaptados para funcionar en una relación que carece de amor verdadero. La mayoría de estos comportamientos externos son impulsados por un resquebrajamiento interno, pero ocurren a un nivel inconsciente. Esto significa que no vivimos este sistema de amor intencionalmente, sino que ha sido grabado de algún modo en nuestras "cintas" como una manera para funcionar en nuestras relaciones.

Mostrando Nuestra Valía

Para el codependiente, parte de la obsesión ha sido trabajar duro para convencer a las otras personas que tenemos valía, bondad y que somos dignos. Al necesitar hacer esto, automáticamente se denota que estamos en una posición defensiva de sentirnos obligados a "mostrar nuestra valía". Y por sí mismo, este sistema de pensamiento es altamente destructivo. Dice "algo está mal conmigo, pero voy a tratar de mostrarme (a mí mismo y a otros) que estoy bien".

Algunas veces nuestra necesidad de "mostrar nuestra valía" se manifiesta de forma agresiva y demasiado rígida al tratar de ser mejor que los demás. Los "adictos al trabajo" a menudo caen en esta categoría y pueden llevarlos a un estilo de vida de orgullo por sus logros, incluso si la raíz se deriva de la inseguridad, no de la confianza.

Cuando observamos los esfuerzos propios, los logros personales, las buenas obras o cualquier cosa externa para medir nuestro mérito como seres humanos, estamos en el lazo de la codependencia y de una vida centrada en nosotros mismos. El sistema de amor de Dios dice: "tú tienes la necesidad espiritual de Mí, y a través de Mi relación tienes valía y mérito. Estás bien así como te encuentras. Estás seguro en Mí".

Puntos de Meditación: ¿Cómo muestra su valía hacia los demás? ¿Cómo ve su valía ante los ojos de Dios?

_____

_____

_____

_____

Complaciendo a la Gente

Típicamente una de las fuerzas impulsoras detrás de una persona codependiente es la necesidad compulsiva de complacer a la gente, especialmente la gente que aparentemente tiene un lugar de importancia en su vida. Al complacer a la gente, los codependientes dan una gran cantidad de poder a la otra persona. Creemos que somos aceptables y valiosos si podemos encontrar aprobación de alguien más a quien cuidamos o respetamos.

Como la idea de es tratar de "mostrar nuestra valía", al complacer a la gente estamos obsesionados con la necesidad de aprobación. Creemos que nuestros "buenos esfuerzos" ganarán el favor de los demás. En un cierto sentido, estamos tratando de comprar a la gente a través de buenas obras, regalos, adulación, etc. La mayoría de las "personas complacientes" no nos damos cuenta que tenemos nuestras propias prioridades. Sin embargo, si nosotros no recibimos la respuesta deseada por nuestros buenos esfuerzos, usualmente respondemos a través de amargura, o una necesidad compulsiva y obsesiva de esforzarnos más. Aquí es donde puede ser rastreada la raíz verdadera de la persona complaciente con los demás. Hay una intención asociada con el acto de "bondad".

El complacer a la gente es una vía que conduce hacia el agotamiento. Encontramos que sin importar nuestros esfuerzos, complacer a todos es imposible. Y más aún, terminamos viviendo nuestras vidas en base a los deseos y las preferencias de otras personas, al punto que ya ni siquiera sabemos cómo o qué elegir para nosotros mismos.

Dios nos llama a servir a otros, pero a través de un caminar lleno del Espíritu con nuestro Señor al mando. En realidad, cuando obedecemos a Dios, no todos se sentirán complacidos. Incluso quizá tengamos que dejar de complacer a otros y decir "no". Pero si lo estamos haciendo a través del Señor, estamos complaciéndolo a Él, lo cual es nuestra meta final.

Puntos de Meditación: ¿Está agotado tratando de complacer a la gente? ¿De qué manera?

_____

_____

_____

_____

Perfeccionismo

Los codependientes a menudo son perfeccionistas que mantienen un estándar extraordinariamente alto y deben convencer a los demás que todo lo tienen dominado "perfectamente". Podemos equiparar un error como si fuera un completo fracaso y sentirnos inmensamente abrumados, avergonzados, apenados o humillados cuando la gente vea nuestra falla en cualquier medida. En nuestro mundo, necesitamos ser fuertes, para "nunca decepcionar a nadie" y nunca mostrar ningún signo de debilidad. Parece que pensamos que de alguna manera la gente quiere que seamos perfectos y que si logramos la perfección, seremos amados y aceptados. En nuestra búsqueda de tener "todo controlado, hasta el último detalle", a menudo nos aislamos de los demás. También podemos ser "perfeccionistas desalentados" en algunas áreas de nuestra vida, donde pensamos que si no hacemos algo "a la perfección", ¿Para qué molestarse?

Dios nunca nos pide ser perfectos. Él nos pide que seamos honestos. Él sabe que la base de una relación con Él y con otros debe estar basada en la gracia y el perdón. Todos cometemos errores. Todos tenemos fallas. Y cuando aprendamos a amarnos a nosotros mismos, nos daremos cuenta de que somos humanos. Dios nos ama y pagó un precio por nosotros. Gracias a Dios no tenemos que vivir regidos por estándares perfectos para ser aceptados por Él.

Puntos de Meditación: ¿Es usted un perfeccionista? ¿Qué sucede cuando usted falla? ¿Bajo qué estándares Dios le juzga? ¿Cómo se encuentra esto en total contraste con el amor de Dios?

_____

_____

_____

_____

Disociación

Los codependientes eventualmente aprendemos a vivir mostrando una apariencia externa, mientras que en nuestro interior experimentamos la sensación de ser ignorados, de pasar desapercibidos y de no ser escuchados. Atrapados dentro de nosotros mismos, ocurre una separación que nos deja actuando de cierta forma exteriormente, mientras que nos sentimos totalmente diferentes por dentro. Esta deshonestidad emocional es tóxica y muy probablemente la aprendimos de niños o de relaciones poco saludables. Esto nos ha hecho más susceptibles a tomar decisiones no acertadas, ha permitido que la gente nos maltrate y a que participemos en situaciones poco saludables, todo esto mientras declaramos que nuestras acciones fueron realizadas "en nombre del amor". Esta anomalía se observa en la siguiente tabla:

Tabla 3 : Persona exterior vs. interior

Persona Exterior	Persona Interior
Trato de ser la persona que la gente quiere que sea	Me rechazo a mí mismo. "Nadie me querría de esta manera".
Completo, fuerte, enfocado en las necesidades de otros.	Con necesidad de apoyo y guía. Gritando por dentro pidiendo que alguien me ame.
Dador, amable y "agradable".	Aterrorizado de que me rechace si no estoy "aportando lo suficiente".

En el proceso de recuperación encontramos que, por encima de todo, Dios quiere que desechemos las máscaras y fachadas artificiales que usamos para escondernos. Él está interesado en la persona que realmente somos. Al aprender a ser aceptado y estar completo en Dios, somos capaces de ofrecernos nosotros mismos con autenticidad en las relaciones. La autenticidad es un ingrediente clave de una relación saludable. Cada vez que somos falsos, no seremos capaces de conectarnos, dejándonos susceptibles a sistemas de relaciones poco saludables.

Puntos de Meditación: ¿Ha desarrollado una imagen exterior, incluso si usted piensa y siente de manera diferente en su interior? Explíquelo.

_____

_____

¿Es Egoísmo el Amarse a sí Mismo?

La mayoría de nosotros, que luchamos con la codependencia, nos vemos a nosotros mismos negativamente a un nivel medular, ya sea que estemos conscientes de ello o no. Debido a que somos incapaces de entender nuestro auto-rechazo y nuestra auto-negación, automáticamente somos impulsados por estrategias para obtener amor. "Si tan sólo pudiera hacer eso, entonces me amarían", puede ser un motivador inconsciente. Cuando escogemos encontrar nuestros propios métodos de tratar con el sentido de falta de valía, "tomamos el asunto en nuestras propias manos". Puede parecer inocente, pero nuestras decisiones son tomadas independientemente de Dios. Una realidad que puede ser tan difícil de enfrentar, estamos esencialmente engañándonos, creyendo que "yo puedo sobreponerme a mis problemas y a los problemas de otros". Mientras que nosotros no podemos "amarnos a nosotros mismos", nos volvemos demasiado autosuficientes. A esto se le llama orgullo. Y siempre está centrado en nosotros mismos, nunca está centrado en Dios.

Poder ver que somos egoístas y orgullosos puede ser enormemente difícil. Después de todo, parecemos estar viviendo vidas de sacrificio. ¡Todos los demás parecen ser tan egoístas! Pero si nos sinceramos con nosotros mismos, a menudo (no siempre), somos motivados por la necesidad de auto-protegernos, de satisfacer necesidades emocionales y de controlar los resultados del comportamiento de otras personas. Esos son todos motivos de beneficio propio y estrategias de supervivencia que son independientes de Dios. Por tanto, el orgullo es la raíz.

El orgullo es simplemente, "lo puedo hacer por mí mismo". No es necesariamente "inflarse de orgullo". El orgullo también tiende a hacer que nos comparemos con otros, dejándonos "mejores que" o "menos que" otros. El egoísmo es lo que somos de manera predeterminada. Hace que toda nuestra perspectiva de la vida sea derivada de nuestro propio punto de vista, necesidades y deseos. Las personas egoístas son muy capaces de hacer cosas agradables por otros, simplemente están motivados por propósitos egoístas.

Admitir nuestro egoísmo es una clave vital hacia un cambio genuino. Puede llevarnos a un verdadero sentido de quebrantamiento y a que nos demos cuenta de nuestra necesidad de Dios para operar en nuestras vidas a un nivel fundamental. Si usted reconoce esto como un problema, está a un paso más cerca de una solución. Cuando finalmente seamos capaces de quitarnos del camino y permitirle a Dios entrar, experimentaremos el tipo de amor por nosotros mismos que nos lleva a tener la habilidad de relacionarnos saludablemente. Dios nos enseña cómo ver el mundo y a nosotros mismos a través de Su perspectiva. Descubrimos que en Él, tenemos inmensurable valor, mérito y un conjunto único de habilidades (Capítulo 10). También encontramos que Él nos creó con un propósito específico, para completar algo que sólo nosotros podemos hacer. La revelación de esto tiene el potencial de transferir completamente nuestro sistema de amor, de un fundamento centrado en uno mismo a un fundamento centrado en Cristo.

Si no vemos nuestro valor - en quienes somos en Cristo, no somos "humildes", en realidad estamos permitiendo quedarnos en esa mentalidad centrada en uno mismo. Sin una actitud centrada en Cristo, podemos continuamente volver a reproducir las cintas grabadas en nuestras mentes de lo que nuestros padres o amigos nos dijeron. Nos enlazamos tratando de sobreponernos a esas percepciones negativas de nosotros mismos y terminamos agotados, por lo tanto el ciclo negativo se perpetúa. Veamos la diferencia entre el amor saludable a uno mismo y el orgullo egoísta.

Tabla 4 : El Amor Saludable a uno mismo vs. el Egoísmo y Orgullo

Amor Saludable a uno mismo	Egoísmo y Orgullo
Tengo la capacidad de aceptar la persona que Dios hizo que fuera, con todas mis fortalezas y debilidades.	Me enfoco en mí mismo y en todas mis inseguridades y fallas y creo que todos están enfocándose en ellas también
Ya que soy perdonado por Dios, tengo la capacidad de perdonarme a mí mismo. Entiendo que "quien soy yo" y "qué hago yo" están separados.	Ya que no he entendido totalmente el perdón de Dios para mí, no soy capaz de perdonarme a mí mismo y a otros. Siento que debo pagar el precio de mis acciones o intentar deshacerlas de manera independiente. Siento que mis actos o los actos de otros en contra de mí, justifican mi sentido de valía.
Soy capaz de reconocer y adoptar mis habilidades, capacidades e "identidad auténtica" conociendo que todo lo que soy debe usarse para la gloria de Dios.	Estoy intentando medirme por la gente que me rodea, haciendo un escrutinio constante de si tengo o no suficiente para ofrecer. A menudo me siento "demasiado bueno" en algunas situaciones, y "no lo suficientemente bueno" en otras (orgullo).
Entiendo que tengo mérito y valía inherentes, y la capacidad de amar y ser amado en base a mi situación de rectitud en Cristo Jesús a través de Su sangre derramada en el Calvario.	Trato de medir mi valía por las cosas que hago, el sentido de logro que alcanzo, mis esfuerzos para arreglar a la gente y mi propio intento de ser una "buena persona".
Soy dependiente de Jesucristo y puedo hacer todas las cosas a través de Él.	Dependo de mí mismo y los demás dependen de mí también.

Puntos de Meditación: ¿Usted ve orgullo y actos de egoísmo en su vida? Explíquelos.

_____

_____

_____

_____

Dando y Recibiendo Amor

¿Cuántas veces hemos intentado hacer que funcione una relación desbalanceada? ¿Cuántos esfuerzos para cambiar a la gente han fallado? Muchos de nosotros nos saltamos los primeros dos ingredientes del sistema de amor de Dios: poner el amor de Dios primero y amarnos a nosotros mismos. Ya que eso nos deja vacíos y con tantas necesidades, cuando entablamos relaciones, ponemos una cantidad enorme de presión en esa relación. No sólo necesita satisfacer nuestra necesidad propia de amor y aceptación, sino que ¡Esencialmente necesita reemplazar a Dios!

Para ilustrar esto, piense en una jarra para regar macetas. Su propósito es rociar agua en las plantas, el pasto y las flores. Es un simple recipiente que sostiene el agua que viene de otra fuente. No puede llenarse a sí misma, sólo puede sacar lo que se le ha dado. Si no está llena, no tiene ningún propósito.

La intención es que nosotros seamos vasijas del amor de Dios. De hecho nosotros no tenemos la capacidad de producir amor por nosotros mismos ya que es un producto derivado del Espíritu de Dios. Su amor en nosotros nutre y permite que tengamos la habilidad de dar amor de manera apropiada. Esta "agua" es dadora de vida, pero no por la vasija que la contiene, sino por la Fuente que la provee.

A menudo confundimos inapropiadamente la manera en que obtenemos y damos amor. Vamos por la vida sintiéndonos vacíos. Nuestra "agua" está seca. Comenzamos a buscar que la gente nos llene. En vez de funcionar como "un sistema de irrigación", en realidad nos convertimos en algo parecido a una aspiradora - buscando que algo en el exterior llene nuestras necesidades en el interior. Pero debido a que la gente no es una fuente de amor, sino son simples sistemas de irrigación, a menudo pedimos sin derecho que la gente llene las necesidades que sólo Dios puede llenar. Esto es lo que lleva a tanta devastación y dolor. Si una familia, comunidad, iglesia u organización, está llena de personas que están vacías y buscando que sean satisfechas sus propias necesidades, rápidamente se convertirá en algo enfermizo y posiblemente morirá eventualmente.

Dios diseñó las relaciones para que sean gratificantes, satisfactorias y mutuamente benéficas. Él nos diseñó para que nos "necesitemos" y nos amemos uno al otro en cierto grado, lo cual significa que seremos "interdependientes" dentro de nuestra comunidad, nuestras iglesias y nuestros hogares. En la interdependencia estamos conectados, incluso íntimamente con aquellos que nos rodean, pero en ningún punto perdemos nuestra propia identidad. En la interdependencia, no estamos en un estado de "necesidad" sino de dar. Cuando nos vinculamos con otras personas que están dispuestas y listas para cumplir nuestras necesidades, hay armonía, plenitud y el amor verdadero une los corazones.

Si funciona apropiadamente, nuestras necesidades en realidad le dan a los que nos rodean la oportunidad de verter amor en nosotros. Sus necesidades nos dan esta misma oportunidad. Así es como Dios diseñó que funcionara Su iglesia - partes de Su cuerpo funcionando para conformar un cuerpo unido. (1 Cor. 12:12)

Codependencia y el "Dar" en las Relaciones

La codependencia trae una variedad de retos en las relaciones, en el área de dar amor y recibir amor. Ya que los codependientes están enfocados primordialmente en las formas de ganar amor a través de dar, la función misma de "dar" se iguala a "obtener". Esto no es intencional; es un patrón de comportamiento aprendido, usualmente formado al inicio de la niñez. Pero a pesar de su origen, significa que la raíz que impulsa la codependencia, está basada en las necesidades propias. Como lo hemos aprendido ya, esto se opone a la definición misma del amor de Dios.

Si nosotros evaluamos el sistema de operación del amor en nuestras vidas, podemos darnos cuenta con dolor que el "dar" era nuestra manera de evitar algunas realidades dolorosas. En vez de enfrentar una necesidad legítima que faltaba (capítulo 6), intentamos compensar por lo que estaba faltando. O utilizábamos el "dar" como una forma de comprar algo más a cambio.

No sólo este sistema está centrado en uno mismo y busca los intereses de uno mismo, sino que cuando ocurre, podemos incluso estar "dando" cosas equivocadamente, ¡cosas que pudieran incluso dañar a quien las recibe!

Algunos ejemplos:

- Un adicto o un alcohólico puede recibir mucha "ayuda" para compensar su comportamiento adictivo. Este "dador" no está beneficiando al receptor en absoluto. De hecho, ese "dar" está animando y propiciando los comportamientos negativos que permiten que el adicto o alcohólico permanezcan en su adicción. ¿Qué significa "dar"? En esta situación, el adicto o alcohólico requiere un amor con disciplina y unos límites definidos. El amor necesita decir "no aceptaré este comportamiento".
- Un hijo puede obtener muchos "regalos" materiales de un padre que está emocionalmente ausente. El hijo necesita el amor y la atención, pero en vez de eso es persuadido con "cosas". El hijo puede aprender que las "cosas" importan más en la vida. Esa forma de dar no ayuda al receptor en absoluto. Lo que los padres necesitan "dar" es su tiempo, atención, disciplina y amor. Ninguna "cosa" puede reemplazar eso.

Sólo podemos hacernos verdaderos dadores cuando tenemos el amor de Dios en nosotros. Luego nos convertimos en portadores de ese amor y podemos ofrecerlo a la gente que realmente necesita los recursos de Dios. La mayoría de nosotros, venimos con el corazón vacío por la falta de amor vertido en nosotros. Esa necesidad es genuina y debemos creer que Dios tiene la capacidad de llenar nuestros corazones y completar lo que esté faltando desde antes. Dios sabe exactamente lo que necesitamos, y Él conoce lo que otros necesitan también. Él nos permite que participemos en "dar", de modo que Él pueda ayudarnos y bendecir a otros a través de nosotros. Él usa a la gente para que haga lo mismo por nosotros. Este ciclo de dar y recibir verdaderamente refleja y expresa el corazón de Dios.

Puntos de Meditación: ¿Cómo uso el "dar" en mis relaciones con Dios y con los demás?

_____

_____

_____

_____

Codependencia y "recibir"

Estar en la posición de recibir en cualquier relación es muy difícil para el codependiente.

En ocasiones, estar en la posición de necesitar recibir puede ser casi humillante. También puede ser muy complicado enfrentar una necesidad y permitir que alguien nos ayude, podemos incluso optar por no recibirlo del todo. ¿Por qué tal miedo a recibir? Podemos no darnos cuenta de que como dadores, nos ponemos en la posición de control. Nuestra naturaleza de autosuficiencia (orgullo) encuentra que es humillante recibir. Trabajar por algo significa "me lo gané". "Recibir" algo por causa de la necesidad no tiene nada que ver con "lo que tengo para ofrecer"

Sin embargo, los codependientes también son propensos a "necesitar demasiado" en ciertas relaciones, mientras que se extenúan a sí mismos en otras relaciones. Con gusto entregaremos ese control a alguien que creemos que puede "arreglarnos" o "cambiarnos". Recibir es algo que se distorsiona, siempre que el orden de Dios en nuestras vidas está mal ubicado. Podemos buscar que las personas cumplan las necesidades que sólo Dios puede llenar. O, podemos simplemente pensar que no somos suficientemente dignos de amor como para recibir. Cualquiera que sea la razón, una de las experiencias más dulces y satisfactorias en la vida es la de recibir regalos y verdaderos actos de bondad. Si nunca jamás hemos "necesitado" nada de ninguna persona anteriormente, entonces seremos autosuficientes. Pero Dios no nos creó de esa manera.

La independencia no lleva a la recuperación. La independencia debe ser el objetivo.

Punto de Meditación: ¿Cómo ejerzo el "recibir" en las relaciones con Dios y con los demás?

_____
_____
_____
_____

Tabla 5 : Dando y Recibiendo: Codependencia vs. un Sistema de Amor de Dios

La "codependencia" está dirigiendo el "dar" en las relaciones:	El "amor de Dios" está dirigiendo el "dar" en las relaciones:
Necesito darte algo. Me siento obligado a buscar cómo llenar tu necesidad. Quiero tu validación y aceptación. Esto me ayuda a sentirme que tengo el control. (motivos egoístas)	Te doy esto a ti porque Dios me lo dio a mi primero y Él desea que yo lo comparta contigo. Quiero bendecirte. (motivos de amor)
No sé cómo recibir. Es vergonzoso y bochornoso para mí. En vez de eso, si ofreces algo, buscaré la manera de cómo pagártelo. Después de todo, ¿no es lo que estabas buscando que hiciera? (respuesta egoísta)	Estoy en necesidad y la manera en que me bendijiste para satisfacer mi necesidad me muestra lo mucho que Dios me ama y provee para mí en mi vida. Estoy tan agradecido contigo y con Él. (Respuesta centrada en Dios)

Puntos de Aplicación:

Tómese un tiempo para evaluar su propio sistema de amor. Escriba específicamente cómo da y recibe en las relaciones. ¿Qué lo motiva y lo impulsa? ¿Por qué?

_____
_____
_____
_____
_____
_____
_____

Encontrándose con el Amor Verdadero

¿Qué le ha impedido para recibir el amor de Dios? ¿Lo tiene en su mente, pero no en su corazón? La manera en que usted ama a otros ahora, es un reflejo directo de sus sistema de creencias actuales acerca del amor. También indica su amor por Dios. Sin embargo, si le dijeran que "comenzara a amar" hoy, usted no sería capaz de hacerlo. No tenemos la habilidad de aprender cómo amar realmente, excepto por experiencia. Dios no nos pide que "demos" algo que Él no nos ha dado directamente. Por lo tanto, usted sólo puede dar a otros el amor de Dios en su forma verdadera, recibiéndolo primero.

Si tenemos una montaña de conocimientos en nuestra cabeza, pero sin experiencia, es el momento de vaciarlo y buscar verdaderamente nuestros sistemas de creencias acerca del amor de Dios. Por eso, la primera cosa que debemos hacer es admitir la condición actual de nuestros corazones. ¿Soy egoísta? ¿Soy alguien que complace a la gente en vez de complacer a Dios? ¿Qué motiva mis comportamientos, buenos o malos?

Admitirlo es el primer paso y el arrepentimiento viene después. Una vez que veamos nuestros patrones de comportamiento, debemos admitirlos y pedirle a Dios que nos cambie, de modo que no continuemos repitiéndolos. Este cambio no necesariamente sucederá de inmediato, de modo que podamos también aprender lo que significa "caminar por gracia". Momento a momento, día tras día, necesitamos enfocarnos en cómo Dios nos ama, meditar en sus promesas hacia nosotros y establecer un nuevo fundamento basado en Él.

El apóstol Pablo no era necesariamente "codependiente", pero batallaba de manera similar. Él creía que la vida se trataba de hacer cosas externamente y religiosamente. El usaba un sentido de moralidad como su medición para determinar si él "estaba bien" por dentro. Él pensó que estaba siguiendo a Dios, sólo para descubrir que su sistema de vivir y de amar estaba en completa oposición con los caminos de Dios.

Nuestra propia historia puede no ser tan dramática, pero cuando estamos viviendo con un sentido de tener la necesidad de probar y desempeñar, ganar y comprar amor, tenemos un falso entendimiento de Dios. Necesitamos una intervención divina para colocarnos en el camino hacia el entendimiento del amor de Dios. Pablo tenía tal compromiso en su vida y de esto surgen las verdades fundamentales que aplican en nuestras propias vidas.

(Por favor tome nota: los corchetes se usan para dar énfasis)

Filipenses 3:7-10 dice "Antes creía que esas cosas eran valiosas [siguiendo las reglas "externas" para ganar la aprobación de Dios], pero ahora considero que no tienen ningún valor debido a lo que Cristo ha hecho [ser aprobado por Su gracia]. Así es, todo lo demás no vale nada cuando se le compara con el infinito valor de conocer a Cristo Jesús, mi Señor. Por amor a él, he desechado todo lo demás y lo considero basura [mis esfuerzos para complacer a la gente, mis necesidades emocionales] a fin de ganar a Cristo y llegar a ser uno [tener intimidad] con él. Ya no me apoyo en mi propia justicia, por medio de obedecer la ley [seguir reglas externamente]; más bien, llego a ser justo por medio de la fe [en base a mi posición en Cristo, no en mis esfuerzos] en Cristo. Pues la forma en que Dios nos hace justos delante de él se basa en la fe. Quiero conocer a Cristo y experimentar el gran poder que lo levantó de los muertos [una experiencia de amor, no sólo conocimiento intelectual]. ¡Quiero sufrir con él y participar de su muerte [aprendí cómo sacrificarme y sufrir con Él - por lo tanto identificándome con Su amor.]"

De acuerdo con esta escritura, ¿Cómo nos pasamos de un sistema de amor poco saludable al sistema de amor que Dios diseñó?

1. Debemos tener nuestros corazones desconectados del yo; incluyendo esfuerzos propios, beneficios propios, etc.
2. Debemos darnos cuenta de nuestra profunda necesidad de que Dios habite en nosotros y recibir Su gracia y perdón
3. Debemos descartar nuestros actos externos para probar nuestra valía a nosotros mismos, a otros o a Dios
4. Debemos adherirnos a un nuevo sistema donde encontramos nuestra valía en Cristo
5. Debemos identificarnos personalmente con Jesucristo para "conocerle" y "ser uno con Él", incluyendo Sus sufrimientos, Su muerte y el poder de Su resurrección. Esto significa:
   a. Nosotros experimentamos el tipo de amor que sufre y se sacrifica por el beneficio de alguien más para cumplir con la voluntad de Dios
   b. Somos capaces de morir a nosotros mismos, incluyendo las intenciones egoístas de nuestro corazón (no hacemos morir a la persona auténtica que Dios creo para que seamos)
   c. Somos ungidos con el poder del Espíritu Santo para vivir nuestras vidas a través de Él - este es el mismo poder que levantó a Jesucristo de los muertos.

La verdad del amor de Dios significa muy poco o nada por sí misma, si nosotros nunca la ponemos en acción en nuestras vidas. Como sucede con un regalo, debemos abrirla y recibirla antes de que tengamos la capacidad de usarla. ¿Cómo puedo recibir el amor de Dios? Como pasó con Pablo, necesitamos un encuentro personal con el Señor donde Él nos revele Su verdad a nosotros. En esta operación, debemos ser capaces de postrarnos ante Dios y darnos cuenta de que tenemos las manos vacías, traer nuestra "copa de amor" vacía y reconocer en Su presencia "Necesito tu amor - aunque no tengo nada que darte". Por favor haz por mí lo que yo no puedo hacer por mí mismo". (El siguiente capítulo tratará con más detalle el concepto de rendirnos) Luego, a diferencia de la mentalidad de "debo hacer", "debo trabajar", recibir el amor de Dios es un proceso en que se descansa (Juan 15:5). Simplemente estamos ante Su presencia, permitiéndole que nos oriente, guíe, enseñe, aconseje, instruya, nutra, conforte y sane. No hacemos otra cosa distinta que simplemente ponernos a Su disposición, aprender a confiar y obedecerle. **Encontramos que en Él, nos convertimos**

en Su amor. Este es el misterio de Dios y es el anhelo que todos tenemos en nuestros corazones. Este amor luego se traduce y se derrama en nuestra relación con nosotros mismos y con los demás.

La Prueba del Amor

¿Cómo podemos identificar la presencia de amor auténtico en nuestras vidas? La Biblia nos dice que cuando está operando en nuestras vidas apropiadamente, será evidente:

> Conocemos lo que es el amor verdadero, porque Jesús entregó su vida por nosotros. De manera que nosotros también tenemos que dar la vida por nuestros hermanos. Si alguien tiene suficiente dinero para vivir bien y ve a un hermano en necesidad pero no le muestra compasión, ¿cómo puede estar el amor de Dios en esa persona? Queridos hijos, que nuestro amor no quede sólo en palabras; mostremos la verdad por medio de nuestras acciones. Nuestras acciones demostrarán que pertenecemos a la verdad, entonces estaremos confiados cuando estemos delante de Dios. (1 Juan 3:16-19)

> Dios mostró cuánto nos ama al enviar a su único Hijo al mundo, para que tengamos vida eterna por medio de él. En esto consiste el amor verdadero: no en que nosotros hayamos amado a Dios, sino en que él nos amó a nosotros y envió a su Hijo como sacrificio para quitar nuestros pecados. Queridos amigos, ya que Dios nos amó tanto, sin duda nosotros también debemos amarnos unos a otros. Nadie jamás ha visto a Dios; pero si nos amamos unos a otros, Dios vive en nosotros y su amor llega a la máxima expresión en nosotros. Y Dios nos ha dado su Espíritu como prueba de que vivimos en él y él en nosotros. Además, hemos visto con nuestros propios ojos y ahora damos testimonio de que el Padre envió a su Hijo para que fuera el Salvador del mundo. Todos los que confiesan que Jesús es el Hijo de Dios, Dios vive en ellos y ellos en Dios. Nosotros sabemos cuánto nos ama Dios y hemos puesto nuestra confianza en su amor. Dios es amor, y todos los que viven en amor viven en Dios y Dios vive en ellos; y al vivir en Dios, nuestro amor crece hasta hacerse perfecto. Por lo tanto, no tendremos temor en el día del juicio, sino que podremos estar ante Dios con confianza, porque vivimos como vivió Jesús en este mundo. En esa clase de amor no hay temor, porque el amor perfecto expulsa todo temor. Si tenemos miedo es por temor al castigo, y esto muestra que no hemos experimentado plenamente el perfecto amor de Dios. Nos amamos unos a otros, porque él nos amó primero. Si alguien

dice: «Amo a Dios» pero odia a un hermano en Cristo, esa persona es mentirosa pues, si no amamos a quienes podemos ver, ¿cómo vamos a amar a Dios, a quien no podemos ver? Y él nos ha dado el siguiente mandato: los que aman a Dios amen también a sus hermanos en Cristo. (1 Juan 4:9-21)

Estas admirables escrituras denotan que el amor está orientado a acciones, no orientado a sentimientos. Explican que debemos amar exactamente como Cristo nos amó - sacrificándose - incluso si esto duele o nos cuesta. La diferencia es que cuando realmente amamos, lo estamos haciendo a través de Él. Y finalmente, estamos haciéndolo para glorificar y honrar el nombre de Jesucristo. Es centrada en Cristo, no centrada en uno mismo.

Al alistarnos para concluir este capítulo, hay una sorprendente revelación en estas escrituras. En la codependencia, nuestro amor está torcido y nuestros motivos son los equivocados. Cuando encontramos el amor de Dios, este transforma nuestro corazón. Nos ayuda a vernos a nosotros mismos apropiadamente a través de la perspectiva de Dios, y eventualmente es vertido en otras personas. En esta escritura, Juan no está hablando acerca del amor codependiente que está basado en acciones externas para beneficios egoístas. Él está hablando acerca del amor verdadero de Dios (ágape) que viene de una relación íntima con Él. **No sólo somos llamados a amar a otros, sino que encontramos que el punto de comparación de nuestro amor por Dios está ilustrado en ¡cómo amamos a los demás!**

¿Está usted listo para medir su fuente de amor? Si se le fuera a aplicar una "prueba infalible" para medir la cantidad de amor de Dios en usted, ¿qué encontraría? La realidad es que Dios ya lo sabe. Pero Él no está en el cielo apuntando hacia usted con ira. Él ha visto cada herida y situación dolorosa que le ha ocurrido. También Él ha visto todas las cosas malas que usted ha hecho alguna vez. Él tiene un remedio para todo eso. Él sólo quiere que usted venga a Él y descanse.
(Mateo 11:28).

La mano quirúrgica del Dios Todopoderoso se puede sentir con dolor algunas veces, pero está recubierta con el ungüento sanador del Espíritu Santo, que por encima de todo, está lleno de amor. Y nuestra necesidad obsesiva de "actuar" externamente puede ser arrancada en Su presencia, transferida a Su cuidado amoroso donde podemos respirar Su gracia, Su aceptación y Su amor. No tenemos que actuar para Él. Y es a través de Él que vamos a ser restaurados. Nosotros amamos a Dios, no "haciendo cosas para Él". Le amamos al permitir Su amor en nosotros, por tanto, teniendo el deseo y la capacidad de ser lo que Él nos llame a ser y amar como Él nos llama a amar.

Si usted ha estado afanándose en amar y en ser amado por sus propios esfuerzos, diga una oración como esta:

Una Oración para Encontrar el Amor Auténtico

Amado Padre,

Me doy cuenta de que me estado enfocando en mí mismo y en lo que puedo hacer por ti y por otras personas para hacer que mi vida funcione. Ahora me doy cuenta que tengo poco que ofrecer si estoy alejado de Ti. También sé que en mi vida lo más importante es lo que Tú hiciste por mí cuando me salvaste. Y que me quieres usar y quieres obrar a través de mí para tocar a otras personas. Me doy cuenta que no siempre he amado con un corazón puro. Me doy cuenta que no siempre me amo a mí mismo. Y me doy cuenta que a menudo no te amo a Ti primero. Soy completamente impotente de cambiar, si estoy alejado de Ti. Reconozco, confieso y me arrepiento de cualquier sistema de amor negativo que haya creado para sobrevivir. Estoy listo/a para permitirte amarme profundamente y sanarme donde no fui amado adecuadamente o donde fui herido por otros. Adopto y recibo la verdad de Tu amor por mí desde ahora y para siempre.

En el nombre de Jesús. Amén.

Puntos de Aplicación:

¿Qué es lo que ve como un "bloqueo" en su vida ahora mismo? ¿Ha sido capaz de identificar cualquier sistema de creencias que usted tenga acerca del amor? Escríbalos.

_____

_____

_____

_____

¿Ve usted el amor de Dios por la gente en su vida? ¿Los ama usted a través de Él, o utiliza sus esfuerzos propios?

_____

_____

_____

_____

5

Dejando De Controlar: El camino a Rendirse

No hay otro concepto más difícil de comprender que el significado de "rendirse". A menudo escuchamos que debemos "dejar que suceda" o "ponerlo en manos de Dios". Suena sencillo, pero es extremadamente difícil. Tan triste como parece, muchos cristianos (quizá incluso la mayoría), en realidad nunca entran o encuentran el quebrantamiento que les lleva a rendirse verdaderamente. Aprendimos en la última lección que accedemos al amor de Dios, a través de la misma condición de quebranto. En realidad el camino a la rendición ES el camino a experimentar y recibir el amor de Dios. Los dos son intercambiables y no pueden ser separados.

Nuestras habilidades de separarnos del "yo", para darnos cuenta de nuestra necesidad de Dios, para recibir el perdón de Dios y entablar una nueva relación con Él en base a la gracia, (no en nuestros esfuerzos), es de lo que se trata la verdadera entrega. Rendirse a Dios es la puerta de entrada hacia una vida de libertad. A menudo pensamos en ello en términos de "qué tengo que abandonar". Asociamos el rendirnos con una derrota o pérdida. Pero en verdad rendirse es un acto de recibir amor y ser capaz de dar amor. Nos damos cuenta, mientras caminamos a través de "hacer morir" el yo, que ese "yo" era un impostor que evitaba que fuéramos la persona que Dios deseaba que fuéramos. El "yo" estaba en un modo de supervivencia - intentando resistir y satisfacer las necesidades de varias maneras.

Mientras que la salvación determina nuestro destino eterno, rendirse no afecta nuestra reputación ante Dios. Podemos escoger vivir nuestras vidas por nosotros mismos y nunca rendirnos verdaderamente, y Dios aun así nos aceptará como Sus hijos (si realmente Le conocimos). Sin embargo, lo que sí perderemos será nuestro propósito e identidad verdaderos mientras que estamos en este mundo. En vez de cumplir nuestros destinos divinos, nuestra negación a rendirnos nos mantendrá librando batallas e intentando hacer que la vida funcione bajo nuestros términos, con poco éxito.

Todo lo que aprendimos en nuestro patrón disfuncional de vida y estilos de relaciones es que Dios tiene un mejor plan. No pasamos a través de este proceso por ninguna otra razón que para ser conscientes, ser capaces de arrepentirnos y pedirle a Dios que nos dé el poder para cambiar lo que necesite ser cambiado. Algunas veces, al enfrentar nuestra codependencia, podemos sentirnos abrumados. Debemos recordar que Dios tiene un mejor plan. No somos únicamente sobrevivientes, somos hijos de Dios. Él quiere lo mejor para sus hijos. Para anhelar lo que Dios tiene preparado para nosotros, debemos estar dispuestos a caminar en fe y colocar nuestra voluntad en la voluntad de Dios. Para decir "Adelante, Señor, haz Tu voluntad en mi".

¿Qué podemos observar en un alma que se rinde a Dios, no sólo en un alma salva? Las características son inconfundibles:

- Filtran su perspectiva a través de lo que Cristo ha hecho por ellos - nunca quieren darse el crédito por nada en su vida.
- Tienen una paz que sobrepasa el entendimiento.
- Parecen tener gozo en medio de las circunstancias desafiantes, alaban y agradecen a Dios a pesar de estas circunstancias.
- Hablan con Dios y acerca de Dios de una manera íntima y personal.
- Hablan a otros con amor, mostrando gracia y misericordia con la gente que lucha con ellos o los hiere.

Casi todos los que satisfacen esta descripción pueden contarle una historia. Pero finalmente fallaron los esfuerzos personales, la autosuficiencia y las decisiones en la vida. Ellos necesitaban a Alguien "mayor que ellos" que pudiera restablecer sus vidas. Y pudieron hacerlo a través de la Persona de Jesucristo.

Llegar a este punto en verdad requiere una intervención divina. Tenemos que romper y separarnos del "yo" y tomar conciencia de un Dios que nos ama y tiene un plan en nuestras vidas. Algunos de nosotros hemos alcanzado este lugar, simplemente para tomar de nuevo ese control. Otros en cambio nunca aprendieron realmente cómo dejar ir en primer lugar.

En la siguiente lección, vamos a buscar una variedad de factores asociados con la noción de rendirnos a Dios nosotros mismos, rendir nuestras vidas y a la gente que nos rodea. Al avanzar a través del material en este capítulo, recuerde lo que usted aprendió en la versión anterior. Dios le AMA. Incluso si usted tiene que enfrentar cosas en sí mismo que no le gustan, o tener que ver los comportamientos de otras personas que le hieren, el objetivo final de Dios hoy y siempre es restaurarle a la persona que Él tuvo la intención que usted fuera y enseñarle cómo amar a la manera de Dios.

Confiando en Dios

Dios es un dador y respeta la libre voluntad. Él no forzará a nadie. Él no hará que le demos nuestra voluntad a Él. Todos nosotros, por causa de nuestra naturaleza pecaminosa estamos programados para desear vivir independientemente de Dios. Únicamente es a través de esa relación personal y el Espíritu Santo morando en nosotros que nos hace darnos cuenta de nuestra necesidad de ser dependientes de Dios.

Puede haber una gran muralla de separación entre conocer nuestra necesidad de depender de Dios y en verdad transferir nuestra confianza en Él. No confiamos en Dios por varias razones. Una experiencia paternal descompuesta puede haber nublado nuestra perspectiva de Dios. Por definición, el término "padre" puede tener implicaciones negativas o dolorosas. Puede ser que no hayamos tomado el tiempo para nutrir una relación personal con Dios y simplemente no lo conocemos. Podemos haber aprendido acerca de Dios en el sentido religioso y aun así verlo como alguien que le importa más cómo estamos "rompiendo las reglas", que lo que concierne a nuestro corazón. Y con más frecuencia, podemos culpar a Dios por permitir ciertas circunstancias en nuestra vida. Después de todo, si Él controla todo, entonces ¿Cómo pudo permitir que nos lastimaran?

Ya que Dios opera bajo un sistema de libertad, Él no siempre interfiere con las consecuencias de las decisiones pecaminosas de los seres humanos. Un Dios que tiene el control en un sentido, pero por otro lado opera por libre albedrío puede ser difícil de comprender. Nosotros no podemos entender el mundo desde la perspectiva de Dios. Así que todo en aquello que podemos confiar es en la pureza, el amor y la bondad de Su carácter. Podemos confiar y contar que Su Palabra es verdad. De hecho, es tan verdadera que podemos llevarla al "banco espiritual" del cielo y hacer válida todas y cada una de sus promesas. Por ejemplo, podemos leer en Romanos 8:28, que dice "Y sabemos que Dios hace que todas las cosas cooperen para el bien de los que lo aman y son llamados según el propósito que él tiene para ellos" y darnos cuenta que ahora mismo, si colocamos nuestra confianza en Él, Dios está orquestando la redención. Él puede no haber "deseado" algunas de las cosas que suceden en nuestras vidas, pero puede permitir de alguna manera que seamos beneficiados.

La Palabra de Dios está llena, repleta definitivamente de pasajes acerca de confiar en Dios. De hecho, luego de la salvación en sí, nuestras capacidades de confiar en Dios determinan el resultado completo de nuestras vidas. Aquí hay algunas cosas importantes que Dios nos dice acerca de los beneficios de confiar en Él:

> Confía en el Señor con todo tu corazón, no dependas de tu propio entendimiento.
> Busca su voluntad en todo lo que hagas, y él te mostrará cuál camino tomar. (Proverbios 3: 5-6)
> Es mejor refugiarse en el Señor que confiar en la gente. (Salmo 118:8)

Te amo, Señor; tú eres mi fuerza. El Señor es mi roca, mi fortaleza y mi salvador; mi Dios es mi roca, en quien encuentro protección. Él es mi escudo, el poder que me salva y mi lugar seguro. Clamé al Señor, quien es digno de alabanza, y me salvó de mis enemigos. (Salmo 18: 1-3)

Pero cuando tenga miedo, en ti pondré mi confianza. Alabo a Dios por lo que ha prometido. En Dios confío, ¿por qué habría de tener miedo? ¿Qué pueden hacerme unos simples mortales? (Salmo 56: 3-4)

Estamos seguros de todo esto debido a la gran confianza que tenemos en Dios por medio de Cristo. No es que pensemos que estamos capacitados para hacer algo por nuestra propia cuenta. Nuestra aptitud proviene de Dios. (2 Corintios 3: 4-5)

El Señor es un refugio para los oprimidos, un lugar seguro en tiempos difíciles. Los que conocen tu nombre confían en ti, porque tú, oh Señor, no abandonas a los que te buscan. (Salmo 9:9-10)

Prueben y vean que el Señor es bueno; ¡qué alegría para los que se refugian en él! Teman al Señor, ustedes los de su pueblo santo, pues los que le temen tendrán todo lo que necesitan. (Salmo 34:8-9)

Confía en el Señor y haz el bien; entonces vivirás seguro en la tierra y prosperarás. Deléitate en el Señor, y él te concederá los deseos de tu corazón. Entrega al Señor todo lo que haces; confía en él, y él te ayudará. (Salmo 37:3-5)

Claramente estas porciones de la escritura brindan sólo un vistazo de la sorprendente victoria que encontramos cuando confiamos en Dios. Es obvio que confiar en Él nos da acceso al corazón de Sus planes de amor y Sus propósitos para nosotros. Con tantas promesas que Dios ha dado, ¿Qué nos puede detener? ¿Por qué no creemos en lo que Dios es capaz de hacer?

Confiar en un Dios que no vemos requiere fe (Hebreos 11:1). Para la mayoría de nosotros, la gente nos ha decepcionado o herido. Nuestras habilidades para confiar en la gente en nuestra experiencia terrenal han sido deshechas. ¿Cómo podremos confiar en un Dios que ni siquiera podemos ver? Aun así, podemos confiar en Dios porque Él es más potente, más poderoso y está por encima de cada cosa mala que haya sucedido en nuestras vidas. Él desprecia las cosas malas que se han cometido contra nosotros. Pero él nos ha prometido una redención. Él se aflige por el pecado y las ataduras en nuestros corazones - pero Él tiene un método de liberación para nosotros. Si usted está luchando por tener confianza, antes de que continúe, diga una oración como esta:

Una Oración para Confiar en Dios:
Padre,

      Me doy cuenta que me cuesta confiar en Ti. Por favor perdóname y cámbiame. Tu Palabra declara interminables descripciones de quien eres y la manera en que me amas. Estoy declarando estas verdades en Tu Palabra como el poder activador en mi vida. Deseo ser liberado de cualquier cosa a la que me esté aferrando distinta a Ti. Enséñame, o Dios a creer lo que Tu palabra dice y a transferir mi confianza en ti. Enséñame, Padre, a rendirme a Ti. Quiero vivir la vida que Tú diseñaste que viviera. No quiero desperdiciar otro minuto.

Por favor, Señor, toma Tú lugar en mi vida.

En el nombre de Jesús, Amén.

Puntos de Aplicación:
¿Veo a Dios como una persona real en mi vida: involucrado, activo, amoroso y preocupado? ¿O veo a Dios como alguien distante y enojado, desconectado y sin interés en mis problemas?

_____

_____

_____

_____

¿Cómo he confiado en Él antes? ¿Qué ha hecho Él por mí como resultado de eso?

_____

_____

_____

_____

¿Me siento decepcionado o enojado con Dios por las oraciones que Él aparentemente nunca contestó, o porque las situaciones que colocó en mi vida parecen injustas? Explíquelo.

_____

_____

_____

_____

¿Estoy dispuesto a dejar ir y a permitirle a Él hacer su voluntad, o aún estoy tratando de convencerlo para que me permita decirle cómo pienso que las cosas deben verse en mi vida? Explíquelo.

_____
_____
_____
_____
_____

¿A qué le tengo miedo si le entrego mi vida a Él? ¿Pienso que Él quitará cosas de mi vida? Explíquelo.

_____
_____
_____
_____

¿Cómo me ve Dios? ¿Cuál es su opinión de mí y mi situación?

_____
_____
_____
_____

Identificando Nuestras Dependencias y Tendencias Controladoras

Todas las formas nocivas de dependencia y de control son un efecto directo de no confiar en Dios. Cualquier otra cosa que tome control de nuestra dependencia - que no sea Dios - sólo puede llevarnos a la esclavitud. Esto significa que conforme observemos estos comportamientos en este capítulo, encontraremos descanso en la verdad de que pueden desaparecer a través de aprender cómo podemos crecer confiando en el Señor.

Para comenzar esta sección, es importante que entendamos donde, y en quién, ponemos actualmente nuestra confianza. Tómese un tiempo para meditar lo siguiente:

¿Qué, o quien impulsa e influencia mis pensamientos, sentimientos y comportamientos - o en otras palabras ¿Para quién vivo?

_____
_____
_____

¿Dónde satisfago mis necesidades de amor, aceptación, valor y mérito?

_____
_____
_____

¿A quién acudo y confío en mis tiempos difíciles?

_____

_____

_____

_____

¿Dónde encuentro mi seguridad y fortaleza cuando la necesito?

_____

_____

_____

_____

¿Dónde encuentro validación?

_____

_____

_____

_____

¿De quién dependo para cumplir mis necesidades financieras y materiales?

_____

_____

_____

_____

Auto-dependencia

Para la mayoría de nosotros que nos hemos identificado con los comportamientos codependientes, hemos necesitado sobrevivir en una variedad de formas simplemente para satisfacer nuestras necesidades. Podemos haber aprendido que finalmente necesitamos ocuparnos de nuestras propias situaciones en la vida porque otras personas no estaban disponibles. Sin saberlo, nuestro sistema de operación o la persona en la que ponemos nuestra confianza fue en nosotros mismos. Confiar en "uno mismo" es una manera normal de vivir, la mayoría de nosotros ni siquiera estamos conscientes de que algo está mal en eso. Nuestros propios esfuerzos, propias fuerzas, propios intentos y nuestra propia seguridad parecen maneras naturales de funcionar en la vida diaria. Algunas de las maneras en las que somos auto-suficientes en la codependencia incluyen:

- Una necesidad de defenderme a mí mismo y a mis hijos de gente irresponsable o abusiva en mi vida, sintiendo que depende de mí mantener la paz, el control y la salud en mi hogar (usualmente en el sistema de familia del dependiente de sustancias químicas).
- Una necesidad de evitar que las cosas se derrumben en mi vida porque no puedo depender de otros para ayudarme.
- Una creencia de que "a mi manera es correcto" y la gente debe observar y conformarse a ese estándar.
- Una necesidad de manejar los problemas por mí mismo porque no tengo un sistema de apoyo en el que pueda confiar.
- Una necesidad de trabajar duro y convertirme en una buena persona, enorgulleciéndome de mis esfuerzos para vivir una vida moral y sintiendo disgusto por las personas que no vivan por el mismo estándar.
- Una necesidad de encontrar un sentido de justicia, a menudo sintiendo que la vida y las injusticias de otros no son algo equitativo y necesitan ser "compensadas" correctamente.
- Una creencia de que con suficiente poder de voluntad y fortaleza puedo superar los momentos difíciles.

Si tendemos a ser extremadamente autosuficientes podemos tener dificultades en confiar en otras personas. Si percibimos que la gente en nuestras vidas no es digna de confianza, la autosuficiencia se convierte en un medio de supervivencia. La auto-suficiencia nos lleva a intentar controlar cada aspecto de nuestras vidas y a menudo las vidas de aquellos que nos rodean. Sin darnos cuenta, somos incapaces incluso de confiar en Dios cuando tenemos esta mentalidad. Confiamos más en nuestra propia justicia que en la gracia de Dios. De alguna manera creemos que "todo depende de nosotros" y que si no mantenemos las cosas bajo nuestro "dominio" estas se caerán en pedazos.

Debido a que sentimos la necesidad de manejar la vida, cargamos una cantidad tremenda de estrés y presión. Podemos sufrir problemas físicos debido a que somos negligentes con nuestro cuidado personal. Podemos tener otros problemas de adicción: alcohol, desórdenes alimenticios, etc. - Todos los comportamientos compulsivos que exhibimos en medio de una necesidad obsesiva de mantener el control. Sin entender que la posición de control en la que nos colocamos no es lo que Dios diseñó, un círculo vicioso de auto-expectativas y técnicas de supervivencia nos lleva a "cargar el peso del mundo en nuestros hombros".

Si esto aplica a usted, es importante que simplemente entienda que por cualquier razón, usted aprendió que la vida dependía de usted. A muchos de nosotros incluso se nos enseñó que el actuar de esta forma es responsable y apropiado. Algunas veces una percepción falsa de Dios puede dejarnos vulnerables a la auto-supervivencia, como lo platicamos en la sección anterior. Sin importar cómo llegamos a este punto, es momento de pensar y pedirle a Dios que nos revele por qué y dónde aprendió usted esas habilidades de auto-supervivencia.

En algún punto, si permitimos que nuestro "yo" muera de modo que Cristo pueda "reinar", encontraremos el mayor alivio de esta carga que podamos imaginar, la suficiencia de Cristo.

Puntos de meditación: ¿Soy una persona autosuficiente? ¿Cómo aprendí esto? ¿Había creído siempre que yo tenía una característica noble y firme? ¿Cómo veo esto ahora?

_____

_____

_____

_____

Dependencia en las Personas

Mientras que los codependientes son auto-suficientes en muchas maneras, principalmente se identifican poseyendo personalidades dependientes. Las personas dependientes se conectan demasiado con las personas significativas en sus vidas, creyendo que su propia seguridad descansa en esas personas (o situaciones, trabajos, etc.). Hacen lo que sea necesario para encontrar estabilidad en esas relaciones, creyendo que eso les brindará amor, seguridad y la necesidad emocional que ellos anhelan. Mientras que las personas dependientes son impulsadas por esas necesidades, ellos desean que la dependencia sea mutua en la relación. En otras palabras, no sólo buscan la dependencia en una persona. Se sienten seguros en relaciones en las que la misma persona a cambio también es dependiente de ellos.

¿Cuáles son las implicaciones de la dependencia? Cuando exista la dependencia en algo o en alguien, la persona o cosa que proporciona la necesidad de dependencia obtiene poder sobre aquella persona. Por ejemplo, las adicciones a sustancias químicas tienen poder sobre las personas. En nuestra relación con el Señor, la dependencia en Él lo coloca en la posición de poder. Esto es bueno - A Él debe ser dada la posición de poder y autoridad. Pero cuando dependemos demasiado en otras personas, los colocamos en una posición de poder sobre nosotros. En algunas formas, podemos sin saberlo hacerlos nuestro "dios". Para contrarrestar esto, encontramos áreas en las que podemos ganar control en esa misma relación. Si podemos ser dependientes en ciertas áreas, ganamos nuestro propio poder (control) en la relación.

Esta lucha de poder sucede tras bambalinas y típicamente no tenemos idea de lo que está sucediendo. Sólo vemos los resultados externos. Estas relaciones son impulsadas por necesidades y son basadas en el control. Como codependientes, nos involucramos en relaciones donde estamos buscando satisfacer nuestras necesidades (llevándonos a la dependencia), mientras que también sentimos la necesidad de "rescatar" a la misma persona que buscamos dependa de nosotros (ganar su dependencia).

Lo triste de este círculo vicioso es que se ubica en completa oposición a la relación basada en amor y libertad (Capítulo 4). Veamos algunos ejemplos:

- Un esposo necesita la validación y la aprobación de su esposa, y hace todo lo posible por controlarla y hacerla sentir que ella depende de él. En el fondo, él es dependiente de la seguridad emocional de que ella le diga cuánto lo necesita. A menudo ella rechaza la dependencia y él trata de crearla, lo cual le hace sentir frustrado. Él sin saberlo está basándose en la dependencia y no en el amor.

- Un hombre de treinta años aún vive con sus padres y funciona bajo las dinámicas padre/hijo porque no se siente capaz y equipado para vivir la vida de otra manera. Él es dependiente financiera y materialmente de ellos y no tiene interés de tomar la responsabilidad de hacer ninguna otra cosa. Sus padres sin saberlo le animan a esto porque su dependencia en ellos los hace sentir seguros y que son "necesarios". La relación está basada en dependencia, no basada en amor (donde se fomente la responsabilidad personal y la obligación de rendir cuentas.

- Una esposa tiene sentimientos de inseguridad en su vida, los cuales son alimentados cuando juega el rol de indefensa y necesitada. Ella instrumenta maneras para que su esposo se vea forzado a asistirla. Al mismo tiempo, ella hace las veces de su "madre", lo administra, e intenta compensar áreas de su debilidad personal debido a su alcoholismo. Ella sabe que él la necesita para poder funcionar. La relación está basada en necesidades y debilidades personales para crear una dependencia mutua percibida. Esto se encuentra en oposición con un matrimonio saludable donde dos personas seguras se dan el uno al otro por amor.

La dependencia vs. La Autoridad

Es importante hacer notar que algunas formas de dependencia son apropiadas. Por ejemplo, se supone que los hijos deben depender de los padres hasta su edad adulta. No se trata de "sentirse más importante que otros", es una posición de autoridad y responsabilidad. De igual manera, una esposa se coloca bajo la autoridad de su esposo cuando se casa con él. Él deberá tomar la responsabilidad por las necesidades de ella y por tanto hacerla dependiente. ¿Así qué dónde trazamos la línea divisoria? ¿Cómo podemos distinguir, especialmente en un matrimonio, cuándo tiene lugar la dependencia saludable y de autoridad o cuando la dependencia es de hecho un "sentimiento de superioridad"?

Siempre que surjan preguntas en cuanto a nuestras relaciones, debemos llevarlas a la Palabra de Dios. El lugar donde empezamos a buscar es observando cómo Dios se relaciona con nosotros, Sus hijos. Sabemos que Él está en una posición de autoridad, pero aún continúa respetando nuestro libre albedrío. Aprendimos en el capítulo 4 que Él quiere una relación con nosotros basada en amor mutuo y sumisión, no a la fuerza, ni con coerción y control. Mientras miramos nuestra propia situación, tenemos que evaluar los frutos. Vamos a estudiar la manifestación de esto en mayor detalle en las secciones siguientes.

Control en las Relaciones

Debería quedar claro en este punto que la dependencia poco saludable y el control van de la mano. La mayoría de los codependientes, por definición, tienen una ultra-necesidad de controlar a la gente y a las circunstancias. La mayoría de las veces nuestras tendencias controladoras son realizadas de manera inconsciente. Incluso si estamos intentando controlar a la gente y a las circunstancias de manera obvia y resuelta, podemos en realidad creer que es nuestra obligación hacerlo. Podemos incluso ser los receptores del control de otros sobre nosotros, y usar nuestro propio control de maneras mucho más sutiles para hacer frente a ello y sobrevivir.

En realidad, todas las formas de control separadas del Espíritu Santo son herramientas del enemigo. El control se opone completamente a la característica divina del libre albedrío (el derecho a elegir). Siempre que usamos el control para hacer que la gente responda o se comporte de cierta manera, es la evidencia de que la relación carece del entendimiento del verdadero amor. En realidad, nuestra necesidad de control busca satisfacer nuestro "yo", y la gente se convierte en un medio para esa satisfacción, independientemente de lo que sea. Ya sea que nuestros esfuerzos por controlar sean sutiles para defender, auto-proteger, satisfacer indirectamente nuestras necesidades, obtener amor, encontrar la felicidad, mantener la paz, etc., estos esfuerzos son un resultado de no confiar en Dios por encima de todo lo demás.

Es muy importante que no diluyamos la tragedia del control. Esto lleva a horribles ciclos de dolor en las relaciones. Siempre que exista el control, la relación no puede crecer o prosperar. De hecho, está destinada a alguna forma de muerte, ya sea emocional o espiritual.

Entendiendo los Patrones de Control

La mayoría de la gente cae en tres tipos básicos de patrones de control: agresivo (dominio), pasivo (sumiso), ó pasivo-agresivo (una combinación de ambos). Vamos a echar un vistazo a los patrones dominante y pasivo de control. Mientras observamos ambos lados del control, tenga en mente que muchos de nosotros somos tanto pasivos como agresivos. Esto simplemente significa nos mantenemos más pasivos y usamos formas más sutiles e indirectas de control, pero podemos llegar a un punto en el que hemos "tenido suficiente" y explotamos y mostramos tendencias más agresivas.

Controlador Dominante/Agresivo

El agresor controla por la fuerza. Ellos en realidad ven a una persona como alguien que pueden tener o poseer. Esta forma de control gira alrededor de un sentido pervertido de derecho a dominar la voluntad de otra persona, sus derechos personales y sus comportamientos.

El agresor quiere poder y quiere hacer que la gente "tema" a ese poder. Están implementando continuamente estrategias para elevar un sentido personal de superioridad y dominación sobre los demás. Estos tipos de agresores son usualmente muy reconocibles. Pueden incluso recurrir a la agresión física como un medio para buscar la subordinación de los demás. Pueden ser muy estratégicos y manipuladores cuando necesitan algo específico. "Ellos quieren lo que quieren" y acudirán a otras personas para obtenerlo.

Pero no siempre es así de directo. Algunos agresores usan "juegos mentales" emocionales e intelectuales para atrapar a la gente y tenerla en "sumisión". Por ejemplo, un agresor puede torcer la realidad de una situación y colocar "culpa y vergüenza" en una persona para menospreciarla. También pueden usar como herramientas de control la corrección, la crítica, la inculpación de fallas, la condenación, la confrontación, los tratamientos de silencio y la degradación como herramientas de control.

A menudo, los agresores buscan desarrollar dependencias hacia ellos para ganar control. Las Naciones Dictatoriales que llegan al poder a menudo se valieron inicialmente de la vulnerabilidad de la gente para obtener su dependencia en ellas. Mientras que a primera vista sus esfuerzos parecen buenos, los dictadores "atraen con engaño" a la gente hacia un estado de dependencia, lo cual finalmente se traduce en poder. No es muy diferente en las relaciones. Un agresor puede conocer las debilidades de las personas y jugar con ellas. Ellos pueden incluso ofrecer maneras de satisfacer esas necesidades inicialmente. Eventualmente, ellos estarán en la posición de decir "nunca podrías vivir sin mí". Una vez que el estado de dependencia es establecido, ellos tienen el poder (control) sobre aquella persona.

Mientras que los agresores parecen fuertes, en realidad son débiles y temen el abandono y el rechazo. Siendo esta personalidad tan poco saludable, sólo se beneficiará de la intervención de Dios, no de la intervención humana. No podemos simpatizar o buscar un "arreglo" a este tipo de personalidad o podría derribarnos.

No hay niveles de cuán oscuro y manipulador un agresor puede volverse. Todos estos comportamientos abren puertas a las influencias satánicas. Cualquiera que haya estado bajo la influencia de un agresor puede tener cicatrices de batalla. Ellos pueden haber sufrido abuso físico, mental, emocional y espiritual.

Sumiso / Pasivo

Los codependientes pueden participar en tendencias controladoras agresivas con el tiempo. Si están sujetos al control, pueden eventualmente optar por una forma más intensiva. Sin embargo, es más común que los codependientes tiendan a estar en el extremo receptor del control dominante / agresivo. También tienden a contrarrestar el control como un medio de supervivencia. Esto se desarrolla en una forma de control que es muy diferente. Es sutil y a menudo llena de actos agradables. Pero busca, no obstante, manipular y cambiar los resultados en la gente y en las circunstancias.

Para entender mejor la diferencia entre el control dominante y el sumiso, veamos la historia de Jane, una mujer que intenta recuperarse de sus comportamientos codependientes. Jane creció en un ambiente alcohólico. Todo giraba alrededor de las tendencias alcohólicas y abusivas de su padre. Su trato iracundo y agresivo en el hogar la llevaron a intentos frenéticos para apaciguarlo. El objetivo de la familia era asegurarse de que "papá" no se enojara. Y más aun, el deseo de Jane era ganarse el favor y el afecto de su padre, aun cuando esto nunca sucedió.

El ciclo de Control

Influencia controladora: El padre de Jane controlaba agresivamente toda la atmósfera. El hogar estaba enfocado en sus "necesidades" y el hogar era dominado por comportamientos abusivos.

Contrarrestando el control: Jane sin saberlo buscó cómo controlar la manera en que su padre se sentía y actuaba. Por ejemplo, un episodio de ira debía ser evitado a toda costa, así que Jane hacía cualquier cosa dentro de sus propios esfuerzos para complacer, traer paz, o adaptarse a su padre.

Jane, sin darse cuenta, creció controlada por las emociones poco saludables de su padre y su alcoholismo, y también sin saberlo desarrolló una mentalidad de contrarrestar el control. Ella cargó este mismo sistema a sus relaciones en su vida adulta, ya que "leía" las necesidades y problemas emocionales de aquellas personas que la rodeaban de modo que pudiera responder apropiadamente. Su respuesta era un intento de protegerse a ella misma, o de lograr indirectamente que sus necesidades fueran satisfechas. Ya que esto era una experiencia "normal" de su niñez, ella no conocía ninguna otra forma y por lo tanto repitió el comportamiento en su matrimonio. Su vida operaba enteramente ya sea por sentirse controlada por alguien o por contrarrestar el control para obtener lo que necesitaba para sobrevivir.

En este ejemplo, la acción de contrarrestar el control de Jane es típica de alguien tratando de funcionar en un modo de supervivencia dentro de una situación opresiva. Si observamos estos comportamientos de lado a lado, parecería justo decir que Jane es la víctima. Esto puede ser correcto, excepto que las tendencias para contrarrestar el control se convertirían en un sistema de operación muy enfermizo en su vida. Con este sistema implementado, Jane no puede participar en un amor saludable de ninguna forma. Ciertamente, sus comportamientos no son del todo malos, pero el impulso de raíz detrás de ellos es en realidad el mismo problema que el de su padre: el yo está tratando de que sean satisfechas sus propias necesidades.

Los contra-controladores normalmente tienen una personalidad más pasiva. El control puede ser una forma de protección, supervivencia, y un medio para que sean satisfechas las necesidades físicas, emocionales o espirituales.

Por ejemplo, pueden:

- Intentar prevenir los sentimientos de alguien más, o proteger a alguien de tener malos sentimientos (la creencia equivocada: Tengo el poder de cambiar o afectar los sentimientos de alguien más).
- Intentar controlar la manera en que una persona percibe, sus gustos o sus respuestas a los mismos (la creencia equivocada: Tengo la capacidad de controlar cómo la persona me ve a mí).
- Seguir reglas y preceptos morales estrictamente para obtener un sentido de bondad, sintiéndose, por tanto, superior a la gente que es percibida como "mala" (la creencia equivocada: Puedo ganarme mi propia justicia).
- Usar comentarios sutiles que incluyan declaraciones "inculpadoras" ("debiste hacer esto, pero no lo hiciste") o declaraciones que hagan sentir vergüenza ("¿qué pasa contigo?") (la creencia equivocada: apuntar sus errores indirectamente hará que esa persona cambie).
- Decir mentiras para mantener una reputación o para ser percibido más positivamente (la creencia equivocada: está bien decir mentiras si la gente piensa mejor de mi).
- Utilizar la adulación o los regalos para "comprar" el afecto o aprobación de alguien (la creencia equivocada: Puedo influenciar cómo le gusto a la gente).
- Tratar de ganarse el amor haciendo algo que pienso que podría ocasionar que me ames: tu amor puede ser ganado a través de mis esfuerzos).

El control pasivo es extremadamente difícil de reconocer cuando ha sido grabado en el carácter desde una temprana edad. Estos patrones controladores a menudo parecen normales, por tanto puede ser casi imposible detectarlos. Todo el control pasivo está cubierto de manipulación, la cual puede ser muy "artística" y estar disfrazada. El uso de la culpa y la vergüenza específicamente tiende a ser enseñada a través de la familia de origen. Se convierte en una habilidad relacional aprendida para influenciar y hacer que la gente actúe de la manera en que queremos que lo haga.

Un codependiente que adaptó una mentalidad pasiva pero controladora es propenso a pasarla de maneras poco saludables, lo que ocasionará un daño en las relaciones. Veamos otro ejemplo acerca de un hombre que buscaba ayuda para su adicción a las drogas, el alcohol, el sexo y las apuestas.

Henry

Henry creció en un hogar cristiano. Fueron trazadas por su madre reglas, listas y expectativas para asegurarse de que su comportamiento fuera apropiado. Henry aprendió a medirse a sí mismo por la aprobación de su madre. Si no cumplía con las expectativas, ella haría comentarios como "tú lo sabes mejor" o "¿Qué pasa contigo, Henry?" Ya que vivía una vida tratando de medirse a los estándares de su madre, él no sabía cómo tomar sus propias decisiones en base a sus propias ideas, conciencia, percepciones o necesidades.

Aunque no se daba cuenta, el mundo de Henry estaba totalmente controlado por su mamá. Se convirtió en un sub-producto de lo que ella quería que fuera. Se sintió obligado a apaciguarla y evitar la vergüenza que sentía cuando él la decepcionaba. También usó su "favor" para obtener regalos especiales que sus otros hermanos no disfrutaban.

Mientras crecía, encontró cada vez menos satisfacción en ganar la aprobación de su madre. Comenzó a encontrar secretamente maneras de librarse de ella y participar en comportamientos y actividades a las que ella se opondría. Comenzó a tomar e ir a fiestas, mientras que al mismo tiempo jugaba el rol del "niño de mamá".

El Ciclo de Control

Influencia controladora: La madre de Henry lo encasilló dentro de las expectativas construidas alrededor de las propias necesidades de ella y los resultados deseados del comportamiento de Henry. Ella usó la culpabilidad y la vergüenza en un intento de controlar sus comportamientos. En el fondo, sufría de un sentido interno de sentirse inadecuada y de no tener el control. Ella temió perderlo.

Contrarrestando el control: Henry se sintió impotente y encajonado por el control de su madre. Eventualmente trató de escaparse de su control llevando un estilo de vida doble. Su habilidad de "engañar" a su madre le dio un sentido de control sobre su propia habilidad de tomar decisiones o de sentirse bien. Aprendió cómo "usar" su relación con su madre para "obtener" lo que él necesitaba o quería materialmente.

Henry creció y se convirtió en un alcohólico hecho y derecho que atrajo a una esposa codependiente quien trataba de manejar su vida de manera muy similar a como lo hacía la mamá de Henry. Mientras que este patrón de relación era enteramente malsano, fue una realidad del pasado que él llevó a sus relaciones futuras. Él aprendió a alimentar la necesidad emocional de su esposa para ser validado por él y así obtener su favor, mientras que buscaba egoístamente lo que le placía fuera de su relación: sexo, apuestas, fiestas. Eventualmente, Henry estuvo completamente ausente y el sistema familiar llegó gravemente a descomponerse.

Aquí vemos cómo la dependencia poco saludable de Henry en su madre, impulsada por los comportamientos, fuertemente controladores de ella lo llevaron a desarrollar otros comportamientos para contrarrestar el control. El "fruto" de los intentos de la mamá de Henry para controlar el resultado del comportamiento de Henry produjeron una tierra fértil para la adicción y la rebelión. Por supuesto, ella no es directamente responsable, pero ese ambiente parece ser muy propicio para engendrar estas características. Es irónico hacer notar que más comúnmente, nuestros intentos controladores en realidad producen lo OPUESTO de lo que queremos.

Puntos de Aplicación:

Trate de identificar patrones controladores en su propia vida.

¿Se ha sentido oprimido o se ha sentido controlado por alguien? ¿Fue a través de métodos dominantes o más sutiles? Explíquelo.

_____

_____

_____

_____

¿Reconoce usted alguna manera en la cual usted pudo haber intentado usar el control en sus relaciones? ¿Fueron estos dominantes o sutiles? Explíquelo.

_____

_____

_____

El Camino a Rendirse

Todos los problemas en las relaciones humanas pueden ser rastreados en alguna forma de control. Debe ser obvio, en base a lo que hemos aprendido hasta ahora, que los intentos de los seres humanos de controlar a otras personas no funcionan. Como lo aprendimos en la última lección, la intención original para el fundamento de una relación saludable es el amor. Y la estructura misma del amor es la que produce un espíritu de libertad, no de control. Cuando intentamos controlar a la gente, estamos de hecho en competencia directa con el Espíritu Santo. La Biblia nos dice que nadie conoce al hombre sino el espíritu que mora en él (1 Cor. 2:11). Como humanos, siempre que tomemos la posición de intentar controlar los pensamientos, emociones o comportamientos de otras personas, estamos esencialmente tratando de ponernos en el lugar de Dios.

Muchas veces no nos percatamos de cómo intentamos controlar a otros y cómo hemos permitido que otros nos controlen en nuestras relaciones. Si estamos oprimidos y somos dependientes de aquellos que nos controlan, esto puede ser extremadamente desafiante y paralizante. Lo que debemos decidir es creer que el poder de Dios PUEDE verdaderamente vencer esas circunstancias. Nosotros no podemos cambiar a la gente, pero Dios sí puede. Él también puede liberarnos de la opresión o simplemente cambiar nuestros corazones de modo que tengamos las herramientas y los recursos para tratar apropiadamente con esas circunstancias. Normalmente, cuando aprendemos a cómo cesar el control en nuestras propias relaciones, comenzamos a ver que los problemas no son sólo otras personas, sino que de hecho nosotros tenemos nuestra propia disfunción. Dios nos revelará nuestras creencias equivocadas y los sistemas negativos que hemos usado para hacer que nuestras relaciones funcionen.

Cuando realmente dejamos ir, nos "damos cuenta" de que estaremos con las manos vacías, al menos por un tiempo. A largo plazo, la sana idea de "dejar ir" es para poder sujetarnos a algo mejor. Es lograr entender que el lugar donde nos estamos sujetando, en realidad, no pertenece a nosotros y que necesitamos estar dispuestos a soltarlo de nuestra mano. Los padres algunas veces necesitan aprender esto con los hijos que están madurando y entran a la edad adulta. En algún punto, ese niño aun puede ser amado, pero no retenido. Para el codependiente, retener significa "puedo arreglarlo, cambiarlo, manejarlo, o hacerlo correctamente". "Dejar ir" es admitir que nuestro propio poder no funciona, dejándonos con un sentido de "impotencia".

Darse cuenta que es imposible controlar a otras personas y a nuestras circunstancias puede ser muy doloroso y atemorizante. De hecho, si hemos vivido bajo la realidad en sí misma, nos sentiremos indefensos y sin esperanza. Sin embargo, un codependiente que experimenta la "impotencia" ha tomado el paso más difícil hacia su sanidad. Es en este lugar de llegada, que se conoce de otra manera como "quebranto", donde Dios puede intervenir divinamente en nuestra vida.

Un verdadero quebranto es una designación divina que sólo Dios puede orquestar. A través de varias situaciones, Dios nos está pidiendo que nos demos cuenta de nuestra impotencia para así percatarnos de nuestra necesidad de Él. Cuando esto ocurre, nos da la capacidad de transferir el control. Sólo cuando estemos listos para rendirnos, debemos hacer dos transacciones básicas:

1. **Hacer morir el "yo".** ¿Qué es lo que esto significa? Escogemos dejar el control. Escogemos despojarnos de nuestros propios mecanismos de defensa y estrategias de "batalla", reconociendo que estamos perdiendo la guerra. Hacer morir al "yo" no significa dar muerte a nuestro destino, a nuestra identidad, a nuestra personalidad y a nuestros talentos dados por Dios. Es hacer morir nuestra propia voluntad (nuestra carne) que está programada para satisfacer las necesidades de manera independiente a Dios.

2. **Permitir a Dios tomar el control de nuestras vidas.** Esto significa que ya no tenemos "la última palabra" en base a nuestras propias necesidades, percepciones, estrategias de supervivencia, etc. En vez de esto, permitimos que Dios "se haga cargo" de nosotros. Permitimos que Él nos lleve y nos guíe hacia Sus planes y propósitos finales para nuestras vidas.

Mientras que esto suena de cierta manera sencillo, puede ser una encarnizada lucha interna. Por naturaleza, tendemos a estar en un modo de auto-supervivencia y auto-defensa. El codependiente especialmente ha tenido que aprender estrategias de auto-supervivencia tan sólo para poder funcionar en la vida. El que nos pidan que nos deshagamos de esas estrategias, admitir la derrota y realmente "rendirnos" puede dejarnos con un completo sentido de vulnerabilidad. ¿Entonces qué nos motiva a hacer tal cosa?

Juan 12: 24-26 Nos brinda un resumen del propósito y objetivo de quien verdaderamente se rinde: (corchetes usados para dar énfasis)

Les digo la verdad, el grano de trigo, a menos que sea sembrado en la tierra y muera [nuestra propia voluntad], queda solo. Sin embargo, su muerte producirá muchos granos nuevos [una vida rendida], una abundante cosecha de nuevas vidas. Los que aman su vida en este mundo la perderán [aquellos que escojan vivir independientemente de Dios]. Los que no le dan importancia a su vida en este mundo la conservarán por toda la eternidad [Los que den el control a Dios]. Todo el que quiera ser mi discípulo debe seguirme, porque mis siervos tienen que estar donde yo estoy. El Padre honrará a todo el que me sirva.

A través de esta escritura, aprendemos que finalmente el destino completo de nuestras vidas descansa en la disposición de "hacer morir" el "yo" de modo que Cristo pueda vivir a través de nosotros. Pero debemos entender lo que esto conlleva. Vivir para Dios nos trae bendiciones sorprendentes - el acceso a todos los recursos de Dios y un suministro interminable de Su amor, misericordia, gracia y poder. Como lo muestra gráficamente el diagrama de la página 123, dar a Dios el control simplemente nos pone a nosotros Y a las personas en nuestras vidas bajo la provisión soberana de Dios y bajo Su protección (consulte el diagrama "Dejando el control: Dando a Dios el control en la página 123").

No todas las personas llegan a "quebrantarse". De hecho, es triste decir que probablemente la mayoría de la gente nunca lleguen a ser "quebrantadas" por Dios de esta forma. Por naturaleza, los codependientes suelen tener una voluntad extremadamente fuerte para soportar circunstancias difíciles, a través de un sistema aprendido de supervivencia. Nuestra "dureza" y capacidad para perseverar en apariencia, ciertamente parecen ser cualidades nobles. Aun así, esa mentalidad nos mantendrá peleando batallas en nuestras propias fuerzas, batallas que Dios nunca quiso que peleáramos. Como soldados en una guerra, estamos en un campo de batalla sin ayuda y sin armas, peleando para sobreponernos a cosas que no tenemos ni el poder ni las habilidades de superar.

El codependiente en realidad necesita pasar por el proceso de entender que Dios quiere nuestra "debilidad", no nuestras fuerzas. Ya que por naturaleza somos "luchadores", esto puede tomar algún tiempo. En 2 Corintios 12:9-10 leemos acerca de la relación entre nuestra debilidad y la fortaleza de Dios.

Cada vez él me dijo: «Mi gracia es todo lo que necesitas; mi poder actúa mejor en la debilidad». Así que ahora me alegra jactarme de mis debilidades, para que el poder de Cristo pueda actuar a través de mí. Es por esto que me deleito en mis debilidades, y en los insultos, en privaciones, persecuciones y dificultades que sufro por Cristo. Pues, cuando soy débil, entonces soy fuerte. (2 Cor. 12:9-10).

Uno de los secretos que aprendemos al caminar con Jesús es que cuando le dimos el control, en nuestra debilidad fuimos fuertes. ¿Por qué? ¡Porque Él tiene el control y ÉL es fuerte! De la misma manera, si estamos tratando de ser fuertes y tener el control, somos muy débiles. Cada recurso que necesitamos para vivir la vida está fundado en nuestra relación con Dios. Cuando dejamos de controlar y le damos el control a Él, caemos bajo Su provisión y Su protección.

Si usted aún piensa que la vida depende de sus propias fuerzas, no está aún listo para ceder el control a Dios. Sin embargo, cuando usted se siente derrotado y cansado, entregar su vida y voluntad a Dios puede ser la experiencia más increíble de su vida. Si usted está enfrentando pruebas y tribulaciones ahora mismo, Dios puede estar llamándole "ven a mí". Cuando usted grite "NO PUEDO, DIOS, ¡AYÚDAME!" es en ese punto, el mismo punto de nuestra necesidad, que Dios comienza a trabajar. Pedirle ayuda es sólo el principio. No sólo quiere traer bendiciones a nuestras vidas y relaciones, Él quiere retirar fortalezas y nuestras mentalidades controladoras y reemplazarlas con amor. Aun puede ser que estemos en situaciones difíciles y opresivas, pero tenemos una nueva perspectiva (en el capítulo 11 aprenderemos la importancia de los límites al enfrentar el control).

¿Está usted creyendo en Dios? ¿Confía en Él? ¿Es el control de Dios mejor que el suyo propio?

Reclame esta promesa: "Y ahora, que toda la gloria sea para Dios, quien puede lograr mucho más de lo que pudiéramos pedir o incluso imaginar mediante su gran poder, que actúa en nosotros." (Efesios 3:20)

Una Oración para Dejar Ir

Amado Padre Celestial,

Te necesito en mi vida ahora mismo. Me doy cuenta que no puedo manejar mi vida sin Ti. Veo mi auto-dependencia y mi dependencia en otras personas. He intentado cambiar a la gente y arreglar sus problemas. He cargado con el peso del mundo en mis hombros. "Yo" he tratado de gobernar mi mundo. Me doy cuenta ahora que no es mi trabajo, y que la jornada desde aquí en adelante está determinada por mi disposición de permitirte quebrantarme. Te pido, Señor, que me reveles o quites todo lo que pudiera impedirme venir a Ti. Quiero volverme como un niño, deseando ser guiado por Ti. Sé mi Padre, aliméntame, guíame y mantenme bajo Tu cuidado. Entra en mi corazón, en mi punto de necesidad ahora. Sé, no sólo mi Salvador, sino también mi Señor. Sáname donde esté herido y ámame donde esté quebrantado. Si no veo o entiendo mis necesidades ahora, por favor revélamelas. Gracias de antemano por Tu bondad y Tu gracia. Yo dejo de sujetar fuertemente las riendas de mi vida y en vez de eso pongo mis manos en las Tuyas.

En el nombre de Jesús. Amén.

Puntos de Aplicación:

¿Qué puede hacer hoy para concentrarse más en el ejercicio de dejar ir y permitir que Dios controle su vida?

_____

_____

_____

Este acto de transferir su voluntad a Dios ¿Le confundirá, frustrará o hará enojar? ¿Está emocionado, listo y dispuesto?

_____

_____

_____

La gente me controla - Yo controlo a la gente

Yo

Estoy en la negación de mis necesidades

Permito que la gente controle e influencie mis sentimientos y mi comportamientos

No pienso que merezca algo mejor

Otros

Trato de arreglar y cambiar a otros

Me enfoco en los problemas de las otras personas

Trato de complacer a la gente

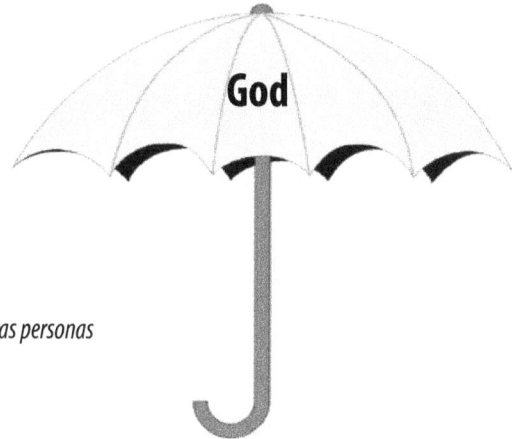

God

Cuando la gente retiene el poder y Dios es desplazado, mi propio poder se apoya en mis esfuerzos, dejándome exhausto, frustrado y enojado. No estoy bajo la protección de Dios porque no estoy confiando en Él. Me pongo en el lugar de Dios porque pienso que tengo las herramientas para cambiar a los demás.

Dios tiene el control

Dios

Yo

Otros

Yo dejo el control

Me enfoco en mi propia necesidad de cambiar

Recibo el amor de Dios y descanso en Él

Ya no me esfuerzo por agradar y arreglar a otros

Yo rindo las personas que me rodean a Dios

Yo oro por los demás

Cuando Dios tiene el control, Su poder es liberado. Mi capacidad de admitir mis debilidades me colocaron bajo la protección y providencia sobrenaturales de Dios. Entrego a Él a las personas que me rodean y le doy a Dios la capacidad de trabajar en Su nombre. Experimento Su presencia, paz, gozo y esperanza.

6

Liberándose Del Estado De Negación

Nuestra codependencia es un filtro por el cual hemos visto al mundo, a nosotros mismos, a otros y a Dios, de una manera tóxica y dañina. Este filtro nos ha dicho cosas que no son ciertas. Este filtro ha hecho que nosotros veamos cosas que no existen, mientras que nos ha cegado de las cosas que realmente sí existen. No es de sorprenderse, que la cosa más difícil, en cuanto a la recuperación de la codependencia, es ver las cosas como son realmente. Esto significa quitar el filtro, retirar las máscaras, y llegar al núcleo de lo que nuestra experiencia hasta este punto ha sido en realidad. Mientras que suena atemorizante, puede ser resumido en una palabra - verdad. La palabra de Dios dice "y conocerán la verdad, y la verdad los hará libres." (Juan 8:32). La verdad es lo que evitamos, pero también la verdad es la libertad que necesitamos desesperadamente. A menudo, hemos creado una realidad de cómo desearíamos que fueran las cosas, o hemos cubierto las cosas a través de nuestras habilidades de compensación. Esta distorsión de la realidad fue una red de seguridad que nos permitió "escondernos" detrás de una fachada que proyectaba "todo está bien". Creó una falsa ilusión e impresión que parecía satisfacer a los demás, pero nos dejaba apenas "en un hilo".

La negación es la venda. La negación es el asesino que evita que vivamos las vidas que Dios quiso para nosotros. Como humanos, nuestra reacción natural a las consecuencias dañinas del pecado, las heridas y el dolor es la negación. Satanás conoce que siempre y cuando nosotros no creamos que existe un problema, nunca seremos capaces de encontrar una solución. Él usará cualquier fuerza posible para mantenernos en negación.

Si somos capaces de ser honestos, admitiríamos que hemos sido heridos, nos hemos sentido utilizados y hemos llevado muchas cargas. En el fondo anhelamos que alguien entienda y conozca dónde hemos estado. Pero, ya que nuestros mecanismos de defensa han continuado siendo construidos a través de nuestra vida, raramente o quizá nunca, hemos sido capaces de hacerlo. En esta siguiente lección se nos pide que nos analicemos a nosotros mismos de forma honesta, incluyendo nuestras experiencias, relaciones y nuestros propios problemas con el pecado. El propósito es pelear contra el enemigo real de nuestras almas - las mentiras que creemos y que nos acarrea a una forma de muerte mientras estamos en la tierra.

Para comenzar, vamos a tratar de entender más de cerca las maneras en que participamos en la negación de ambas acciones (comportamientos) y necesidades. La negación puede significar muchas cosas diferentes para diferentes personas, pero para el codependiente a menudo incluye:

- **Negación de la manera en que los demás nos han herido** - simplemente puede ser que no queramos enfrentar ese dolor y por tanto lo "escondemos" en nuestra mente inconsciente.
- **Negación de quién somos realmente** - nos sentimos indignos y temerosos de enfrentarnos a nosotros mismos. Pero usualmente esto es un resultado de mensajes de vergüenza que fueron plantados en nuestras vidas.
- **Negación de los comportamientos de los demás** - no estamos en contacto con la realidad de los comportamientos de otras personas. Por ejemplo, podemos ver el comportamiento de un adicto como "malo", pero nos hemos acostumbrado a aceptarlo y ajustarnos alrededor de ello. Después de algún tiempo, ni siquiera nos damos cuenta lo disfuncional que esto puede ser. Algunas personas en negación, abiertamente niegan las acciones incorrectas de otras personas e incluso "protegen" a esa persona.
- **Negación de nuestros propios comportamientos** - puede ser que no seamos capaces de valorar con exactitud cómo nuestros comportamientos pueden dañar a otros si estamos más enfocados en cómo los demás nos han herido. O podemos "condenarnos" demasiado cuando no hemos en realidad hecho nada malo en una relación.
- **Negación de nuestros sentimientos** - una persona que se separa y se enfría emocionalmente. Podemos tener sentimientos hacia una variedad de cosas, pero no podemos conectar esas emociones a lo que está teniendo lugar dentro.
- **Negación del desbalance de nuestras relaciones** - trabajamos tan duro para compensar que no nos damos cuenta dónde damos excesivamente y raramente recibimos. Podemos tener otras relaciones donde este patrón es invertido.

Hay diferentes niveles de negación, dependiendo de la naturaleza de experiencias traumáticas y difíciles con las cuales nos hemos encontrado a través de nuestra vida. Las formas más extremas de negación incluyen:

Negación por sustitución - Este tipo de negación nos permite retener la verdadera realidad de las situaciones y en su lugar tratar de sustituir la situación con otra realidad. Podemos haber creado una versión de "fantasía" de nuestra vida pasada. O, podemos enfocarnos en cambiar nuestras circunstancias actuales de modo que nunca tengamos que verlas como son realmente. Por ejemplo, Al aún está preocupado en complacer a sus padres, aunque él ya está bien entrado en su edad adulta. Al siempre ha puesto a su padre en un pedestal y cree que su papá es un hombre amoroso y maravilloso. En realidad, el papá de Al era extremadamente abusivo con él en su niñez y a través de sus años de adolescente. El padre de Al también abusó de su hermana, quien se ha hundido desde entonces en un comportamiento adictivo. Él se enoja siempre que alguien menciona cualquier cosa negativa acerca de su padre, especialmente cuando el comentario viene de su hermana. Al defiende abiertamente a su papá y trabaja con lealtad para asegurarse que todos piensen que su padre es el "héroe" que él ha creído que es.

Represión - Es la capacidad de "rellenar" las cosas, donde el evento, trauma o emoción es enterrado en la mente inconsciente. Cuando reprimimos, parecemos no ser afectados por ese asunto, pero en realidad, la represión impulsa una variedad negativa de pensamientos, emociones y comportamientos compulsivos. Ya que no se está tratando con la "raíz", una persona que tiene mucha represión está atrapada y es incapaz de identificar los verdaderos problemas. Por ejemplo, Jenny no podía recordar con precisión un periodo de su vida en el que estaba experimentando una enorme pérdida y gran abandono. Si se le pregunta, ella tiene poca consciencia de lo que experimentó e intenta dar por descontado o bloquear esos recuerdos por ser simplemente "cosa del pasado". Sin embargo, ella sufre de un desorden alimenticio y de una forma extrema de codependencia.

Disociación - Esta es la capacidad de desconectarse completamente de un evento donde no hay recuerdo alguno de un trauma que ocurrió. Cuando un niño es disociado, recordar ese evento no es algo que suceda fácilmente. Sólo el Espíritu Santo puede recuperar estos recuerdos ya que han sido completamente removidos del estado consciente. Por ejemplo, un niño pudo haber sido abusado sexualmente y "haberse distanciado" completamente para poder afrontar y sobrevivir. En un sentido, el niño se desvaneció en ese evento y no tiene la capacidad de recordarlo a un nivel consciente. Una persona que ha sufrido este tipo de traumas puede requerir en sus fases iniciales de ayuda de un consejero cristiano calificado o de un pastor.

Ser capaz de exponer y deshacerse de la negación es un ingrediente fundamental y necesario para que tenga lugar cualquier cambio o liberación. Para los niños, la negación, la represión y la disociación les dan las habilidades de hacer frente a la vida en circunstancias abrumadoras. De la misma forma que el cuerpo entra en conmoción para permitir su funcionamiento bajo un traumatismo, los niños que han sido expuestos a un dolor emocional extremo a menudo son capaces de desconectarse de la situación lo suficiente como para funcionar. Si no fueran capaces de reprimir algunos de los traumas, el dolor sería demasiado para poder soportarlo. Por lo tanto, puede ser considerado como un mecanismo de defensa que actúa para proteger a los niños (y también a los adultos en ocasiones). Mientras que este es un mecanismo de supervivencia muy necesario, viene un punto en el que ese problema debe ser abordado apropiadamente para poder sanar. La única manera segura y efectiva de que esto ocurra es de la mano con Jesús. Ciertamente un consejero humano puede brindar una guía, pero sólo es el Verdadero Consejero quien puede extraer esas situaciones más profundas y traumatizantes y descubrir el impacto verdadero.

¿Cómo podemos enfrentar cosas que antes nunca pudimos? ¿Qué podría darnos la valentía para ver más allá de la realidad exterior que hemos creado, y canjearlo por la verdad interior? Una y otra vez debemos regresar al propósito de nuestras vidas. Somos creados a la imagen de un Creador. No fuimos hechos de cierto tipo de "moldes genéricos " de raza humana, sino que hemos sido formados y "diseñados a mano" por el Creador, con singularidad, dones y valía. Dios desea quitar las cosas que nos separan de ser esa persona. Pasar a través de este proceso tiene como fin, restaurarnos a nuestro diseño original.

Estas son algunas cosas que Dios dice acerca de nosotros:

"Pues yo sé los planes que tengo para ustedes —dice el Señor—. Son planes para lo bueno y no para lo malo, para darles un futuro y una esperanza." (Jeremías 29:11)

"Te conocía aun antes de haberte formado en el vientre de tu madre; antes de que nacieras, te aparté y te nombré mi profeta a las naciones." (Jeremías 1:5)

Oh Señor, has examinado mi corazón y sabes todo acerca de mí. Sabes cuándo me siento y cuándo me levanto; conoces mis pensamientos aun cuando me encuentro lejos. Me ves cuando viajo y cuando descanso en casa. Sabes todo lo que hago. Sabes lo que voy a decir incluso antes de que lo diga, Señor. Vas delante y detrás de mí. Pones tu mano de bendición sobre mi cabeza.. (Salmo 139:1-5)

Puntos de Aplicación:
¿Ve ahora cómo la negación puede haber torcido su punto de vista sobre la vida? ¿En dónde es usted más propenso a la negación?

_____

_____

_____

¿Tiene miedo de la verdad? ¿Por qué?

_____

_____

_____

Valorando Necesidades sin Satisfacer

Así como necesitamos desenmascarar las formas de negación de eventos y cosas que nos ocurrieron, debemos reconocer la ausencia de necesidades dadas por Dios. Las personas pueden herirnos por lo que hacen; también nos hieren por lo que no hacen. Para muchos de nosotros, una raíz de abandono y negligencia es responsable de nuestras heridas.

- Como seres humanos, tenemos necesidades básicas que incluyen:
- La necesidad de ser amado
- La necesidad de ser aceptado
- La necesidad de tener un significado

Es posible que los niños que crecen en un hogar disfuncional nunca hayan tenido satisfechas estas necesidades o fueron satisfechas a través de mensajes falsos de lo que significa ser amados, aceptados e importantes (ganárselo, trabajar por ello, etc.). A menudo en los sistemas familiares poco saludables, hay un mensaje no hablado que dice que el tener necesidades a cualquier nivel, es vergonzoso o incómodo. ¿Por qué? En realidad, cuando los padres no son capaces de proveer las necesidades básicas, ellos pueden a su vez culpar a los niños por esperar o "demandar" demasiado. Los niños que provienen de estos hogares a menudo se les dice que deberían saber cómo sobrevivir y funcionar sin ninguna dirección o guía. Podría decirse que a estos niños se les pide que maduren por sí mismos y luego son criticados por no entender cómo funciona la vida. Cuando esto sucede, a los niños se les enseña que sus necesidades básicas están mal. Ellos aprenden que deben optar por sí mismos.

¿Cómo sobrevive un niño? Como lo platicamos en el capítulo 2, aprenderán desde una temprana edad a funcionar y sobrevivir para satisfacer sus necesidades indirectamente, lo cual puede dar como resultado varios comportamientos poco saludables, incluyendo la manipulación. Si se adaptan a la codependencia, como adultos, pasarán la mayor parte de su tiempo enfocándose a las necesidades de otros, mientras que consistentemente descuidarán sus propias necesidades. En algunas formas, los codependientes terminan haciendo por otros lo que desearían que alguien hiciera por ellos. Pero el resultado final de ese comportamiento es que los hace sentir que falsamente tienen el control, como lo estudiamos en detalle en el capítulo 5. En realidad, estas necesidades son perfectamente legítimas y fueron colocadas en nosotros porque Dios así lo deseó. Es devastador no tener satisfechas estas necesidades, tales como la de ser amados (capítulo 4).

¿Cómo Identifico las Necesidades no Satisfechas?

Las necesidades no satisfechas de los codependientes necesitan ser entendidas e identificadas apropiadamente. Una de las únicas formas en que podemos entender nuestras necesidades no satisfechas es analizar e identificar las necesidades verdaderas con Dios. Muchas veces las "necesidades percibidas" están lejos de las necesidades reales. Necesitamos la guía del Espíritu Santo para mostrarnos la diferencia. Revisemos algunas de las áreas donde somos propensos a experimentar la negligencia de las necesidades legítimas:

- **Experiencia genuina de amor** - Como lo estudiamos en el capítulo 4, la ausencia de amor es devastadora y es la causa fundamental de los comportamientos codependientes. Cuando las relaciones carecen de amor, estas lo reemplazarán con dependencia y control (capítulo 5). Cuando estamos en "modo de supervivencia," esto sucede automáticamente y construimos barreras de negación para poder funcionar. Quizá usted ya descubrió sus propios sistemas de amor tergiversados. Si no lo ha hecho, es tiempo de reconocer que la necesidad no satisfecha de amor es legítima.
- **Nutrición, guía y dirección para aprender de la vida** – A los niños se les debe enseñar acerca de la vida en una variedad de formas. Desde las cosas más pequeñas y básicas hasta las más grandes y complicadas, el trabajo de los padres es enseñar continuamente a un niño y equiparlo para que se convierta en un adulto maduro. El problema es que no todos los padres son capaces de hacer esto. No todos los padres están capacitados emocionalmente para dar al niño el tiempo y la atención requerida para llevar a cabo este rol de mentor. Al no nutrir al niño, y al mismo tiempo esperar que "conozca de la vida", el niño recibe mensajes falsos acerca de las necesidades legítimas dadas por Dios.
- **Un sentido de protección** - Los niños requieren la seguridad de unos límites saludables y la protección de amenazas exteriores. Si uno de los padres está ausente o en sus propias formas de negación o adicción, pueden permitir sin saberlo o sabiéndolo que el niño sea transgredido por un perpetrador externo o interno. Si uno de los padres es abusivo, el niño puede confundirse pensando que el otro "permite" que esto suceda. De maneras sutiles, el niño puede sentirse desprotegido cuando el padre no proporciona "supervisión" a un hijo. El niño puede hacer cosas que son peligrosas y dañinas. Esto envía un mensaje a los niños de que a su padre/madre simplemente no le importa, no tiene interés o no tiene tiempo para "preocuparse".

- **Formas saludables de disciplina** - La disciplina enseña al niño límites apropiados y un sentido de consecuencia. La disciplina abusiva es muy dañina, pero de igual forma no disciplinar en absoluto deja al niño incapaz de aprender la causa-efecto.

- **Nutrición de identidad y rol de género** - Muchos de nosotros no tuvimos sólidos modelos de género para imitar. Incluso si los tuvimos, pudimos haber sido enseñados concepciones erróneas acerca de nuestra identidad y los roles como varones o mujeres. Podemos sentirnos desconectados con nuestro rol de género, sintiéndonos mucho más masculinos o femeninos. Esta distorsión puede llevarnos a muchos niveles de problemas de relación e identidad sexual.

- **Aceptación como un niño valorado y precioso** - Los hijos son valiosos y preciosos simplemente por el hecho de ser niños. Si un hijo es visto como una carga, un problema, o se le dice continuamente que "no está a la altura del estándar", ese hijo no tendrá sentido de aceptación, y no tendrá un sentido de ser verdaderamente precioso. La raíz de la vergüenza será plantada en ese niño y comenzará continuamente a tratar de "comprobar" su valía o simplemente se dará por vencido.

- **El no haber tenido una niñez divertida y libre de preocupaciones** - Los niños no deberían cargar con problemas de adultos, pero en las familias disfuncionales, algunos niños llevan todos los problemas de los adultos, porque los adultos han dejado sus responsabilidades. Los niños en estas familias no tienen un entendimiento del estilo de vida divertido y sin preocupaciones que se suponía que un niño debería tener. La vida es difícil. La presión y el abrumador sentido de responsabilidad interrumpirá la madurez de un niño y le ocasionará problemas emocionales y relacionales para toda su vida. A menudo escuchamos a la gente decir: "no tuve infancia".

- **La inculcación de autoestima** - Una autoestima saludable asegura que un niño tenga una perspectiva precisa y balanceada de sí mismo. Esto no significa que tengan una estima exagerada de sí mismo, pero que tampoco se enfrenten al auto desprecio, auto rechazo u odio a sí mismo.

- **Estímulo** - Como lo hace un entrenador, necesitamos ser animados para dar lo mejor de nosotros. Algunas veces necesitamos a alguien que simplemente diga: "creo en ti". Si nunca tuvimos a alguien que hablara positivamente a nuestros corazones en nuestra niñez, en vez de eso, podemos creer que no tenemos nada que nos haga especiales. A algunos de nosotros se nos dijo: "no lograrás llegar a nada". Qué trágico! Todos tenemos un destino dado por Dios y si usted nunca recibió un estímulo, oramos para que lo reciba ahora mismo. Usted es un ser precioso. Es hijo de Dios. Tiene un propósito significativo debido a que Dios así lo dice.

Cuando hemos tenido necesidades sin satisfacer en la niñez (o en la edad adulta) debemos reconocer y lamentar lo que perdimos. Especialmente los niños deben entender que algo que ellos deseaban o necesitaban no estuvo disponible. Ese precioso niño que todos fuimos en algún momento hizo lo que tenía que hacer para sobrevivir.

Sin embargo, hoy tenemos nuevas elecciones. No tenemos que continuar descendiendo por caminos destructivos tratando de reemplazar las cosas que perdimos. Al lamentar por nuestras pérdidas, podemos seguir adelante de maneras saludables y pedirle a Dios que reemplace nuestras necesidades. Si lo ignoramos y permanecemos en negación de esas necesidades, continuaremos tratando sin percatarnos de "remplazar" lo que se perdió. Por ejemplo:

- Una mujer puede ser atraída a un hombre abusivo y alcohólico similar a su padre, creyendo que esta vez, ella podrá arreglarlo o cambiarlo.
- Un hombre puede buscar una futura esposa para remplazar una madre que lo abandonó, sin saberlo está "encajonando a su esposa" al comportarse demasiado posesivo por miedo a que ella lo deje.

Lo difícil es que cuando nos damos cuenta que estamos reciclando necesidades pasadas a través de relaciones actuales, en realidad en algún punto también necesitamos lamentar por nuestras pérdidas en nuestras relaciones presentes. En el ejemplo anterior, la mujer necesita expresar su duelo por sus problemas con su padre (la raíz), pero ella también necesitará lamentar por las pérdidas en sus relaciones presentes poco saludables y toda la devastación ocasionada (el efecto).

A usted se le pedirá que escriba específicamente sus necesidades no satisfechas. En el capítulo 9, usted aprenderá exactamente lo que significa lamentarse por su dolor y sus pérdidas. Cuando en verdad hacemos duelo, podemos romper el círculo de tratar equivocadamente de remplazar esas necesidades indirectamente o a través de otra persona.

Mientras pasamos por este proceso, lo asombroso acerca de nuestro Dios, es que Él nos encuentra en el punto de nuestra necesidad, incluso cuando no lo entendemos.

Dios provee para las necesidades centrales de nuestra vida: amor, aceptación y trascendencia. No hay una persona en el mundo que sea capaz de darnos exactamente lo que necesitamos excepto Dios mismo. Y podemos retener la promesa de Filipenses 4:19. "Y este mismo Dios quien me cuida suplirá todo lo que necesiten, de las gloriosas riquezas que nos ha dado por medio de Cristo Jesús." y hacerla válido en el cielo. Pero, recuerde, Dios satisfará sus necesidades verdaderas, no necesariamente sus necesidades percibidas. ¿Confíe en Él?

Puntos de Aplicación:

¿Se siente incómodo admitiendo sus necesidades ante la gente? ¿Por qué?

_____

Confrontación con uno mismo: Desarrollando un Inventario

¿Cómo sabemos si estamos en negación? ¿Cómo podemos valorar las necesidades que no han sido satisfechas? Usualmente todos nosotros cuando entramos en recuperación tenemos muchas capas de negación. Sin embargo, la intensidad de esa negación puede variar inmensamente. Por eso es necesario un proceso honesto de valoración. Desarrollar inventarios de las experiencias de la vida y problemas relacionales es una herramienta efectiva para vencer nuestra negación. Pasaremos el resto de este capítulo preparándonos para comenzar este proceso de inventario.

Mientras que este proceso nos puede llevar a niveles significativos de crecimiento, debemos entender que puede tomar más tiempo. Debemos establecer expectativas saludables al abordar un inventario. Algunas veces, Dios puede tocarnos y darnos la capacidad de sentir una sanidad sobrenatural instantáneamente. Pero a menudo en el proceso de sanidad, Dios simplemente expone mentiras que hemos aceptado como verdad. Él toma esa verdad y la hace una realidad dentro de nosotros de modo que estemos caminando en la luz en vez de la oscuridad del engaño y las mentiras que cargamos. Sin importar nuestro trasfondo, este proceso requiere madurez y crecimiento. Después de comenzar a exponer problemas en nuestras vidas, puede requerirse una buena cantidad de tiempo para procesarlos completamente.

Cualquiera que haya sido su experiencia, tenga la seguridad de que Dios, quien le hizo y le ama, le acompañará a través de este proceso. Debido a sus experiencias singulares, Él probablemente funcionará con usted de manera diferente a la que Él podría funcionar con alguien más. Por eso nunca podemos comparar este proceso con otro - nuestra sanidad puede estar en una cronología diferente.

Escapándose: No más negación

En esta siguiente sección, vamos a estar desarrollando el inventario real de los asuntos en nuestra vida (consulte la página 136). Esto incluirá:

1. **Maneras en que nos han transgredido (han pecado en contra nuestra)** - Esto debe incluir todas las acciones o transgresiones y pecados cometidos contra usted. Trate de comenzar con el primer recuerdo y continúe desde ahí hasta las experiencias más recientes. Use cosas específicas en vez de generalizaciones. Enfóquese en el pecado/transgresión en sí, no en la persona. (Por ejemplo, si la persona intentó o no hacerle daño, no importa en este punto. Es importante simplemente ver y enfrentar la transgresión y el efecto que ésta tuvo en su vida). Si usted está teniendo dificultades organizando, yendo de una relación a otra, enfóquese en las áreas claves de las violaciones. En la medida de lo posible

incluya todo.

2. **Comportamientos pecaminosos que hemos cometido** - Esta es una lista de cosas que usted ha hecho que transgredieron la Palabra de Dios, a usted mismo o a otra persona (puede darse el caso de transgresión contra los tres). Trate de comenzar con el primer recuerdo y trabaje desde ahí hasta las experiencias más recientes. Estas deben ser acciones específicas, no generales. Si se le dificulta organizar la lista, vaya de una relación a otra (mamá, papá, hermanos, amigos, etc.) enfóquese en las maneras claves que usted pecó contra alguien más. En la medida de lo posible incluya todo.

3. **Experiencias dolorosas y traumáticas** - En ocasiones hay eventos traumáticos que alteran la vida, que pueden dar forma tremendamente a nuestras vidas. Estos son típicamente problemas mayores tales como: la muerte de un padre/ madre, un divorcio, una agresión sexual, etc. Esta sección debe ser específica, en vez de generalizaciones. En la medida de lo posible incluya todo.

4. **Patrones de relaciones** - Esta es una lista de habilidades de amor (dar y recibir) en las relaciones. De hecho sirve para resaltar aquellos patrones relacionales de modo que podamos entender dónde existen dinámicas poco saludables. Incluya todas las relaciones importantes en la familia de origen y todas las relaciones importantes como adulto.

5. **Necesidades no satisfechas** - Esta es una lista de cosas que usted necesita y no recibió; o que tuvo y después perdió. Es importante conectarse con los elementos y en algún punto pasar de hecho por un proceso de duelo (capítulo 9). Use cosas específicas en vez de generalizaciones. En la medida de lo posible incluya todo.

Antes de que intente este proyecto, pase tiempo en oración y meditación. Si usted necesita tomar un descanso y regresar después, recuerde comenzar otra vez en oración. Sólo Dios puede revelarnos estas cosas y Él debe estar presente para que esto sea efectivo.

El Dr. Tucker, Director de New Life Spirit Recovery, utiliza antes que otra cosa este proceso en el ambiente de consejería. Mientras el cliente examina sus recuerdos, él les pide visualizarse a sí mismos yendo de la mano con Jesús como su guía. Él anima a la gente, para que pidan a Dios poder experimentar las sensaciones que sean necesarias para conectarse con el evento o situación. Esto significa que puede que necesiten recordar lo que se vio, el sonido, el tacto, el gusto y el olfato.

Por ejemplo, a "Linda" se le pidió que vaya por el proceso de traer a memoria los recuerdos de un padre alcohólico. La meta del Dr. Tucker en su sesión de consejería, fue que ella, en realidad pueda conectar con las emociones de ese evento. Para hacer esto, él le pidió que recordara el olor de su aliento, el sonido de su voz y el sonido cuando la golpeaba contra una pared. Finalmente, mientras ella examinaba estos recuerdos de esa manera, ella se encontró profundamente impactada por la naturaleza de su trauma. Ella se encontraba abrumada por la aflicción, pero al mismo tiempo se dio cuenta que ella experimentaba un sentido de paz y el descanso en Dios. Este era el objetivo.

"Miramos hacia atrás" sólo para conectarnos emocionalmente con las experiencias de la vida que han sido reprimidas, disociadas o que no han sido abordadas de otra forma. En esencia, debemos "sentir para sanar". Originalmente, nuestras incapacidades para sentir nos llevaron a comportamientos compulsivos. Ahora, en vez de eso, enfrentamos esas cosas que hemos escondido aprendiendo a aceptar al Verdadero Consolador. "Linda" y muchas otras personas como ella, se toparon con una libertad recién descubierta. Ella enfrentó el dolor de su pasado y encontró un nuevo entendimiento de un Dios que le amaba infinitamente, más de lo que ella pudiera incluso comprender. Ella se dio cuenta, como todos debemos hacerlo, que Dios llevó nuestra aflicción y ya que ella valientemente permitió que Dios le revelara la verdad, Él estuvo en el proceso de sanarla.

Este es un proceso muy poderoso, pero puede ser doloroso. El proceso de examinar a través del pasado para retirar lo "muerto" incluyendo las mentiras, la negación y los falsos mensajes adquiridos. Cuando leemos que Jesucristo vino a traernos vida abundante, ¡Esto literalmente significa SU vida! (Juan 10:10). "Su vida" es el cumplimiento de todas las promesas que encontramos en la Escritura bajo el poder del Espíritu Santo.

Jesucristo es el Príncipe de Paz y el verdadero Consolador. Sin embargo, si usted ha tenido algún dolor o sufrimientos significativos, le animamos a encontrar un consejero, mentor o auxiliador calificado que tenga un caminar guiado por el Espíritu y un entendimiento del amor, poder y gracia de nuestro Señor.

Una Oración para Romper con la Negación
Padre Dios,

La negación es una palabra que da miedo. Significa que de alguna manera he sido engañado. Te pido ahora que quites la ceguera de mi corazón. Por favor muéstrame cualquier cosa que me haya obstaculizado para ser esa verdadera persona para lo cual tú me creaste. Si hay heridas que necesite abordar, muéstrame. Si me he estado aprisionando internamente mientras que externamente vivía de manera diferente, rescátame. Creo que de acuerdo a tu Palabra me amas con perfección. Y en ese amor perfecto, sé que puedo afrontar las cosas en mi vida que necesito afrontar. Acompáñame, Señor guíame. Haz que queden al descubierto las cosas que me han retenido en esclavitud, pero hazlo amorosamente y con tu gracia. Oro en contra de las tácticas del enemigo. Conozco que él intentará que yo sienta vergüenza. En vez de eso, permíteme ver cuánto me amas y deseas liberarme.
En el nombre de Jesús. Amén.

Trasgresiones y Pecados Cometidos en Contra Suya

Las categorías son las siguientes:

Incidente: Describa el pecado en sí o la trasgresión cometida

Persona: Escriba el nombre de la persona o personas que cometieron el acto

Mensaje interno recibido: ¿Cómo quedó "grabado" el pecado/trasgresión en mí – ¿Cuál fue el mensaje?

Reacciones emocionales: Marque las casillas que apliquen

Esto me llevó a: describa su respuesta después de la trasgresión

Incidente	Persona	Mensaje interno recibido	Vergüenza	Pérdida/Abandono	Rechazo	Resentimiento	Falta de valía	Esto me llevó a
Agresión física cuando mi padre tomaba	Padre	No me amada, mi padre no me protegió, algo estaba mal en mi.	x	x	x	x		Voy por la vida intentando demostrar mi valía ante los hombres. El ciclo se repitió con mi futuro esposo.

Inventario de comportamientos y de acciones inmorales o pecaminosas

Comportamientos: Describa lo que usted hizo

Persona que yo trasgredí: Escriba el nombre de la persona a la cual se transgredió

Cómo afectó la trasgresión a esa persona: Explique cómo su comportamiento pudo haber herido o afectado a esa persona

Cómo debería usted abordar esto: Marque las casillas que apliquen

Cómo le ha afectado esto: describa su respuesta después de la trasgresión

Comportamientos	Persona que trasgredí (Dios, yo mismo, otros)	Cómo afectó esto a esa persona	Necesidad de confesar	Necesidad de recibir perdón	Prepárese para hacer modificaciones	Cómo me afectó esto
Agredí verbalmente a cónyuge	A mi mismo, cónyuge	Quedó profundamente herida	x	x	x	He sentido mucha culpa y vergüenza

Traumas y eventos que alteraron su vida

Las categorías son las siguientes:

Evento: Describa

Cómo me afectó: Como resultado de este incidente, ¿Qué cambió en mí?

Persona a la que culpé: Nombre de la persona que usted siente que hizo posible que ocurriera este asunto (Dios, nosotros mismos, otros)

Reacciones emocionales: Marque los recuadros que apliquen

Evento	Cómo me afectó esto	Persona a la que culpé	Negación	Disociación	Represión	Enojo	Rechazo	Abandono

Necesidad no satisfecha o pérdida

Necesidad no satisfecha o pérdida: Describa

Cómo intenté por mí mismo satisfacer esa necesidad. Como resultado de no tener suplidas mis necesidades o de haber perdido algo, ¿Cómo intentó compensarlo? ¿Cómo suple usted esto? ¿Cómo usted compensa o intenta algo para que esas necesidades sean suplidas de otra forma?

Persona a la que culpé: ¿Quién creo, en realidad, que fue responsable por esta pérdida o necesidad no suplida? (Yo mismo, Dios, otros)

Reacciones Emocionales: Marque las casillas que apliquen

Necesidad no satisfecha o pérdida	Cómo intenté por mí mismo obtener que lo que necesitaba fuera satisfecho.	Persona a la que culpo	Negación	Enojo	Abandonado	Sin apoyo	Falta de perdón	Rechazado

Habilidades para Amar y Codependencia

Nombre de la persona: Persona en la relación

Cómo di: Explique cómo ama en la relación

Cómo recibí: Explique cómo usted recibe amor en la relación

Lista de verificación de emociones: Marque todas las casillas que apliquen en las relaciones

Nombre de la persona:	Cómo amé/di en una relación	Cómo fui amado/recibí en una relación	Compensado exageradamente	Me sentí necesitado	Me sentí rechazado	Me sentí no amado	Me sentí abandonado

7

Exponiendo la Vergüenza

La restauración es el propósito de Dios. Es a través de la vida de Su Espíritu que somos llevados de nuevo a la plenitud. Nada de lo que ha ocurrido en nuestro pasado le es permitido tener un reinado soberano en nuestras vidas, cuando solicitamos asistencia del Dios del Universo. Esas partes de nuestras vidas que han sido rotas, vaciadas o invalidadas, son preciosas para Dios. La Palabra de Dios nos dice cómo Dios está involucrado íntimamente en nuestro dolor. "Tú llevas la cuenta de todas mis angustias y has juntado todas mis lágrimas en tu frasco; has registrado cada una de ellas en tu libro." (Salmo 56:8). Qué maravilloso es darnos cuenta que Dios tiene Su propio "inventario" de cada una de nuestras cargas. Imagine - Él ya ha creado una lista que registra nuestras lágrimas, no nuestras malas acciones. Es con ese entendimiento de la misericordia de Dios y de su compasión es que somos capaces de abordar los problemas en nuestras vidas. El amor de Dios hacia nosotros, nos permite dar un paso de fe y buscar redención. De hecho se nos prometió que no hay nada que nos pueda separar o alejar del amor de Dios: en el pasado, presente o futuro, incluyendo las experiencias que hemos tenido en nuestras vidas (Romanos 8:38-39).

Mientras continuamos por el camino hacia la sanidad, debemos estar dispuestos a enfrentar las cosas mismas que nos ocasionaron tanto dolor. También debemos enfrentar nuestros propios comportamientos erróneos. Es en este punto en el que la gente se preocupa y se da por vencida, o avanza hacia la libertad. Si somos lo suficientemente valientes para avanzar a través de este proceso, no seremos decepcionados. Esto nos lleva a la paz con Dios - un lugar donde podemos permanecer y descansar en Él, a pesar de todo lo que ocurra externamente a nuestro alrededor. Pero para llegar ahí, debemos estar dispuestos a quitar la turbulencia que creó tanto conflicto. Debemos estar dispuestos a enfrentar la vergüenza.

Vergüenza: El Veneno de Nuestra Alma

La vergüenza es el arma más letal y tóxica de nuestra alma porque nos separa de conocer o experimentar el amor y la gracia de Dios.

Esta opera haciendo que nos demos cuenta de que "quedamos cortos", fallamos o que no estamos a la altura de un estándar. La acompaña una sensación de estar "sucio" o ser inaceptable. La vergüenza interrumpe el sentido de normalidad y pone caos en nuestras capacidades de ser saludables y plenos. Satanás trabajará duramente para acusarnos, atormentarnos y hacernos creer que no llegamos al estándar de Dios, y por lo tanto impulsará sentimientos de falta de valía, desesperación, angustia, depresión y ansiedad crónica. Cuando Satanás captura nuestras mentes a través de mensajes de vergüenza, él en esencia tiene control sobre nuestras vidas.

Como lo aprenderemos, la Palabra de Dios trata muy específicamente con la vergüenza. De hecho, Jesús no sólo vino a quitar nuestro pecado, también vino a retirar los efectos dañinos de la vergüenza. Al estar en recuperación, se nos enseña que para sanar debemos traer a la luz las cosas mismas que intentamos esconder. Traer la luz reveladora de Dios a nuestras vidas, puede inicialmente ser muy incómodo. Sin embargo, al exponer estos problemas, el Espíritu Santo busca cubrirnos con la gracia de Dios. Es en esta condición, que la vergüenza pierde TODO el poder sobre nosotros, cuando somos cubiertos de la realidad del perdón, la libertad y de la aceptación de Dios.

Identificando los Mensajes de Vergüenza

Identificar la vergüenza en nuestras vidas puede no ocurrir fácilmente. Incluso si comenzamos a ver eventos, pecados, traumas, abuso, etc., podemos ser capaces de ver cómo esa vergüenza echó raíces. A menudo pensamos que la vergüenza está en correlación directa con las cosas que hemos "hecho". Pero usualmente, la vergüenza también es un sub-producto de la manera en cómo otras personas han impuesto estándares en nosotros y son los mismos actos de abuso o negligencia que fueron cometidos contra nosotros. Por ejemplo, si alguien nos transgredió, puede haber sido impuesta una creencia en nosotros que dice: "esto es lo que mereces, ¿quién te va a amar?" Cuando alguien nos transgrede, o no nos atiende, o dice palabras que nos lastiman, o nos "avergüenza"; nos envían mensajes directamente a nuestra mente y nuestro corazón. La acción misma fue mala, pero el mensaje que envió, tiene el potencial de afectarnos por el resto de nuestras vidas.

Los mensajes de vergüenza también pueden decir: "eres malo, eres tonto, estás gordo, eres feo". Por ejemplo, a Kelly le dijo su madre perfeccionista, con altos estándares, que tenía sobrepeso. En realidad, Kelly era una adolescente normal y saludable. Pero al creer que estaba "gorda", ella se avergonzó mucho de su peso y su imagen corporal. Con el tiempo, Kelly desarrolló comportamientos compulsivos en su intento por controlar y perder peso. Eventualmente se hizo anoréxica, y sin importar su peso, aún creía que estaba "gorda".

Los problemas de Kelly son, más que nada, el resultado de las palabras de su madre, así que el mensaje de vergüenza generado por su madre, plantó en Kelly una semilla. Esa semilla echó raíces en la vida de Kelly y por tanto ella permitió que controlara sus pensamientos, sentimientos y comportamientos.

¿Esto hace que su madre tenga la culpa? No exactamente. Kelly escogió recibir el mensaje como una verdad. El problema es que como niños, a menudo creemos automáticamente que lo que nuestros padres dicen es lo correcto. Eventualmente podemos rechazar esos mensajes, pero en nuestros primeros años, podemos llegar a creer lo que se nos dice.

Mientras que la mamá de Kelly puede parecer ser cruel, ella fue una portadora de vergüenza. Si pudiéramos ver dentro de su vida, veríamos que ella tenía un estándar muy rígido de peso, debido al abuso y a bromas que ella misma sufrió en su niñez.

Tristemente, cuando somos portadores de vergüenza, sin saberlo la imputaremos a otros. La vergüenza a menudo es llevada de una generación a la siguiente. Estaremos aprendiendo cómo identificar y deshacernos de la vergüenza en la siguiente sección.

Puntos de Aplicación:
Cuando usted escribe o revisa su lista de inventario ¿siente usted alguna vergüenza? Explíquelo.

_____
_____
_____
_____

Mientras piensa en su vida hasta este punto, ¿Puede identificar cualquier relación específica donde la vergüenza haya sido imputada en usted? (El sentimiento de que usted no da la talla)

_____
_____
_____
_____

Mientras piensa en su vida hasta este punto, ¿Puede identificar cualquier relación específica donde usted haya imputado la vergüenza en alguien más? Si es así ¿Por qué lo hizo?

_____
_____
_____
_____

Mencione una área en su vida en la que esté extremadamente abochornado y avergonzado. ¿Puede usted rastrear el "mensaje" detrás de ello?

_____

_____

_____

_____

¿Cómo Entra la Vergüenza en Nuestras Vidas?

Como lo aprenderemos, debemos recordar que la vergüenza es un sub-producto del infierno. Dios no usa la vergüenza. Él usa esta convicción en la vida del creyente. Por lo tanto, toda la vergüenza es peligrosa y necesita ser retirada. Estaremos tratando a profundidad con la eliminación de la vergüenza en los siguientes dos capítulos. En este capítulo, aprenderemos cómo es impuesta y en los capítulos siguientes, aprenderemos cómo la vergüenza puede ser eliminada permanentemente. Primero, echemos un vistazo a las tres formas en que entra la vergüenza:

1. Nacemos en una familia y un mundo que está lleno de expectativas y presiones. Aprendemos a mantenernos a cierto nivel o estándar. La vergüenza es producida cuando nos sentimos incapaces de dar la talla a nuestro propio estándar, o a los estándares de los demás.
2. Experimentamos vergüenza si cometemos un pecado y no tratamos con él bíblicamente.
3. La vergüenza también es producida cuando la gente peca contra nosotros. A través de las transgresiones, la vergüenza es colocada en nosotros y llega hasta el mismo centro de nuestra valía.

La Vergüenza Entra Cuando No Estamos a la Medida de Estándares

Cada persona, familia, corporación, iglesia y sociedad tiene integrado un sistema de "estándares". Estos estándares son dependientes de los sistemas de creencias, y muchos pueden no ser correctos, justos o establecidos en base a la verdad de Dios. Veamos los principales sistemas de "estándares" en nuestra vida.

Medición Bajo los Estándares Propios

A través de las experiencias en la vida, formación, y otras creencias adquiridas, construimos un ideal en nuestras propias vidas para los estándares que deberíamos alcanzar. Desde la manera en que se nos enseña a cuidar de nuestros cuerpos, nuestras casas, y nuestras relaciones; filtramos todo desde estos estándares. Algunas veces estos estándares son poco realistas o están construidos a partir de estándares del mundo que nos rodea y la gente en nuestras vidas.

Mientras que soñar y establecer objetivos es algo saludable, el fijar estándares que son imposibles o difíciles de lograr, puede imponer vergüenza en nuestras vidas. Podemos colocar expectativas enormemente grandes en nosotros mismos y por lo tanto sentirnos crónicamente como un fracaso, cuando esas expectativas no pueden ser cumplidas.

A menudo imponemos los mismos estándares en otras personas que los que nos imponemos a nosotros. Así, cuando la gente no da la talla a lo que percibimos como la "manera correcta", criticamos, juzgamos e incluso degradamos. Ya sea que lo hagamos conscientemente o no, este sistema de estándares impulsa muchos de nuestros pensamientos, sentimientos y comportamientos.

Medición Bajo los Estándares de Otras Personas

Los estándares de aquellos que nos rodean están basados en sus creencias personales, experiencias de vida y preferencias. A menudo, sentimos vergüenza cuando somos rechazados, criticados o rebajados por otros, si no encajamos en su "criterio" de lo que es aceptable. A menudo fallamos en darnos cuenta que, sólo porque no "damos la talla" al conjunto de estándares particulares de una persona, no significa necesariamente que hayamos hecho algo malo. De la misma forma, podemos sentirnos "bien" con nosotros, cuando estamos a la medida de esos estándares. Podemos incluso percibirnos nosotros mismos, como "mejores que" el sistema de estándares que nos rodea. Llevado al extremo, algunos codependientes pueden buscar deliberadamente rodearse de otras personas que consideran "menores que ellos", para bajar la "expectativa" y así sobresalir de todos los demás. ¿Por qué? Es un mecanismo para tratar con una raíz anterior de vergüenza. Al hacernos los "buenos", en medio de otros que tienen menores estándares, recibimos un falso sentido de validación y dignidad personal.

Medición Bajo los Estándares del Sistema Familiar

En el sistema familiar, las reglas habladas y no habladas dictan los estándares aceptables. Estos estándares pueden abarcar todos los aspectos de nuestras vidas, los roles y los estilos de amor. Los estándares pueden ser extremadamente disfuncionales o sesgados, o pueden ser demasiado irreales. Si hemos vivido basados en estándares familiares tóxicos, estaremos sujetos a sentir vergüenza como resultado de ello. Por otra parte, podemos darnos cuenta de que somos la única persona que es responsable en nuestra familia y por tanto sentirnos "un grado" por encima de los demás. Podemos ser ásperos y críticos para con los demás, si no hacen las cosas tan "bien" como nosotros lo hacemos, y tenderemos a arrastrar esa misma mentalidad en nuestras relaciones.

Medición Bajo Estándares Culturales

Los estándares y la aceptación social de una cultura, pueden ser extremadamente influyentes en cómo vivimos nuestras vidas. Tenemos un deseo innato a ser aceptados por las demás personas. Por lo tanto, si no damos la talla a lo que el mundo presenta como "aceptable", podemos cargar un sentido de vergüenza.

Las culturas cambian de una generación a otra acerca de lo que es "aceptable". Por ejemplo, vivimos en una cultura que está aceptando las relaciones sexuales fuera del matrimonio. Ya que la cultura lo acepta, podemos falsamente asumir que debemos aceptarla también. Por otro lado, podemos sentir "vergüenza" de llevar cosas en nuestras vidas que no son "aceptadas socialmente". Esto puede ser cualquier cosa desde nuestro peinado, a la forma de nuestro cuerpo. Incluso de manera más dolorosa puede ser el estigma de un padre alcohólico o algún tipo de enfermedad.

Medición por Estándares Religiosos

Una iglesia o grupo de "Cristianos" puede invocar un conjunto de estándares de conducta y comportamiento que enfatice los comportamientos externos, "seguir reglas" y la apariencia más que el corazón. Pueden presentar una forma de Dios que nos deja pensando que somos inaceptables, a menos que podamos ser lo que esas personas dicen que debemos ser. Cuando no vivimos a la altura de esos estándares, podemos ser rechazados por ellos y también sentir que hemos sido rechazados por Dios.

Los Efectos de No Estar a la Altura de los Estándares

Es un peligro enorme, intentar vivir al nivel de nuestros estándares, al nivel de otras personas, al nivel de un sistema de familia disfuncional, al nivel de la cultura o de la religión. Primero, todas las formas para lograrlo nos llevan al orgullo. Pero más aún, si creemos que estos estándares son precisos, en realidad cambiamos la verdad de la Palabra de Dios por las expectativas que son auto-impuestas o basadas en otras personas. Mientras que usualmente no estamos conscientes de esto, en esencia decimos "lo que sea que esta persona piense de mí, cómo me vea y cómo me juzgue, debe ser verdad". Esto puede también dar lugar a nuestra codependencia, incluyendo:

- Referencia externa: Debido a que somos impulsados por un miedo al rechazo, falla o falta de aceptación, buscaremos entender, evaluar, y "averiguar" los estándares de la gente que nos rodea para cumplir con ellos. Aprenderemos a "leer" las necesidades de la gente como nuestro punto de partida para la vida. Esencialmente, los "sistemas" de otras personas dictan nuestros propios pensamientos, sentimientos, acciones y comportamientos. Mientras que esos estándares pueden ser influenciados por una parte exterior, eventualmente se convierten en auto impuestos también.
- Orientado a las reglas: Para sobreponernos a nuestra "vergüenza" podemos tender a seguir los estándares "a la perfección". Esto puede llevarnos a desarrollar estilos de vida "religiosos". Esto significa que nos hacemos personas enfocadas en las reglas y normas, más que en la gente. No sólo nos ponemos nosotros mismos

bajo duros estándares, sino que a menudo dejamos poco espacio para la falla y la gracia en nuestras relaciones.

La Fuente Exacta de "Medición"

Tan desafiante como pueda parecer, debemos aprender que no podemos juzgarnos a nosotros mismos de acuerdo con los estándares propios o de otros (ya sea que demos la talla o no). En vez de eso, necesitamos juzgarnos a los estándares de Cristo. "...pero sólo se comparan el uno con el otro, empleándose a sí mismos como estándar de medición. ¡Qué ignorantes!" (2 Cor. 10:12).

La Palabra de Dios también es clara en que, el "mundo" es el último lugar que debemos buscar como una fuente exacta para "medirnos". De hecho, Romanos 12: 2 dice lo opuesto: "No imiten las conductas ni las costumbres de este mundo, más bien dejen que Dios los transforme en personas nuevas al cambiarles la manera de pensar. Entonces aprenderán a conocer la voluntad de Dios para ustedes, la cual es buena, agradable y perfecta." Más aun, la Biblia de hecho nos advierte acerca de ver a Dios religiosamente y en términos de "reglas".

«¡No toques esto! ¡No pruebes eso! ¡No te acerques a aquello!»? Esas reglas son simples enseñanzas humanas acerca de cosas que se deterioran con el uso. Podrán parecer sabias porque exigen una gran devoción, una religiosa abnegación y una severa disciplina corporal; pero a una persona no le ofrecen ninguna ayuda para vencer sus malos deseos. (Col. 2:21-23)

Al evaluar cómo experimentamos vergüenza intentando medir estándares, necesitamos entender un concepto extremadamente importante: Dios nos mide a través del perfecto estándar de Jesucristo cuando entablamos una relación con Él. Nuestra capacidad para "cumplir" con el sistema de Dios y sus estándares no depende de nuestros propios esfuerzos, sino de nuestra relación con Cristo. 2ª Corintios 5:21 dice "Pues Dios hizo que Cristo, quien nunca pecó, fuera la ofrenda por nuestro pecado, para que nosotros pudiéramos estar en una relación correcta con Dios por medio de Cristo." A través de esta transacción, somos perfectamente aceptables para Dios, sin importar lo que hayamos hecho. Ya que el estándar de Dios abarca cada una de las expectativas, necesidades, deseos acciones y pensamientos, éste pasa por encima de cualquier otro sistema y estándar. En otras palabras, el estándar de Dios es la base de la verdad. Si usted ha escuchado esa teología antes, reflexione de verdad en ella.

Puntos de meditación: ¿Cómo pienso que Dios mide mi valía? ¿Alguna vez he pensado que cuando Dios me ve, él ve el estándar de Jesucristo cumplido perfectamente a través de mí? ¿Es esto suficiente, o aún anhelo la aceptación de parte de personas y fuentes externas?

Mientras que adoptar este concepto en nuestra mente puede ser fácil, permitir que sea grabado en nuestros corazones puede ser desafiante. Este ejercicio requiere que en todas las situaciones no busquemos simplemente seguir las "reglas" de una situación dada, sino que nos enfoquemos en el estándar de Dios. Tenemos que aprender a decir "¿Cuál es la voz real de autoridad en mi vida en esta situación?" O "¿Dónde desarrollé ese estándar? ¿Es exacto?." En algunos casos, ciertamente necesitamos cumplir con la situación o el estándar. Pero en los sistemas disfuncionales, necesitamos permitir que el Espíritu Santo sea nuestra "influencia", determinando las decisiones que necesitamos tomar. Cuando su falta de mérito e incapacidad de "dar la talla" ataque su mente, diga: "mi suficiencia está en Cristo". Reclame 2ª Corintios 3:5: "No es que pensemos que estamos capacitados para hacer algo por nuestra propia cuenta. Nuestra aptitud proviene de Dios."

Una Oración para Escaparnos de Estándares Poco Saludables

Padre,

Te pido sabiduría para saber cómo te gustaría verme, escucharme y responder a las situaciones, especialmente (mencione la situación). Muéstrame Tu corazón y dame Tus manos de modo que no atropelle a las personas bajo mis juicios ásperos e injustos, y que no camine con la vergüenza de nunca sentirme "suficientemente bueno". Colócame en el espíritu de gracia y dame el deleite y el placer de descansar en la verdad de que estoy a la altura de Tu estándar como Tu hijo. Y al recibir esto, Señor, dame la capacidad de compartir esa gracia con aquellos que me rodean - caminando en el estándar de Tu amor.

En el nombre de Jesús. Amén.

Puntos de Aplicación:

Explique cómo usted utiliza los estándares en su vida para medir su valía.

_____

_____

_____

_____

¿Se siente que no da la talla a los estándares de otras personas ahora mismo? ¿Y qué me dice de su pasado?

_____

_____

_____

¿Qué ha hecho para tratar de sobreponerse al sentido de que usted no "era lo suficientemente bueno"?

_____

_____

_____

_____

La Vergüenza Entra al No Tratar con Nuestro Pecado Bíblicamente

Podemos sentir culpabilidad y vergüenza de lo que hicimos, o de las maneras en que no "dimos la talla" como "evidencia" de que algo dentro de nosotros, está inherentemente mal. Algunas veces, la culpabilidad no nos pertenece siquiera a nosotros, es aún un residuo de lo que otros nos han hecho. Pero a menudo, podemos aferrarnos a los problemas del pecado, sintiendo la necesidad de "ser castigados" continuamente, por la forma en que no hemos vivido a la altura. Como lo aprenderemos en el siguiente capítulo, como hijos de Dios, ya hemos sido perdonados. La sangre de Jesús llevó todos nuestros pecados, pasados, presentes y futuros y pagó el precio de eliminarlos de nuestro banco de "deuda". Pero tristemente, no podemos continuar viviendo en la realidad del pecado, en vez de la realidad de la gracia de Dios y del perdón.

Hay varias cosas que evitan que seamos capaces de experimentar libertad de nuestras transgresiones pasadas. La condenación, la culpabilidad y la vergüenza son tácticas usadas por el enemigo para evitar que busquemos el remedio de Dios y el poder de su Espíritu Santo.

- Culpabilidad - un sentido de que transgredimos algo o a alguien, ya sea por lo que hicimos o por lo que no hicimos
- Vergüenza - un sentido de ser indignos, por lo que nos sentimos inaceptables para Dios y para los demás
- Condenación - un sentido de ser "condenado". Esto está en completa oposición a la salvación

Si experimentamos culpabilidad, vergüenza, o condenación, puede haber verdaderos problemas que necesitamos solucionar. (Si hay una posibilidad de que usted honestamente no conozca a Jesucristo como su Señor y Salvador, le invitamos a leer el apéndice "¿Conozco a Jesús?") Sin embargo, como un hijo de Dios, podemos descansar sobre la promesa de que ya hemos sido lavados y limpiados por Su sangre.

El enemigo trata de producir en nosotros un sentido de "juicio de Dios", en vez de amor y gracia de Dios. El enemigo señalará lo "indignos" que podemos ser y tratará de traernos al lugar donde nos escondamos de Dios por miedo a Él. Hay una tremenda diferencia entre las tácticas de culpabilidad y vergüenza del enemigo y la convicción del Espíritu Santo cuando realmente tenemos problemas que necesitamos tratar. Echemos un vistazo más de cerca:

Tabla 6 : La Convicción de Dios versus. Culpabilidad / Vergüenza

Convicción de Dios	Culpabilidad / vergüenza
Nos busca con una amonestación amorosa.	Nos destruye y señala el fracasados que somos.
Se enfoca en la solución.	Se enfoca en el problema.
Nos recuerda nuestra identidad verdadera a pesar de las cosas que hacemos.	Quiere que pensemos que nuestro comportamiento define nuestro valor esencial.
Nos anima a acercarnos a Dios, al hacernos dar cuenta que necesitamos de Su gracia y misericordia.	Nos anima a retirarnos de Dios, pensando que Él está "enojado con nosotros".
Ofrece perdón para nuestros errores si somos humildes y estamos dispuestos a admitir nuestro pecado.	Nos mantiene atados a la vergüenza donde nos sentimos incapaces de recibir perdón.

Trataremos bíblicamente con cada acto de nuestro propios pecado en el siguiente capítulo. Por ahora, simplemente intente identificar en dónde sus propios actos de "pecado" le han dejado sintiéndose "atado" y "condenado".

Puntos de Aplicación:
¿Usted reconoce el poder de la culpabilidad y la vergüenza en su vida? ¿Dónde le presta atención con frecuencia?

_____
_____
_____
_____

¿Se siente "perdonado"? ¿Por qué o por qué no?

_____
_____
_____
_____

La Vergüenza Entra a Través de los Actos de Transgresión Cometidos Contra Nosotros

La mayoría de los codependientes han experimentado alguna forma de abuso.

El abuso ocurre cuando alguien entra en un área de nuestras vidas sin permiso, de una manera que nos viola o nos hiere. Algunos abusos también pueden ocurrir cuando la gente olvida cumplir una responsabilidad en nuestra relación con ellos.

En cualquier momento que se comete un acto en nuestra contra que es una transgresión, la vergüenza puede ser impartida en nuestras vidas. Si pudiéramos observar la esfera espiritual, se vería como unas "manos ensangrentadas" que fueron pasadas sobre nosotros. La misma naturaleza de un acto de transgresión en nuestra contra, produce el sentimiento de que estamos "sucios".

Sin importar nuestros intentos, no podemos librarnos de este sentido de suciedad. Es un sub-producto del acto en sí mismo. Podemos haber tratado de "cubrirlo" con algo que parecía bueno exteriormente, pero a pesar de nuestros esfuerzos, esa vergüenza continúo impartiendo mensajes tóxicos. Si no podemos hacer directamente nada para eliminar la vergüenza, ¿significa eso que estamos obligados a permanecer como víctimas de abuso para siempre? Gracias a Dios ¡La respuesta es NO! Hay un remedio limpiador y un proceso para eliminar la vergüenza. En los capítulos 8 y 9 trataremos directamente de aprender cómo aplicar la sangre de Jesucristo como el poder limpiador para librarnos de la vergüenza impuesta en nosotros a través de nuestros propios comportamientos y de la vergüenza impuesta por otros. Pero primero vamos a revisar algunas de las realidades de cómo el abuso y los actos de trasgresión pueden manifestarse como vergüenza en nuestras vidas. Si fuera necesario, asegúrese de agregar cualquier nueva revelación o entendimiento que usted reciba acerca de transgresiones personales, en su hoja de inventario.

Tipos de Abuso

Abuso físico - Cuando alguien nos golpea, nos toca o hiere nuestro cuerpo físico, son violados nuestros límites naturales y dados por Dios. Nuestro cuerpo pertenece a nosotros personalmente y otras personas no tienen el derecho a tocarnos sin permiso. Un mensaje de vergüenza en el abuso físico dice: "tú te mereces esto" ó "tengo derecho a lastimarte". De hecho nosotros nunca merecemos un abuso físico. Es un acto de maldad generado por el perpetrador, no por el agraviado.

Abuso sexual - En cualquier momento en que somos tocados por una persona inapropiadamente de manera sexual sin nuestro consentimiento, puede ser considerado como abuso sexual. No todo abuso sexual viene en la forma de un coito en sí mismo. A un niño se le puede pedir que "toque" los genitales del perpetrador. O una adolescente puede recibir un toque en su pecho de una manera indeseable. El abuso sexual es increíblemente dañino porque entra en nuestra naturaleza más profunda, más sagrada y más íntima - un lugar tan precioso que fue reservado sólo para el pacto del matrimonio. Las transgresiones en esta área, hacen pedazos el sentido de valor más preciado y nuestra santidad. Más que cualquier otro abuso, éste impactará profundamente la capacidad de establecer lazos afectivos y de confianza en relaciones futuras. Incluso cuando estamos dispuestos a participar en actos sexuales fuera del contexto del matrimonio, estamos participando en el abuso sexual de nuestro propio cuerpo. (1 Cor. 6:18)

Abuso mental - Cuando alguien intenta entrar en nuestras mentes para manipular lo que pensamos para herirnos, podemos experimentar un abuso mental. Por ejemplo, un marido abusivo puede no lastimar a su esposa físicamente, sino que puede darle una lista completa de razones por las que él lo hizo. "¿Ves lo que me has orillado a hacerte? Necesitas aprender a callarte la boca". El mensaje sesgado y muy tóxico hace que la víctima parezca ser el instigador, justificando así las acciones del perpetrador.

Abuso emocional - El abuso emocional alimenta vulnerabilidades y debilidades. Puede utilizar el miedo, la vergüenza, la culpabilidad o el rechazo para obtener poder sobre nosotros. A menudo la gente ni siquiera se da cuenta de que nos está lastimando con sus palabras. Esto no necesariamente es "abuso". El abuso real ocurre cuando alguien comienza a causarnos dolor emocional a través de sus palabras o acciones. Por ejemplo, una mujer se siente enojada con su hija adolescente por sus hábitos descuidados y desaliñados. Ella comienza a menospreciarla y le dice "Ningún hombre jamás te va a querer, mira qué desaliñada eres". La mamá usó esas palabras como armas emocionales para intentar cambiar el comportamiento de su hija. Esto es cruel e injusto, y puede ser considerado como abuso emocional.

Abuso por negligencia de necesidades legítimas - podemos recibir abuso al no tener satisfechas nuestras necesidades físicas o emocionales. Cuando un padre retira un privilegio como forma de disciplina, su intención es imponer consecuencias. Cuando un padre retira necesidades incluyendo amor, atención, alimentación u otras necesidades; como las estudiamos en el capítulo 6, está ocurriendo un abuso real. A menudo esta forma de abuso no es intencional, sino que es una proyección de asuntos internos del padre/madre. Sin embargo, puede ser de naturaleza abusiva.

Abuso espiritual - Los padres de familia y otras figuras de autoridad pueden usar la Biblia para asustar y atemorizar a los niños (o adultos). El abuso espiritual utiliza el nombre de Dios para colocar un sentido de control sobre los demás. Aunque Dios es poderoso, Él nunca intenta "forzarnos" a hacer nada. Más aun, Dios no nos "avergüenza". Él pone convicción en nosotros y desea liberarnos. Una persona abusiva espiritualmente desea que nos "sintamos mal". Puede decir cosas tales como "Dios ve eso y está enojado contigo". O "Dios nunca te amará cuando te comportas de esa forma". Algunas veces, el abuso espiritual es mucho más sutil. Puede ser mensajes implícitos de que Dios sólo "ama" a cierto tipo de personas quienes están haciendo ciertos tipos de cosas.

Ciclos de Abuso: Perpetradores y Víctimas

Hay dos tipos de personas que participan en actos de transgresión: un perpetrador y una víctima. Aprendamos más acerca de cada uno de estos roles.

Entendiendo a un Perpetrador

Un abusador o perpetrador, en primer lugar es una persona malsana. Mientras que podemos ver a las personas abusivas como "menos que humanos", debemos entender que todos aquellos que viven en un cuerpo de carne están sujetos a ser descarriados y guiados por el enemigo de varias maneras. La Biblia nos recuerda "Pues no luchamos contra enemigos de carne y hueso, sino contra gobernadores malignos y autoridades del mundo invisible, contra fuerzas poderosas de este mundo tenebroso y contra espíritus malignos de los lugares celestiales." (Efe. 6:12). Como seres humanos estamos siendo influenciados por la esfera espiritual que nos rodea. La gente que está influenciada por la verdad bíblica manifestará tales comportamientos. La gente que es influenciada por espíritus malignos, manifestará esos comportamientos respectivamente. El objetivo de Dios en nuestras vidas es darnos vida, los objetivos de Satanás son "robar y matar y destruir" (Juan 10:10). Dios usa a la gente como vasijas. Satanás usa a la gente como vasijas.

Entender esta perspectiva es crítico, mientras afrontamos las transgresiones de un perpetrador, porque nos ayuda a identificar al verdadero enemigo.

Entonces, ¿Quién es un perpetrador? Un perpetrador es un portador de vergüenza. En vez de tratar bíblicamente con la vergüenza, el perpetrador actúa bajo dolor emocional o influencia demoníaca. Tristemente, los comportamientos que oprimen a los demás, a menudo (pero no siempre), son el resultado de la vergüenza impuesta en ellos a través del pecado de alguien más. Esto significa que el pecado fue "contagioso" en el sentido de que cuando fue expuesto a él, este los llevó a repetirlo otra vez. Nuestra cultura puede culpar a los "genes" por los retos emocionales y de comportamiento que enfrentamos como seres humanos, pero en el mundo espiritual, la vergüenza del pecado es lo que es transmitido de una persona a la siguiente.

Por ejemplo, un depredador sexual con un comportamiento tan repulsivo y horrible, es a menudo alguien, que en un momento, fue víctima del mismo acto. Ciertamente, eso no es excusa para el comportamiento, pero brinda un entendimiento y una advertencia acerca de la grave naturaleza de tratar con la vergüenza tóxica.

¿Qué puede hacer que una persona "cruce la línea" para convertirse en un perpetrador? Como continuaremos aprendiendo, la gente aprende a hacer frente y tratar con la vida de diferentes maneras. Pero antes de que podamos hacer declaraciones o decir "yo nunca sería un perpetrador", podemos ser perpetradores de maneras pequeñas y sutiles. Podemos "hacernos las víctimas" para controlar la manera en que nos trata la gente. Suena inofensivo, pero infringe la libre voluntad de esa persona.

En las formas de abuso más oscuras y malvadas, la persona que se convierte en un perpetrador, ha desarrollado un corazón endurecido. Han prestado atención al enemigo en vez de a los principios de Dios, y ahora actúan en su enojo, vergüenza, miedo o impotencia, hiriendo a otras personas.

Mientras que tenemos permitido odiar las acciones de los perpetradores, es importante recordar que el perpetrador necesita la gracia de Dios tanto como cualquier otro miembro de la sociedad. E incluso más vergonzoso para nuestra humildad, es darse cuenta que cada uno de nosotros pudo haber sido o puede aun convertirse en un perpetrador de alguna manera.

La Víctima

La persona al extremo que recibe los comportamientos abusivos, es la víctima. La víctima esta inclinada a ser capturada por el mensaje que envía el abuso en sí. Esencialmente al ser el receptor de un acto de abuso, se puede desarrollar una perspectiva sesgada de Dios, de uno mismo y de otros. Demos un vistazo a algunas de las maneras en que las víctimas pueden aprender equivocadamente a adaptarse a las transgresiones y al "sentido de ser víctima".

Creer que se Merece el Abuso. Algunas víctimas quedan tan despedazadas que se sienten, en realidad, enteramente responsables por el abuso. Ni siquiera ofrecen defenderse, esforzándose solamente en no hacer cosas que pudieran ocasionar el abuso. Sin importar cuánto lo intenten cuando el abuso continúa, envía el mensaje que les dice "hice algo para merecer esto".

El "Ciclo de Activación". Las víctimas a menudo sienten la necesidad de defender a la persona que cometió los actos mismos de abuso que los hirió. La víctima esencialmente creerá que el abusador "no pudo evitarlo". También quizá traten de justificar los actos porque creen que el abusador se siente "herido" o quieren ganar el amor del abusador. Esta forma torcida de "protección" en realidad anima a que continúe el abuso. Eso no hace que sea su culpa, pero significa que están participando al permitirlo.

La Mentalidad de "Soy una Víctima". Algunas víctimas que no abordan sus problemas apropiadamente, desarrollarán habilidades relacionales disfuncionales, donde tienden siempre a estar en la situación de "víctima". Ellas no serán capaces de verse a sí mismas o a los demás con exactitud, y participarán en comportamientos que incentivan o que falsamente se prestan a que otros sean sus perpetradores. Aunque es difícil comprender esto, este tipo de víctima se siente "segura" estando en este rol, y por tanto los recrea en otros escenarios.

Por ejemplo, Vicky tuvo una historia de abuso emocional y mental en su vida. Eventualmente, ella se casó con un hombre que abusaba físicamente de ella también. Vicky creció acostumbrada a esta dinámica, y aun siendo esto horrible, ella desarrolló una manera envenenada de ver la vida y constantemente era la "víctima". La mayoría de la gente no estaba consciente de la situación de Vicky ya que ella no pedía ayuda. En vez de eso, ella a menudo era voluntaria para ayudar a gente en la iglesia, en el trabajo y en su vida personal. Mientras que sus intenciones parecían buenas, ella en verdad estaba buscando la apreciación y la validación que no recibió en casa.

Vicky no siempre recibió la respuesta que quería cuando se ofrecía a servir a los demás. En ocasiones ella "arremetía" a la gente que aparentemente deseaba ayudar. Ella los desprestigiaba y ponía a esas personas por los suelos, afirmando una lista de transgresiones y de malas acciones que ellos habían cometido contra ella. Usualmente, estas personas quedaron sorprendidas por sus acusaciones. Estas acusaciones fueron torcidas y llenas de percepciones fallidas. Vicky no entendía los problemas que estaba ocasionando porque en su tóxica manera de pensar parecía que la culpa era de todos los demás.

Es probable que la mayoría de nosotros haya conocido alguien similar a "Vicky," quien vivía desde una perspectiva de que la vida siempre es injusta y no equitativa para ellos. Nosotros mismos quizá podemos ser una persona como "Vicky". La tragedia es que las personas como "Vicky", en realidad se convierten en víctimas. El enemigo los ha engañado y los ha atrapado para que crean que una mentalidad de víctima es una respuesta apropiada y justa a los asuntos que enfrentan en la vida. Pero como lo aprendimos, permanecer como una víctima no es lo correcto, sino una mentira desde las profundidades del infierno.

Puntos de Aplicación:
Describa las áreas específicas de abuso que apliquen a usted.

_____
_____
_____
_____

¿Se ve usted como una víctima? ¿Cómo un perpetrador?

_____
_____
_____
_____

¿Ha sido sorprendido con una "mentalidad de víctima"? ¿Por qué o por qué no?

_____
_____
_____
_____

Una Oración para Entender la Vergüenza de las Transgresiones
Padre Dios,

Mientras observo las transgresiones en mi vida, en ocasiones las he minimizado. Otras veces, me siento una víctima de las circunstancias. Quizá incluso me enojé o me enfadé contigo como resultado de ello. Por favor ayúdame a entender la realidad de la vergüenza y los mensajes que esa vergüenza impusieron, y prepara mi corazón mientras busco un remedio.

En el nombre de Jesús. Amén.

8

Recibiendo el Regalo del Perdón

Por ahora, ya hemos reconocido que la vergüenza es una herramienta del enemigo en la vida del creyente, que nos roba la libertad y el poder que Dios quiso que tuviéramos. Si nuestras vidas están llenas de vergüenza, estamos necesitando desesperadamente un remedio auténtico y de largo plazo. Todas nuestras habilidades para hacer frente y nuestras estrategias de supervivencia fueron intentos para superar la vergüenza. Pero poco sabíamos que esos esfuerzos, no ofrecieron ningún medio posible para una solución, de hecho, empeoraron el problema.

Pudiéramos pensar que cada pecado que cargamos es como una cadena a la que estamos ligados. Esas cadenas nos mantienen viviendo con un sentido de culpabilidad, que nos obliga a arrastrarnos a través de la vida, con un corazón afligido y llenos de dolor. También podemos pensar que los actos de transgresión cometidos contra nosotros, son como una herida real dentro de nuestros corazones. Hemos estado "medicando" esa herida, o usando nuestros propios métodos para resolver el dolor. En combinación con esto, es fácil ver cómo la vergüenza puede literalmente destruir nuestras vidas.

Mientras avanzamos aplicando la solución real y eliminando la vergüenza, el primer remedio es la capacidad de recibir perdón de nuestros pecados. Mientras que suena muy sencillo, muchos de nosotros no nos damos cuenta cuán difícil puede ser. Usualmente solemos pensar que no lo necesitamos del todo, o que no podemos recibir nada "gratis", así que debemos trabajar por ello o ganárnoslo.

Cuando se trata de recibir el perdón de Dios, existe un método y un conjunto de criterios. Cualquier cosa fuera de esos límites nos mantendrá esclavizados y nunca nos ofrecerá el poder de sobrellevar la vergüenza. Pero antes que aprendamos más acerca de esos puntos específicos, aprendamos cómo Jesús estableció una estructura para nuestras capacidades para incluso tener el potencial de ser perdonados.

Cómo Trata Jesús al Pecado

La Biblia nos dice que Jesucristo se identificó con nuestra aflicción y pecado personal, incluyendo todos los actos que fueron cometidos contra nosotros, y las cosas que nosotros hicimos mal. Él sintió la punzante realidad de nuestras propias transgresiones ya que fueron puestas directamente en Su propio cuerpo. "Sin embargo, fueron nuestras debilidades las que él cargó; fueron nuestros dolores los que lo agobiaron. Y pensamos que sus dificultades eran un castigo de Dios; ¡un castigo por sus propios pecados! Pero él fue traspasado por nuestras rebeliones y aplastado por nuestros pecados. Fue golpeado para que nosotros estuviéramos en paz, fue azotado para que pudiéramos ser sanados." (Isaías 53:4-5).

Cuando Jesucristo fue colgado en la cruz, él fue expuesto a un acto de vergüenza inconcebible. Escupieron en él, se burlaron de él, lo desecharon, y lo asesinaron. ¡Mas Él nunca hizo nada malo! Si alguien tiene el derecho de clamar ser la "víctima", ese fue Jesús.

En vez de eso, todo lo que hizo Jesús estuvo orientado a una misión proveniente de un corazón amoroso. Mientras el infierno mismo se puso en contra de Él, nunca se extravió de Su objetivo de absorber el castigo del pecado y sus efectos vergonzosos que destruyeron a la humanidad. (2 Cor. 5:21) Mientras enfrentaba la fealdad y el aborrecimiento del corazón humano, Él nunca respondió con amargura. No era sorpresa para Él lo que eran capaces de hacer los seres humanos que viven apartados de Dios. Tampoco recibió la vergüenza que le impusieron otras personas como declaraciones verdaderas a cerca de Su propio carácter. Simplemente permaneció inalterable en la misión central - perdonar y restablecer la raza humana. De hecho, mientras sus enemigos lo golpeaban, Él estaba preparando la forma de redimirlos.

Lo que Jesús entendió es algo con lo que nosotros batallamos. Él sabía que todos los comportamientos malvados eran generados por los efectos de Satanás y que la única manera de vencer a esa horrible realidad del pecado humano, era conquistarla a través del amor y del perdón. El amor y el perdón fueron, en realidad, las armas usadas por Dios para desactivar el poder de Satanás. Ofreciendo este amor a la gente, Jesucristo tomó sobre Él, el castigo que el acto pecaminoso en sí merecía. Jesús no hizo a las personas sus enemigos, -Él tenía sólo un enemigo verdadero - Satanás y su ejército de demonios.

En nuestras vidas, aplica esta misma dinámica. Ya que Dios nos proveyó con un camino de redención para regresar a Él, nos pide que lo recibamos en vez de vivir bajo la condenación del pecado. Él también nos llama a perdonar a otros, entendiendo que la gente que comete transgresiones también necesita redención. Cuando obtenemos acceso al verdadero poder detrás del perdón, descubrimos que es la puerta de entrada a un nuevo comienzo, ofreciendo la capacidad de ser liberados de cada uno de los problemas del pecado. El perdón nos da la capacidad de ser sanados emocional y espiritualmente. Puede deshacer, arreglar, restaurar y resucitar el daño que fue hecho, y las pérdidas que se incurrieron.

Sin embargo, a pesar de que está disponible el poder dador de vida de la sangre de Jesús, algunos de nosotros encontramos difícil acceder a este poder. Esto es porque a menudo acudimos a una variedad de barreras, incluyendo:

1. Estamos enojados con Dios y lo culpamos por permitir cosas en nuestras vidas
2. Creemos que no necesitamos perdón ya que no somos tan malos o que es "culpa de alguien más"
3. No somos capaces de recibir perdón por nuestros propios pecados

Enojo con Dios

¿Cómo puede un Dios que nos ama permitir que sucedan cosas horribles en nuestras vidas? Esta es una pregunta que mantiene a las personas sin buscar a Dios. En esencia, alguna gente está a amargada con Dios, como si Él fuera el único que deliberadamente deseara que tales cosas sucedieran. Como lo aprendimos en el capítulo 5, el hecho de que Dios sea todopoderoso no lo hace directamente responsable de los comportamientos y de la maldad en el mundo. Cualquier cosa que no sea "perfecta" en este mundo es un subproducto de la realidad de un mundo caído y una humanidad caída. Dios es el autor del libre albedrío. Él permite que la gente tenga la capacidad de realizar elecciones, incluso si estas están equivocadas. Podemos ser víctimas de cosas que no son justas. Podemos tener infancias dolorosas. Dios conoce esto. Y podemos estar seguros que esto también lo hiere a Él. Al mismo tiempo, Dios tiene el control, y usará todas las cosas para nuestro bien. (Romanos 8:28)

Si usted está enojado con Dios, es muy importante que lo identifique y que le pida que le revele sus características y métodos de operación. Pídale que le ayude a entender cómo Él lo ama, a pesar de las circunstancias.

Puntos de Aplicación:

Escriba una lista de las maneras en las que se siente enojado o decepcionado con Dios.

_____

_____

_____

_____

Escríbale una carta a Dios describiendo cómo esas cosas han hecho que usted cuestione el amor de Dios para usted.

_____

_____

_____

Pídale en oración a Dios que le ayude con su enojo.
Padre Dios,

Admito que estoy enojado contigo o decepcionado de Ti. No entiendo por qué Tú permitiste que yo sufriera. No entiendo por qué permitiste estas circunstancias en mi vida. Al mismo tiempo, conozco que eres un Dios de amor, de gracia y de redención. Esto significa que mi lucha con el enojo es algo con lo que necesito tratar y está basado en una mentira acerca de Tu carácter. Por favor revela en tu Palabra y en mi propia relación, cuánto me amas y deseas restaurar y resolver las heridas en mi vida. Por favor toma mi presto corazón como el primer paso para aprender a cómo amarte más y sentir menos enojo hacia Ti.
En el nombre de Jesús. Amén.

Cuando nos sentimos indignos de recibir perdón

Como lo platicamos en el capítulo anterior, podemos estar atados por un sentido de culpabilidad, vergüenza y condenación que parece "justificar" el por qué no podemos ser perdonados. Por ejemplo, Marilyn sabía todo acerca del amor de Dios y el perdón desde que era niña. Sólo que no sabía cómo recibirlo personalmente. Después de que tuvo un aborto, Marilyn estuvo plagada de culpabilidad y vergüenza. Ella honestamente decidió que ella no merecía ser perdonada. Ella juró a sí misma vivir el resto de su vida "sufriendo" por su horrible error. Marilyn veía un niño y sentía el dolor agudo de su decisión. Se distanció de Dios, creyendo que Él estaba enojado y disgustado con ella así como ella estaba disgustada consigo misma.

Un amigo de Marilyn la invitó a un Estudio Bíblico donde aprendió acerca de la redención de Dios. Este amigo estaba enterado de la lucha espiritual de Marilyn. Cuando una dama en el estudio compartió sobre un aborto, las palabras penetraron en el alma de Marilyn. Esta hermana explicó cómo ella honestamente sabía que ella no merecía ser perdonada. Pero ese mismo día en su aflicción, Jesús "se manifestó". Ella llegó a entender que la esencia misma del perdón era que este es inmerecido. Ella visualizó un regalo y se dio cuenta que mientras su elección fue tan horrible; ese regalo simplemente necesitaba ser recibido y abierto. Esta mujer pasó entonces a través de un proceso completo de sufrimiento y liberar al bebé perdido entregándolo a Dios. Pero esa sanidad sólo fue posible después de que ella recibiera el perdón.

Por primera vez, Marilyn se dio cuenta de que podría ser perdonada. Buscó el apoyo que necesitaba y eventualmente recibió ese mismo perdón y sanidad.

El perdón de Dios es un regalo gratuito basado en Su gracia (Efesios 2:8-9). Recibir ese regalo sin pedir nada a cambio va directamente en contra de nuestra codependencia. Somos enfrentados con una elección cuando nos sentimos indignos de ser perdonados. Ya sea que la sangre de Jesucristo es suficiente para nosotros, o no

. La creencia que escojamos para vivir determina nuestro futuro.

Qué necios podemos ser al rechazar un regalo que Dios ya trajo para nosotros, y uno que tomó tan preciosos recursos para comprar, simplemente porque no somos dignos. La verdad es, NO SOMOS DIGNOS - ¡pero la SANGRE DE JESÚS SÍ ES DIGNA! Declare esa sangre cubriendo su vida. Solicite que esa sangre le cubra y le limpie, retirando las cosas que usted no puede retirar por usted mismo.

Recibiendo el perdón

¿Cómo podemos recibir perdón de nuestros pecados? He aquí el proceso básico de cómo recibimos el regalo del perdón de Dios:

Confesar: Debido a que podemos tener la impresión de que Dios está buscando que seamos "perfectos" podemos tender a querer llevarle lo bueno, en vez de lo malo. Pero en realidad Dios quiere que admitamos esos pecados y defectos que cargamos. "Si afirmamos que no tenemos pecado, lo único que hacemos es engañarnos a nosotros mismos y no vivimos en la verdad" (1 Juan 1:8). No sólo decimos simplemente "Oh sí, me doy cuenta que el pecado está ahí". Dios requiere que en verdad hablemos y le digamos a Él específicamente lo que ocurrió. "pero si confesamos nuestros pecados a Dios, él es fiel y justo para perdonarnos nuestros pecados y limpiarnos de toda maldad." (1ª Juan 1:9). En otras palabras, no lo cubra, no trate de mostrar su esfuerzo, vaya hacia Él como usted es, admitiendo lo que no es correcto.

Arrepentimiento: El arrepentimiento indica un giro en la dirección. No es sólo un cambio exterior en nuestros comportamientos. De hecho, si somos "legalistas" y nos enfocamos sólo en las apariencias externas, fracasaremos en comprender el asunto principal. El arrepentimiento verdadero viene cuando nuestro corazón y nuestra mente son capaces de reconocer la verdad de Dios a la luz de las mentiras. Vemos cosas desde su perspectiva, y nos damos cuenta de cómo no dimos la talla y dónde nos equivocamos. Si no hicimos nada, o no creímos en nada, esto se opone a la Palabra de Dios, necesitaremos arrepentirnos. Hechos 3:19-20 dice, "Ahora pues, arrepiéntanse de sus pecados y vuelvan a Dios para que sus pecados sean borrados. Entonces, de la presencia del Señor vendrán tiempos de refrigerio . . ." Qué promesa tan maravillosa que cuando nos arrepentimos, no sólo Dios nos perdonará nuestros pecados, ¡también traerá el "refrigerio" de Su presencia!

Recibiendo el perdón de Dios: Recibir es el paso más difícil en este proceso para el codependiente. El perdón de Dios siempre es un regalo. Requiere algunas cosas de nuestra parte, pero el perdón, en sí mismo, es gratuito. Continuamente ponemos a un lado el perdón para invocar nuestra propia forma de castigo. Incluso podemos sentir que si lo hacemos es algo noble y responsable. Pero ¡cómo aflige esto el corazón de Dios! En la cruz, Jesús ya pagó el precio de nuestro pecado. Por lo tanto, cuando rechazamos Su perdón, esencialmente estamos rechazando la obra terminada que Él hizo en nuestro lugar. Si usted batalla con esto, haga esta oración:

Una Oración Cuando No Nos Sentimos Dignos
Padre Dios,

No me siento digno de que me perdones por algunas de las cosas que he hecho. Sé que tu perdón es gratuito, pero las cosas que yo he hecho no parecen cumplir con el criterio. Sin embargo, debo enfrentar la verdad. Que tu fuiste colgado, desangrado y muerto en esa cruz en mi lugar. ¿Por qué te negaría ese derecho? Ayúdame, Señor. Lléname con Tu verdad. Crea en mí un corazón limpio, y quita todo lo que haya en mí que no sea tuyo.

En el nombre de Jesús. Amén.

Creyendo que no necesitamos perdón

Si al momento de enfrentar nuestro inventario de pecados, nos encontramos diciendo "No soy tan malo comparado con _____", hay una barrera importante en nuestras vidas que inhibirán un mayor crecimiento y libertad. En pocas palabras, no recibiremos un remedio si no podemos ver que existe el problema.

Muchas veces como codependientes, podemos engañarnos creyendo que nuestros propios esfuerzos y sentido de la "bondad" pasan por encima de acciones pecaminosas que hemos cometido. Pero esto está muy lejos de la verdad. Podemos también usar un sistema de justificación personal que dice cuándo soy mejor que cualquier persona a mi alrededor, no soy realmente un pecador. Esto es extraordinariamente falso, porque a los ojos de Dios, el pecado es pecado.

Todos tenemos asuntos con el pecado. No alcanzamos la meta. Esto es una parte normal de ser humano. Y más aun, no podemos hacer mucho al respecto aparte de una verdadera transformación en nuestros corazones. Los actos de "moralidad" pueden ser hechos por cualquiera. Los humanos por naturaleza, somos capaces de hacer "cosas buenas". Pero los únicos "actos" que complacen a Dios son aquellos realizados a través de Él, a través de la vida de Su Espíritu morando en nosotros. "Estamos todos infectados por el pecado y somos impuros. Cuando mostramos nuestros actos de justicia, no son más que trapos sucios...." (Isaías 64:6). Tan inocente e inofensivo como puede parecer, cuando vivimos delante de Dios con una "lista de verificación" de cómo somos "buenos", estamos viviendo por un sentido de nuestra propia justicia. No podemos ser perdonados en esta condición. Si usted lucha con la incapacidad de ver su pecado, haga esta oración:

Una Oración para Romper con la Auto-Justificación
Padre Dios,

He vivido mi vida creyendo que era una buena persona, y que mi "bondad" me haría aceptable a ti. Es difícil para mí pensar que he estado creyendo algo que en realidad te contradice y se opone a ti. Renuncio a las mentiras que he estado creyendo acerca de mi propio sentido de justicia y te pido que por favor me liberes al punto donde pueda verme a mí mismo de manera exacta. Sé que me amas lo suficiente para rescatarme de esta mentalidad destructiva. Por favor perdóname y cámbiame. Te agradezco de antemano.

En el nombre de Jesús. Amén.

Puntos de Aplicación:

Para ayudarle a aplicar esto personalmente en sus propios asuntos con el pecado, utilice este proceso:

Haga una declaración verdadera acerca del acto

Cuando cometí _____ (nombre del comportamiento o de la transgresión) Jesús ya sabía que lo había hecho.

El hecho fue horrible y estuvo mal, y me arrepiento profundamente de ello. Sin embargo, Jesús ya sintió, sufrió y pagó el castigo de ese acto. La Palabra de Dios me dice que si confieso y me arrepiento de mis pecados, él me dará el regalo del perdón. Escojo recibir ese regalo.

Ore

Amado Padre,

Reconozco que pequé contra ti. Eso estuvo mal. En verdad te pido perdón y desearía nunca haberlo hecho. Pero, Señor, estoy pidiéndote que quites ese pecado de mí y que ayudes a esa persona contra la cual pequé. Oro para que esa persona sea capaz de perdonarme y liberarme de esa deuda. Renuncio a este pecado en el nombre de Jesucristo y no quiero que jamás regrese a mi vida otra vez. Muéstrame a tiempo si necesito hacer cambios o simplemente entregar la situación a ti. Gracias porque a pesar de la capacidad de perdonar de las personas que ofendí, tú me perdonarás. Te agradezco que el poder de Tu sangre es verdaderamente suficiente para tratar con mi pecado. Te agradezco de antemano.

En el nombre de Jesús. Amén.

Otros pasos para iniciar el perdón y la sanidad

1. Observe los elementos en su lista de las formas en que transgredió a alguien. Escriba una carta a esa persona describiendo cómo la lastimó y que usted esta arrepentido, si es necesario. Pídale que le perdone.

2. Si usted batalla recibiendo perdón, escriba una carta a Dios pidiéndole que le ayude. Confiese y arrepiéntase del pecado y pídale el regalo del perdón. Una vez que esto haya ocurrido, mantenga esa carta como un recordatorio de que Dios le ha perdonado, justo como lo ha prometido.

3. Si le es posible, encuentre a un amigo de confianza, mentor, consejero o apoyo, y confiésele estas cosas (Santiago 5:16).

Identificando la Culpabilidad Falsa

Mientras podemos tener problemas de pecado legítimos en nuestras vidas con los que Satanás "juega", hay ocasiones en que experimentamos una "culpabilidad falsa". La culpabilidad falsa está basada enteramente en una mentira. Nos dice que somos culpables de algo que no tiene nada que ver con nosotros. Cuando comenzamos a "hacer nuestra" esa culpabilidad, nos confundimos, nos llenamos de cargas y nos mortificamos. Esta "culpa" puede impulsar comportamientos erráticos para tratar de "sobrellevarla".

Por ejemplo, Craig creció en un ambiente donde él se sentía responsable e impulsado por la culpa de las necesidades de sus padres. Su mamá sólo tenía que tirar de "los hilos", y Craig sabía que él necesitaba cumplir. Ella utilizaba frases como "Pensé que querrías ayudarme con esto, pero me imagino que tienes cosas más importantes que hacer con tu tiempo".

En su edad adulta, Craig funcionó de la misma forma. Analizó las frases de otros e "hizo suyo" todo "mensaje de culpa" que pudo haber experimentado. Él hizo todo por la gente a causa de este sentido de "culpa" de que era su trabajo darles cabida. A menudo, ellos no pedían o esperaban nada de él, pero él actuaba basado en su propio pensamiento sesgado y tóxico.

Cuando aceptamos la culpabilidad falsa, también podemos sentir la necesidad de excusarnos y explicarnos constantemente. Como si fuéramos responsables de las acusaciones todo el tiempo, a menudo sobre cosas que nadie nos mencionó directamente. Recuerde, el enemigo es el "acusador", así que a menudo este sentido de culpabilidad es un ataque directo en la esfera espiritual. Sin importar el origen, cuando percibimos que la gente nos está "juzgando", nosotros podemos:

1. Ponernos extremadamente defensivos y asumir que la gente está acusándonos de hacer algo mal.
2. Señalar las fallas o pecados de otras personas para descender a esas personas a un nivel "por debajo" de nosotros de modo que nos sintamos más aceptables.
3. Señalar nuestra "justicia" en un intento de "acreditarnos a nosotros mismos".

El problema con estos medios de defensa, es que a menudo, no sólo es la culpa a la que no deberíamos hacer nuestra, sino que ahora creamos nuevos problemas a través de nuestras reacciones equivocadas. Por eso identificar la culpabilidad falsa es tan importante. Se lleva nuestra paz y nuestro sentido de ser justificados en Cristo Jesús. Romanos 8:1-2 dice "Por lo tanto, ya no hay condenación para los que pertenecen a Cristo Jesús; y porque ustedes pertenecen a él, el poder del Espíritu que da vida los ha libertado del poder del pecado, que lleva a la muerte."

Si batallamos con el sentimiento de "culpabilidad" todo el tiempo, es importante rastrear e identificar los mensajes en nuestra mente. También debemos aprender a "contestar" a esos mensajes de una manera racional. Por ejemplo, si estamos sintiéndonos culpables por no ayudar a una amiga en necesidad por ya tener un compromiso anterior, podemos decir "no me fue posible, y eso no me hace un mal amigo. Dios sabía por adelantado que yo no estaba disponible, y Él debe haber tenido algo más planeado para ella."

Cuando escuchemos mensajes de "culpabilidad", debemos saber que son de alguna manera derivados de Satanás. Podemos reconocer la voz de Dios cuando habla de acuerdo a la verdad de la Palabra de Dios. Sin embargo, la voluntad de Dios, usa convicción. Así que no podemos descontar nuestra conciencia cuando estamos haciendo algo que se opone a las cosas de Dios. Si estamos sintiendo la culpabilidad de los comportamientos de otra persona porque nos sentimos de algún modo responsables, necesitamos orar por sabiduría para aprender a separar nuestro propio comportamiento del de ellos. Si necesitamos hacernos responsables de algo, lo haremos. Pero no podemos hacernos responsables de las malas acciones de otras personas.

Sólo recuerde, Dios es un Salvador. Él no está interesado en estar parado desde el cielo con su dedo apuntándonos, de modo que cualquier cosa que venga de esa perspectiva no es de Dios. En vez de eso, todo lo que Dios hace en nuestras vidas, incluyendo su convicción, es para llevarnos hacia la libertad. Y qué liberador es saber que en Dios nunca tenemos que defendernos. Sólo necesitamos ofrecernos con honestidad y vulnerabilidad.

Mientras que nuestra inclinación natural siempre puede ser el defendernos a nosotros mismos, debemos aprender a colocarnos en el abrigo y la protección y declarar, "Yo soy lo que Dios dice que soy". Mientras aprendemos a creer esta declaración, la culpabilidad ya no va a tener ningún poder sobre nuestras vidas.

Puntos de Aplicación:

¿Usted "hace suyas" cosas que no eran su culpa? ¿Por qué? ¿Se siente motivado a hacer cosas para otros porque piensa que es lo que ellos quieren, y no quiere decepcionarlos o desilusionarlos? Explique un ejemplo.

_____

_____

_____

_____

¿Siente la necesidad de "reivindicarse" a sí mismo? ¿Está usted a la defensiva cuando piensa que la gente le está "juzgando"? Explíquelo.

_____

_____

_____

_____

¿Alguna vez se encuentra criticando a otras personas que usted teme que pudieran estar "juzgándole" o "rechazándole"?

_____

_____

_____

_____

Enfrentando las Fallas

La mayoría de los codependientes encuentran que es difícil enfrentar las fallas de uno mismo. Fallar no es lo mismo que el pecado. Como humanos, constantemente fallamos y cometemos errores. Es normal y necesario fallar para aprender y crecer. Incluso la falla moral del pecado, puede ser aun una herramienta de aprendizaje en nuestras vidas, si lo vemos bajo la perspectiva apropiada.

Por ejemplo, un bebé aprende a caminar al fallar continuamente y levantarse de nuevo. Con el tiempo, el bebé aprende cómo balancearse y toma los pasos que le llevan a menos y menos "fallas".

A través de este ensayo y error, el bebé es fortalecido. Imagine si un bebé "deja de intentarlo" una vez que se cae. O peor aún, ¡Imagine a un padre de familia regañando al niño la primera vez que se cae! Por supuesto eso suena ridículo. Pero Dios nos ve como Sus niños pequeños, y Él entiende que estamos intentando tomar los "pasos" de la vida. No está gritándonos, ¡Él está animándonos a "seguir tratando"!

Algunas de las personas más exitosas en el mundo nos compartirán que las fallas son un ingrediente necesario para trabajar hacia el éxito. Para el codependiente, pensamos que los "errores" son el final. Hacemos lo imposible para evitarlos y cuando ocurren pueden parecer catastróficos.

En realidad, Dios nos da mucha apertura para cometer errores. Él usa los errores para enseñarnos y entrenarnos. Incluso si la gente nos rechaza a causa de las fallas, Dios nunca nos rechaza. (Hebreos 13:5). Más aun, podemos encontrar cobijo bajo Su gracia mientras que estamos en el proceso de aprender. Y en esa gracia, somos suficientes (2 Corintios 12:9).

Puntos de Aplicación:
Describa cómo se siente cuando comete un error.

_____

_____

_____

_____

¿Siente que usted no tiene el "derecho" a experimentar fallas, como sucede con los demás? ¿Por qué? ¿Permite que otros tengan fallas, o le hace sentirse excesivamente herido o enojado?

_____

_____

_____

_____

_____

El Poder del Perdón

Si usted ha aplicado el remedio de la gracia de Dios y el perdón sobre los problemas del pecado en su vida, usted está preparado para avanzar hacia la libertad. Recibir perdón abre la puerta de entrada hacia todo crecimiento y sanidad futuros. También nos da un sentimiento indescriptible de gratitud. ¿Cómo sabe usted si ha recibido verdaderamente el perdón de Dios?

- Usted le agradecerá. Usted entenderá verdaderamente que sin este perdón, usted estará perdido sin esperanza.
- Usted deseará acercarse a Él en una relación, no alejarse de Él. La vergüenza de nuestro pecado nos hizo escondernos de Dios, el perdón nos acerca a Él.
- Usted sabrá en su corazón que es completamente aceptado. Ya no sentirá como si Él estuviera de alguna manera rechazándole.

Si usted aún no ha llegado ahí, no se desanime, sino búsquelo diligentemente a través de la fe. Todos los propósitos redentores de Dios en su vida descansan en su capacidad de recibir el perdón de Dios.

Una Oración para el Perdón

Padre,

He escuchado una y otra vez que necesito Tu perdón. Pero algunas veces el "sentir" que soy perdonado es una lucha. Oro para que todas y cada una de las barreras y obstáculos que pudieran impedirme abrazar totalmente tu perdón, sean retirados de mi corazón, incluyendo mi propia justicia o mi auto-condenación. Por favor, ayúdame. Gracias de antemano por que tu perdón es mi libertad.

En el nombre de Jesús. Amén.

9

Ofreciendo el Regalo del Perdón

El mayor milagro que alguna vez experimentaremos, es recibir el perdón de Dios y entablar una relación con Él basada en Su gracia, no en nuestros esfuerzos. Partiendo de esto, la vida cristiana nos llama a hacer cosas que de otro modo no seríamos capaces de hacer. En nuestra mentalidad de codependencia, a menudo hemos creído que Dios estaba al margen observándonos cómo intentábamos "arreglar", "resolver" y "vencer" los problemas que enfrentábamos, a pesar de cómo fallaban miserablemente nuestros esfuerzos. ¡Qué incorrecto! En vez de esto, Él nos invita a caminar junto a Él, donde Él sobrenaturalmente nos da poder para vivir esta vida. Podemos mantenernos corriendo por delante de Él, sintiéndonos exhaustos por nuestros propios esfuerzos. O, podemos aceptar su invitación y conocer la paz al descansar en Él, donde nos movemos a través de Él a niveles más profundos de libertad (Juan 15:5).

Mientras continuamos en este peregrinar, nos topamos con tareas y retos que van más allá de nuestras fuerzas humanas. Estos retos son en realidad oportunidades para que aprendamos cómo acceder al poder de Dios en vez de depender en nuestra propia fuerza. Una de las cosas más difíciles que Dios requiere de nosotros es la capacidad de perdonar a otras personas que nos han herido. Es una responsabilidad que se nos da como cristianos, pero es una que desafía nuestra humanidad en todos sus niveles. Necesitamos el poder de Dios trabajando en nosotros para hacer esto por nosotros.

En este siguiente capítulo aprenderemos específicamente acerca del propósito detrás de la necesidad de perdonar a otros, así como la libertad que nos ofrece personalmente. También se nos dará la oportunidad de aplicar perdón a las heridas mismas que nos ocasionaron mucho dolor y sufrimiento.

Odiando al Comportamiento, No a la Gente

Conforme nos acercamos al perdón, es reconfortante reconocer que las malas acciones cometidas contra nosotros no estuvieron "bien". Al estar Jesucristo mismo en el cielo viendo ese pecado, él no minimiza sus efectos dañinos y horribles.

De hecho él lo aguantó con dolor. Cuando vemos la lista de maneras que la gente ha pecado contra nosotros, tenemos el derecho de odiar esas listas. Si nos mantenemos intentando ir por la vida "perdonando" y "superándolo", no cambiará el efecto que esos comportamientos pecaminosos tuvieron en nosotros, o la herida abierta que dejaron en nuestros corazones. Pero va mucho más a fondo que eso. Los efectos de esas transgresiones enviaron un mensaje. Si esos mensajes nos influenciaron, esencialmente tienen "señorío" en nuestras vidas. Necesitamos no sólo deshacernos del pecado en sí mismo, sino que necesitamos eliminar permanentemente los mensajes impuestos en nosotros.

¿Por qué Debemos Perdonar?

Dios nos pide que perdonemos a aquellos que nos lastiman. En el capítulo 7 aprendimos que cuando alguien nos transgrede se "limpia sus manos ensangrentadas en nosotros", dándonos la impresión de estar "sucios" por la vergüenza del acto impuesta sobre nosotros. Esta vergüenza continuó infectando nuestras vidas a través de mensajes y de una sensación de estar "sucio". Es útil entender que el perdón no se trata sólo de dejar que esa persona "se salga con la suya", o pretender que el acto no importa. En vez de eso el perdón es un remedio poderoso contra el daño mismo que el pecado impuso - tiene el poder de liberarnos del daño que ocasionó.

Así como la sangre de Jesucristo fue derramada en nuestro lugar para vencer al poder del pecado y de la muerte en nuestras vidas, podemos aplicar el mismo remedio contra las transgresiones que nos ocurrieron. De hecho, el perdón conquistará a la transgresión. Cuando aprendemos a perdonar a la gente (pero no a los comportamientos) la sangre de Jesús es colocada en la herida que el acto pecaminoso creó. No significa que estemos inmediatamente y enteramente libres de las consecuencias dañinas del pecado. Por ejemplo, si alguien nos roba algo, quizá tengamos que vivir con esa realidad por siempre. Pero a través del acto del perdón, la "suciedad" de la vergüenza misma fue removida, haciendo que esa herida sea capaz de sanar.

Puntos de Aplicación:

¿Guarda rencor hacia la gente que usted encuentra difícil de perdonar?

_____

_____

_____

_____

Describa cómo la sangre de Jesucristo tiene el poder de liberarlo de ese acto. ¿En verdad cree esto? ¿Por qué o por qué no?

_____
_____
_____
_____

Cuando No Queremos Perdonar

El perdón es una elección voluntaria, no necesariamente algo que emocionalmente deseamos. Quizá no queramos perdonar, pero eso no significa que sea lo correcto.

La falta de perdón y la amargura son algunos de los resultados de no tratar bíblicamente con las transgresiones y las necesidades sin satisfacer. Es nuestra naturaleza humana querer "justicia" y buscar venganza por las transgresiones cometidas contra nosotros, en vez de perdonar. De hecho, nada en nuestra humanidad deseará perdonar a la gente.

La verdad es que Dios nos deja muy claro que para poder vivir en Su voluntad, necesitamos perdonar a aquellos que nos hieren. "Si perdonas a los que pecan contra ti, tu Padre celestial te perdonará a ti; pero si te niegas a perdonar a los demás, tu Padre no perdonará tus pecados." (Mateo 6: 14-15). En base a esta escritura, está claro que nuestra propia relación con el Señor se ve afectada si no somos capaces de perdonar a otros. Más aun, cuando escogemos no perdonar, quedamos ligados a lo "sucio" de esa transgresión. Eso significa que no seremos capaces de sanar.

Perdonando a la Manera de Dios

Cuando nos ponemos en contacto con el corazón de Dios, descubrimos que Sus métodos de operación están totalmente en contraste con nuestras propias maneras. (Isaías 55:8-9). De hecho, Dios nos dice en su palabra que nosotros realmente "nos venguemos" de nuestros enemigos mostrándoles amor y perdonándolos. Como lo aprendimos previamente, Dios nos llama a un estilo de vida de amor y de perdón porque ese es el estilo de vida de Dios. "Líbrense de toda amargura, furia, enojo, palabras ásperas, calumnias y toda clase de mala conducta. Por el contrario, sean amables unos con otros, sean de buen corazón, y perdónense unos a otros, tal como Dios los ha perdonado a ustedes por medio de Cristo." (Efesios 4:31-32).

¿Significa esto que permitamos que la gente nos lastime? ¿Significa eso que una persona puede simplemente transgredirnos y nosotros vamos a aceptarlo voluntariamente? De ninguna manera. De hecho, hay veces que la gente comete pecados contra nosotros de manera que necesita haber una consecuencia. Eso es algo totalmente diferente y será tratado en el capítulo 11 cuando aprendamos acerca de los límites.

Lo que queda claro es que Dios nos dice en 1 Pedro 3:9 "No paguen mal por mal. No respondan con insultos cuando la gente los insulte. Por el contrario, contesten con una bendición. A esto los ha llamado Dios, y él los bendecirá por hacerlo."

La verdad es que cuando escogemos tratar con nuestro dolor de manera independiente a los métodos prescritos por Dios, habrá una consecuencia. No sólo tendremos que tratar con la vergüenza que el pecado impuso en nosotros, sino que tendremos que vivir la vida fuera de la bendición de Dios. Pero cuando escogemos responder a las transgresiones a través del amor, seremos bendecidos.

Un Espíritu de Amargura

Mientras que podemos tener amargura acerca de un evento o persona en particular, podemos eventualmente desarrollar un espíritu completo de amargura. Se convierte en una manera totalmente contaminada de ver la vida a través de perspectivas crónicas y negativas. Muchos codependientes desarrollan un banco de "resentimiento". Conforme "ayudan" exageradamente a otros, también simultáneamente experimentan un sentido de victimización. Mientras que enfatizan sus propios "actos de servicio" continúan construyendo ese banco de resentimientos que dice "ve lo que he hecho por ti".

Por ejemplo, Paul tenía algunos traumas profundos en su formación durante la niñez con los que él nunca trató. En su vida adulta, aprendió a compensar en sus relaciones. Se vio a sí mismo como la persona que satisfacía las necesidades de la gente y se enfocó en las maneras de arreglar sus problemas. Lo hizo tan naturalmente que no se dio cuenta de este comportamiento en la formación de su carácter. Estaba tan inclinado a dar consejo a la gente, y usualmente buscó a cambio una validación. Debido a que tantos de sus comportamientos con la gente parecían mostrar una preocupación genuina por ellos, la gente estaría sorprendida de conocer cómo las necesidades de los demás lo frustraban y enfurecían. Se sintió totalmente responsable de cumplir esas necesidades, pero al mismo tiempo, se sintió amargado por tener que "ayudar" a todos en sus relaciones.

Las habilidades de compensación de Paul se desarrollaron en su niñez temprana cuando, como hijo mayor se esperaba que él cuide de las necesidades de la familia. La presión que cargó lo extenuó y ocasionó mucho dolor y sufrimiento. Él estaba enojado con un padre que lo abandonó, y con una madre que no estaba disponible para él entre su trabajo y sus novios. Esa falta de apoyo, y la necesidad de ser responsable, lo llevaron a un sentido profundo de victimización a través de la vida.

Si se visualiza en la esfera física, para todo lo que Paul hacía por los demás, él ponía una "moneda" en un "banco" de crédito. Pero al mismo tiempo, Paul ponía una "moneda" en su banco de resentimientos. Este ciclo de "necesitar pago" para todo lo que él hacía era seguido de un sentimiento de abandono y menosprecio.

Eventualmente, Paul sólo vivió de esta manera, y no tuvo gozo, paz o plenitud.

Su espíritu negativo envenenó todo aspecto de su vida. ¡Qué horrible manera de vivir! Mientras Paul se enfrentaba a sí mismo en su recuperación, él necesitó desenvolver esos resentimientos originales y eventos traumáticos que le llevaron a esa manera de ver la vida tan contaminada en general. Él finalmente necesitó aprender a perdonar, también a recibir perdón por los mecanismos para hacer frente a la situación que él había desarrollado.

Reconocer que tenemos un espíritu de amargura es el primer paso hacia la libertad.

Dios nos pide que pongamos a la gente y a las situaciones en Él para que las "juzgue". Él es el único interesado en que ofrezcamos nuestra voluntad para perdonar a los demás, así como Él está dispuesto a perdonarnos. Antes de que usted se abrume demasiado, reconozca que el perdón puede tomar tiempo. A menudo es un proceso, no algo que simplemente podemos comenzar a "hacer". Sólo por el hecho de que usted está leyendo este libro de trabajo, no significa que estará inmediatamente listo para perdonar. No permita que el enemigo ponga en usted condenación. Dios conoce su corazón y su deseo sincero de perdonar a una persona, o si usted lucha con un espíritu de amargura, Dios puede encontrarse con usted justo donde está. Sin embargo, si usted se rehúsa abiertamente a tratar con su amargura, esté preparado para tratar con las ramificaciones de largo plazo.

Recuerde, Dios no nos obliga a perdonar a la gente. En realidad no tenemos por qué hacerlo si así lo decidimos. Pero lo que podemos perder es la capacidad de experimentar libertad y la capacidad sobrenatural de experimentar con intimidad a Dios. Recuerde, sin importar que tan mala fue la acción, y sin importar qué tan indigna sea la persona, su voluntad de perdonar a una persona le libera a usted.

Puntos de Aplicación:
¿Reconoce si usted tiene un espíritu falto de perdón?

_____

_____

_____

_____

¿Hay transgresiones más grandes que usted siente que no merecen ser perdonadas?

_____

_____

_____

_____

Una oración para la Amargura
Padre Dios,

Me doy cuenta que he tomado la mentalidad de víctima debido a las cosas que

otras personas me han hecho. Me he enojado, frustrado y resentido con las personas responsables de esas transgresiones, y con personas que no fueron responsables en absoluto. Específicamente, oro acerca de _____
_____. También oro por la manera en que actúo, me quejo y respondo. Padre, sana mi corazón. Muéstrame gracia y luego dame la capacidad de ver a otras personas con la misma gracia.

En el nombre de Jesús. Amén.

Aplicando el Perdón

Vamos a enfrentar de primera mano las ramificaciones de las formas en que otros nos han herido, han abusado de nosotros o nos han descuidado o transgredido de otras formas. Hablar acerca de perdonar a la gente es una cosa, pero enfrentar esos pecados individualmente - y conectarse totalmente con las emociones, el daño y las consecuencias - es algo totalmente diferente. La mayoría de nosotros tratamos inadecuadamente con las formas en que los demás nos han herido. No entendemos la trascendencia o los efectos, así que pensamos que "simplemente se irá".

El propósito de este proyecto es recordar totalmente y trabajar cada uno de los eventos que ocurrieron. Por eso es importante no quedar atrapados en el "proceso", sino reconocer que es más importante evaluar y orar por estas transgresiones que ver con cuales se necesitan trabajar. También, es importante conocer que Dios debe ser el que dirige este proceso. Antes que vayamos más lejos, hagamos una oración. Aquí hay una sugerencia:

Una Oración de Preparación para Perdonar

Padre Dios,

Deseo ser liberado de las consecuencias dañinas del pecado en mi vida. Me doy cuenta que he sido herido o transgredido por otros. Ya sea que lo hicieran intencionalmente o no, y sin importar cuánto ame a esas personas, te pido que me des la valentía de enfrentar esas cosas que me han mantenido en esclavitud. Padre, ya conoces lo que está sucediendo dentro de mi corazón. Por favor, en base a tu carácter de amor, gracia, poder, bondad, benignidad y misericordia, ayúdame. Reúnete conmigo ahora en donde quiera que me encuentre y conéctame con tus recursos espirituales. Te alabo y te agradezco de antemano. Eres un Dios bueno.

En el nombre de Jesús. Amén.

Paso 1: Procesando sentimientos

Como lo platicamos en el capítulo 6, la capacidad de conectarse emocionalmente es un aspecto importante de sanar. En base a la lista de inventario de las acciones cometidas contra usted, conteste las siguientes preguntas para cada punto de la lista.

Recordar las Transgresiones Pasadas

1. ¿Puedo reconocer que el acto estuvo mal, y que como un ser humano, ciertos derechos míos fueron transgredidos? (ej. Mi tío abusó de mí. Yo no merecía esto.)
2. ¿Puedo identificar cómo me hizo sentir ese acto?
3. ¿He sido capaz de conectarme emocionalmente con lo que sucedió? Como resultado de esto, ¿Alguna vez he llorado, me he afligido o he resultado lastimado?

Si usted respondió "no" a todo esto, es posible que aún usted esté protegiendo el evento a través de alguna forma de negación, ya sea que lo haga intencionalmente o no. En realidad sólo el poder del Espíritu Santo puede "abrirse paso". Si usted confía en El, pídale que revele dónde pudo usted haber sido lastimado. Recuerde, usted puede no estar listo para tratar aún con este asunto, así que no se presione a sí mismo. Está bien continuar por ahora y enfocarse en otra cosa. Sólo recuerde continuar orando para pedir la guía y el poder del Señor, sin permitir que el espíritu de negación eche raíces.

Paso 2: Reconocer la Verdad

Si usted fue capaz de responder "sí" a las preguntas de arriba, entonces puede comenzar a escribir y a decir declaraciones verdaderas acerca del acto. Encuentre un lugar donde pueda estar totalmente solo. Diga en voz alta las palabras de esta asignación (esto es importante). Usted va a declararse esto a usted mismo, a Dios y a la esfera satánica.

Declaración Contra el Pecado

"No estuvo bien que esta transgresión ocurriera.
Rechazo la transgresión y el mensaje que ésta me envió a mi vida.
Me sentí _____ (enojado, sucio, triste, etc.)
Me vi a mí mismo como _____ (indigno, nadie me ama, rechazado).
Como resultado de esto, continúo (pensando, sintiendo, creyendo)
_____
(indigno, nadie me ama, etc.)"

Mientras usted mira a su respuesta a cada acto, es importante que usted reconozca la mentira que usted creyó. Cuando usted llegue a darse cuenta que alguien le lastimó, en algún punto necesita hacer una declaración de verdad contra él. Por ejemplo, el acto de pecado le dejó sintiéndose devaluado como persona, pero en realidad, usted es un hijo de Dios valioso y precioso - ligado al cielo, lleno con un futuro y esperanza.

Declaración de verdad:

Mientras que el acto de _____ me dijo una mentira, escojo aceptar que la verdad de Dios que soy _____

_____ .

Paso 3: Perdón

El paso final en este proceso es la voluntad de perdonar a la persona que cometió el acto contra usted. Algunas cosas importantes para recordar acerca de este paso:

- El perdón es una elección de voluntad, no un sentimiento.
- El perdón se opone a nuestra naturaleza humana. Por lo tanto, necesitaremos el poder divino de Dios para hacerlo.
- El perdón comienza con una pequeña voluntad, no necesariamente un fuerte deseo.
- Cualquiera que sea la transgresión perpetrada contra usted, Jesús la sintió y cargó Él mismo con ella personalmente. Por tanto, no estamos pasando por esto solos. Él ya ha pasado por esto con nosotros.
- Al tratar de perdonar a otros, no necesariamente vamos a entablar relaciones con ellos alguna vez. Perdón no es lo mismo que reconciliación: sólo podemos reconciliarnos con alguien que se ha dado cuenta de su parte en la situación.

Si usted no sabe por dónde comenzar, le exhorto a hacer una sencilla oración como esta: "Jesús, odio esto, pero me doy cuenta de que debo perdonar a esta persona. No puedo hacer esto por mí mismo. Tómalo en tus manos." Luego, aplique estos pasos a cada persona significativa en su hoja de inventario que haya cometido un acto de transgresión en su contra. Comience con las personas más significativas (padres, cónyuge, ex-cónyuge, hijos, etc.) y trabaje desde ahí.

Puntos de Aplicación:
1. Use una hoja de trabajo separada para cada transgresión y llénela completamente. (Página 177)
2. Escriba una carta al transgresor que exprese cómo le hizo sentir, y luego la elección que usted hace para perdonarlo. (No necesita darle la carta a menos que usted se sienta totalmente seguro de que Dios le está dirigiendo a hacerlo).
3. Renuncie al pecado y a su efecto de vergüenza en su vida, en el nombre de Jesús. A continuación se encuentra una sugerencia:

Padre Dios,

Realmente me sentí herido por _____ (nombre de la persona), pero

Hoja de Trabajo del Perdón

(Use una hoja para cada persona o acción)

Nombre del infractor: _____

Nombre de la acción: _____

- ¿Puedo admitir que la acción cometida fue perjudicial y como ser humano algunos de mis derechos fueron infringidos? (ej. Mi tío abusó de mi. No merecía esto).
- ¿Puedo identificarme con la forma en la que esa acción me hizo sentir?
- ¿He sido capaz de conectarme emocionalmente con lo sucedido? Como resultado, ¿he llorado, me he entristecido o he sufrido?

Declaración contra el pecado

"No fue bueno que esa infracción ocurriera. Rechazo la acción y el mensaje que trajo a mi vida.

Me sentí:_____(irritado, sucio, triste, etc.).

Me vi como: _____(indigno, no amado, rechazado).

Por consecuencia, sigo (pensando, sintiendo y creyendo) que soy:

_____ (digno, amado, etc.)"

Declaración de la verdad :

Mientras que la acción _____me decía una mentira,

yo elijo aceptar la verdad de Dios, la cual dice que soy: _____

_____ (amado, aceptado y apreciado).

Jesús, no me gusta esta situación, pero reconozco que debo perdonar a esta persona. Tómalo, porque no lo puedo hacer por mi mismo.

hoy escogí perdonar. Te pido que por favor perdones a _____
por haber pecado contra mí _____ . Te ruego que alcances a
_____ (nombre de la persona) en su punto de necesidad. Entrego a ti a
_____ (nombre de persona). Renuncio al pecado, y a todos los efectos
dañinos y mensajes que este ha impuesto en mi vida. Oro y busco encarecidamente total
redención donde Satanás pretendía hacer mal, para que tú lo uses para bien. Libérame.
En el nombre de Jesús. Amén.

La historia de Larry

Larry creció en un ambiente hostil. Su padre tenía un problema con el enojo
que a menudo daba pie al abuso físico. Este comportamiento ocasionó que todos
en el hogar vivieran atemorizados. Mientras que la madre de Larry hizo su mejor
esfuerzo para amar y proteger a sus hijos, fueron plantadas semillas de vergüenza y
fue enviado un mensaje a la vida de Larry de que él era responsable por la ira de su
padre, y él continuamente hacía algo para merecerlo.

Debido a que Larry cuando era niño, no lidió con sus sentimientos de impotencia
o de ser digno de amor, él buscó maneras de compensar esas necesidades en su edad
adulta. Como resultado, Larry atrajo mujeres emocionalmente poco saludables. Por
un lado, él quería "arreglarlas" y por el otro, no quería acercarse a ellas en absoluto.
Estas relaciones poco saludables le llevaron a una variedad de problemas. De hecho,
Larry comenzó a actuar con comportamientos violentos y llenos de furia, algo que
juró que nunca haría. Cuando él buscó ayuda no había lastimado a nadie aún, pero
estaba aterrorizado de que ya estaba en ese camino.

Como parte de la recuperación de Larry, él pasó a través de un proceso de
perdón como se menciona en este capítulo. Primero Larry tuvo que recordar esos
eventos que han sido bloqueados y minimizados por un largo tiempo. También
comenzó a identificar los mensajes que él había recibido de niño y que cargó hacia su
edad adulta. "No tienes valía, no mereces nada". Conforme Larry comenzó a entender
el dolor y el trauma que había enfrentado con su padre, él se encontró así mismo
experimentando sentimientos que nunca fue capaz de experimentar anteriormente.
Larry siempre tuvo dificultad para confiar en Dios, pero debido a que él estaba tan
quebrantado, finalmente se rindió a Dios.

Eventualmente, Larry escribió a su padre una carta y oró para perdonarlo.
De hecho, Larry continuamente oró por él todos los días. Mientras que la sanidad no
sucedió inmediatamente, Larry se liberó más y más conforme el resentimiento y el
enojo que tenía en su vida comenzó a disolverse. Mientras él recordaba este proceso,
la cosa más liberadora de todas fue que se le permitiera en realidad sentir odio y dolor
sobre lo que ocurrió. Larry se dio cuenta que ya que su mamá siempre minimizó todo,
a él nunca se le dio la oportunidad anteriormente. Él eventualmente perdonó a su
padre como persona, pero no tuvo nunca que aceptar esos horribles comportamientos
como si fueran "correctos". No lo eran.

Mientras que Larry perdonó a su papá, ellos han estado enemistados por más de quince años. Pero un día, de la nada, el padre de Larry lo llamó y le pidió perdón por todo lo malo que él le hizo. Se había convertido en cristiano y quería saber si Larry podría perdonarlo por sus malas acciones. Larry ya había perdonado a su padre. Pero ya que él trató con esas transgresiones apropiadamente, Larry recibió con agrado a su padre en su vida, permitiendo así la reconciliación.

Los Dones de Nuestras Heridas

Larry ni siquiera "olvidó" lo que había sucedido. De hecho se convirtió en parte de su "historia de vida". Pero cuando esas heridas sanaron, se convirtieron en un testimonio del gran poder y amor de Dios en su vida. Del mismo modo, nuestras heridas eventualmente sanarán conforme Dios nos administre su verdad, y se lleve las distorsiones y las mentiras que han sido implantadas en nosotros. Pero así como Dios es capaz de sanar esas heridas, nosotros no olvidaremos el dolor completamente. En vez de eso, cuando encontremos el poder de la sangre de Jesucristo y Su admirable amor y gracia, nos convertiremos en portadores de esperanza. Poseeremos una prueba tangible, el milagro de lo que Dios puede hacer dentro del corazón de un ser humano que ha sido herido. Podemos llevar el mensaje del amor y el poder de Dios a otros que están luchando. Esto significa que en los lugares y puntos mismos donde Satanás intentó destruirnos, Dios nos restaurará y usará esa experiencia para avanzar Su Reino.

Puntos de meditación: ¿Qué está impidiéndole que perdone? ¿Ve usted el beneficio del perdón? ¿Por qué o por qué no?

_____

_____

_____

_____

Diciendo "Adiós": Aprendiendo a Lamentar lo que Perdimos

Mientras que el perdón nos da la oportunidad de retirar las toxinas de una injusticia cometida en nuestra contra, también debemos tratar con esas cosas que son resultado de la negligencia. Como aprendimos en el capítulo anterior, también nos hiere lo que la gente deja de hacer. Si nosotros no tratamos efectivamente con esto, podemos ir por la vida tratando de reemplazar esas necesidades sin satisfacer de maneras ilegítimas.

Gran parte de la etapa temprana de recuperación incluye aflicción. Se nos pide tratar con esas pérdidas que no fuimos capaces de enfrentar antes. También encontraremos pérdidas actuales en nuestras vidas por las que necesitamos llorar la pérdida . Esto puede ser el dolor sentido por un cónyuge ausente, o la relación distante de un niño.

Como cualquier cosa a la que hacemos duelo, esto lleva tiempo. La aflicción tiene un propósito y una temporada, pero su objetivo es llevarnos a un punto de sanidad, en vez de mantenernos ligados a cosas que continúan destruyendo nuestras vidas.

Llorar la pérdida

Sus hojas de inventario incluyen una lista de necesidades no satisfechas. Para este proceso, también incluya muertes dolorosas, abandono, o separaciones que ocurrieron en relaciones significativas (pasadas o presentes). Para cada cosa enumerada, y para aquellas cosas que surjan en el futuro, usted eventualmente necesita lamentar por esas pérdidas. El proceso de llorar la pérdida en sí mismo, involucra una variedad de pasos.

Pasos para Lamentar la Pérdida

1. Identificar la pérdida por lo que es. Ya hicimos esto haciendo una lista a borrador de las cosas que entendemos actualmente que perdimos o que nunca tuvimos. Recuerde, es importante comenzar con la memoria más temprana de nuestras necesidades sin satisfacer y trabajar hasta el tiempo presente. Las necesidades percibidas que tenemos en el "aquí y ahora" pueden estar sesgadas. Puede ser que esperamos que la gente satisfaga las necesidades que en realidad provienen de nuestras necesidades no satisfechas de nuestra niñe

2. Pruebe la legitimidad de las necesidades que ha enumerado. Pasamos la mayor parte de nuestra vida tratando de minimizar nuestras necesidades. Debemos hacer lo opuesto. Diga algo como esto:
Necesitaba que me _____ (amaras, nutrieras, protegieras), pero no lo hiciste. Sé que tenías tus propias razones y problemas, pero eso no cambió el hecho de que realmente necesitaba esto de ti.

3. Conéctese emocionalmente al dolor de no tener algo que necesitamos. Pudimos haberlo tenido en un punto, y luego eventualmente lo perdimos. Esto puede ser la muerte o separación de alguien cercano a nosotros. Puede haber sido la pérdida de la niñez. Si aún estamos en negación o atrapados detrás del enojo, puede ser que no "sintamos" la emoción en crudo. Recuerde lo que aprendimos en el capítulo 6, debemos "sentir para sanar". Utilice este ejercicio acerca de cada necesidad no satisfecha que esté lamentando la pérdida:
Cuando   tú   _____   me   siento
_____

4. Reconocer cuando culpamos a otros. A menudo, cuando las necesidades no son satisfechas, comenzamos a culpar a la gente y a amargarnos y enojarnos.

Podemos culpar a un hermano por la pérdida de uno de los padres. "Él murió porque estaba muy preocupado de ti". Podemos culpar a Dios. Entender nuestra "culpa" nos ayuda a ver por qué se nos ha dificultado continuar avanzando.

5. Reconocer nuestra impotencia. Debemos llegar a un lugar donde simplemente reconozcamos que no podemos hacer nada por las personas y su incapacidad de satisfacer nuestra necesidad. O que no podemos hacer nada para cambiar el hecho de que ellos nos abandonaron. En esa impotencia estamos listos para rendirnos a Jesús (Capítulo 5).

6. Decida (es una decisión) perdonar a la persona que le decepcionó. Usando el mismo proceso que aprendimos para perdonar a una persona de un acto cometido contra nosotros, podemos perdonar a la persona que no satisfizo nuestras necesidades.

7. Aceptar a esa persona (no su comportamiento) y las circunstancias que le llevaron a donde usted está hoy. A menudo las personas que nos desatendieron no estaban disponibles debido a sus propios problemas dolorosos. Debemos entender que cuando perdonamos y aceptamos a la gente, dejamos de intentar cambiar a esa persona. Dejamos de intentar que nuestras necesidades sean satisfechas. O dejamos de recrear escenarios para lograr que alguien más satisfaga esas necesidades.

8. Diga "adiós". Si usted está lamentando por la pérdida de una persona, escriba una carta a esa persona para decirle adiós. Explique el dolor de la separación, pero el deseo de continuar adelante sin ella.

9. Pídale a Dios que satisfaga sus necesidades. Mientras que se nos pide que dejemos ir las necesidades de nuestro pasado que no fueron satisfechas y que causan dolor, debemos tener la perspectiva y la mentalidad de que tenemos un Dios que es infinitamente más alto y grande que cualquier necesidad que tengamos en un momento dado. Pídale a Dios que satisfaga sus necesidades a través de Su perspectiva, y le dé la voluntad y paciencia para esperar en que Él lo haga.

> Y ahora, que toda la gloria sea para Dios, quien puede lograr mucho más de lo que pudiéramos pedir o incluso imaginar mediante su gran poder, que actúa en nosotros. (Efesios 3:20)

Una Oración para Iniciar un Proceso de Duelo
Padre Dios,

Soy tan propenso a no querer sentir dolor que incluso el pensar en llorar la pérdida me asusta. Me doy cuenta de que hubo cosas en mi vida que perdí. Algunas veces simplemente no podía enfrentarlo. Otras veces, recurrí al enojo y la culpa. Quizá pude incluso culparte a ti por permitir esto en mi vida. Señor, tu sabes las barreras en mi corazón que me han impedido sanar. Te pido que por favor trabajes en mí y hagas por mí lo que yo no puedo hacer por mí mismo. Pido a cambio de mi voluntad, hacer duelo y dejar ir las pérdidas, para que me des aquellas cosas que realmente necesito. Confío en ti, Señor. Yo sé que tú eres capaz.

En el nombre de Jesús. Amén.

Puntos de Aplicación:

¿Puede usted identificar dónde batalla en el "proceso de expresar duelo? Describa.

_____

_____

_____

_____

¿Cuál es la pérdida número uno más dolorosa o trágica en su vida? ¿Ha tratado con esa pérdida?

_____

_____

_____

_____

Libre para Ser Aceptado

La jornada hacia la sanidad es extraordinaria. Quizá comencemos esta jornada con amargura y enojo hacia otros por las malas obras que cometieron contra nosotros. Podemos vivir nuestras vidas en base a nuestra percepción de no dar la talla. Quizá nos hemos sentido coercidos por nuestra propia vergüenza y culpabilidad. Pero a través de la recuperación, encontramos aceptación auténtica. También descubrimos que las áreas con heridas en nuestras vidas se convierten en puertas de entrada a nuevos comienzos. Son experiencias negativas que no se van. Pero se hacen parte de nuestra experiencia de vida en general. Cuando adoptamos el perdón y nos beneficiamos de su remedio, podemos ofrecer ese mismo remedio a los demás, Esto significa que somos capaces de aceptar a otros también. Imagine esto - pasar el resto de nuestras vidas ¡Sintiéndonos totalmente aceptados exactamente como somos! Imagine no tener que preocuparse acerca de los desperfectos o las fallas en nuestra vida. ¡Qué liberador!

Esas cargas que hemos llevado ciertamente eran válidas. Pero el proceso de la recuperación nos traslada a través de esas experiencias hacia un nuevo lugar. El proceso completo que emprendimos estuvo diseñado para llevarse el efecto dañino del pecado y la vergüenza, esas cosas que intentaron interrumpir e infectar el plan y el propósito de Dios en nuestras vidas. La Biblia dice "El propósito del ladrón es robar y matar y destruir; mi propósito es darles una vida plena y abundante." (Juan 10:10). También dice que "...El llanto podrá durar toda la noche, pero con la mañana llega la alegría." (Salmo 30:5).

Tenga por cierto que si usted está fielmente en su deseo de ser liberado, hay un nuevo día en el horizonte. La vida abundante no es necesariamente una vida sin problemas, es aquella que está llena del espíritu. No es el propósito de Dios que usted permanezca y viva en el pasado, Él está esperando sacarlo de ahí hacia la seguridad y colocarlo en el camino de la realización y la plenitud. El rey David describió un momento como este en su vida:

Con paciencia esperé que el Señor me ayudara, y él se fijó en mí y oyó mi clamor. Me sacó del foso de desesperación, del lodo y del fango. Puso mis pies sobre suelo firme y a medida que yo caminaba, me estabilizó. Me dio un canto nuevo para entonar, un himno de alabanza a nuestro Dios. Muchos verán lo que él hizo y quedarán asombrados; pondrán su confianza en el Señor. (Salmo 40:1-3)

¿Ha estado usted en el foso? ¿Le ha liberado Él? Lo que Dios hizo por los demás también lo puede hacer por usted.

Una Oración para Declarar Aceptación

Padre,

Renuncio a las mentiras que he creído por tanto tiempo acerca de mi falta de auto-valoración. Yo renuncio a los pecados y transgresiones que la gente ha impuesto en mí y el mensaje de vergüenza que ellos enviaron. Renuncio a las maneras equivocadas en las que he actuado para poder hacerles frente y sobrevivir. Declaro tu rectitud sobre mi vida. Declaro que soy aceptado como un hijo del Dios viviente, y a través de la sangre de Jesucristo nada puede condenarme, avergonzarme, u ocasionar que me sienta culpable de nuevo. Soy libre. Soy amado. Y estoy listo para un "nuevo día" en Cristo Jesús.

En el nombre de Jesús. Amén.

10

Adoptando la Identidad Auténtica

Conforme aprendimos a confrontar la vergüenza, se nos dio la oportunidad de desencadenar su poder. El quitar la vergüenza es tanto un proceso como un estilo de vida. Es una decisión que se nos pedirá tomar cada día por el resto de nuestras vidas: ¿Viviré mi vida sobre la base de la vergüenza, el miedo, la necesidad de "dar la talla" y la disfunción dentro y alrededor de mí? O ¿viviré mi vida sobre la base de la gracia, el perdón, la misericordia, el amor y el poder de Dios hacia mí?

En Mateo 9:17, Jesús describió una profunda verdad. Él dijo "Y nadie pone vino nuevo en cueros viejos. Pues los cueros viejos se reventarían por la presión y el vino se derramaría, y los cueros quedarían arruinados. El vino nuevo se guarda en cueros nuevos para preservar a ambos." Los efectos del pecado y la vergüenza en nuestras vidas y nuestros propios esfuerzos para sobrellevarlo, pueden haber ocasionado que nosotros "explotáramos". Incluso como cristianos quizá combinamos los principios de Dios en un sistema de creencias poco saludable, en general -un sistema infectado por el pecado y la vergüenza. Quizá podemos haber pensado si tan sólo pudiéramos agregar algunas "buenas" cosas, de alguna manera todo estaría bien. Pero no funcionó.

Esto es porque en la vida llena del Espíritu, en una vida cristiana auténtica, el cambio debe ocurrir a nivel de los cimientos, donde mentalidades completas, mecanismos para hacer frente, y sistemas de creencias son alineados con la verdad de Dios. Cuando esto tiene lugar nos es revelado un mundo totalmente nuevo. La gente y las circunstancias en nuestras vidas puede no cambiar, pero tenemos la capacidad de verlo desde un nuevo filtro, el filtro de la gracia de Dios.

Conforme ocurre este proceso, quizá no hay nada tan sanador y restaurador como ser capaz de adoptar una identidad auténtica.

¿Quién soy yo?

La identidad simplemente incluye cómo nos "vemos a nosotros mismos". Cuando nos cubría la capa lodosa de la vergüenza, nuestra identidad fue robada. Vivíamos nuestras vidas en base a mentiras - creíamos lo que otra gente nos decía. Creíamos que las medidas y estándares del mundo exterior controlaban cómo medíamos nuestra propia valía. Algunas de estas cosas incluían:

Encontrando nuestra identidad a través del rol de la familia:

Dentro de nuestra familia de origen funcionamos en un rol que nos decía cómo amar, cómo dar y cómo vernos a nosotros mismos y a los demás. Si ese sistema familiar fue poco saludable, nuestro sentido de identidad pudo haberse basado en mentiras dramáticas o puede nunca haberse desarrollado en absoluto. Pudimos haber aprendido a cuidar de las necesidades de otros miembros de la familia, y en el proceso, nunca fuimos capaces de definir nuestros gustos, preferencias, metas, deseos, creencias, etc. En vez de eso, nos adaptamos a lo que los demás necesitaban o deseaban.

Encontrando nuestra identidad a través de las relaciones:

Podemos quedar tan atrapados en nuestras relaciones que nos sentimos incapaces de separarnos a nosotros mismos de la otra persona. Y podemos llegar a sentirnos seguros únicamente cuando esta persona está a nuestro alrededor y continuamente nos enfocamos en sus necesidades y los asuntos de su vida. Ya que no tenemos límites saludables (Capítulo 11), no distinguimos la diferencia entre "tú" y "yo". Nuestra identidad por completo se pierde en esta persona.

También podemos traer personas poco saludables a nuestras vidas, quienes continuamente nos critican y nos degradan, y por tanto aprendemos a vernos a través de ese filtro. Cuando estas personas son cercanas a nosotros, puede ser difícil superarlo.

Encontrando nuestra identidad a través de la apariencia / sexualidad:

Podemos haber aprendido que nuestro valor central estaba en nuestra apariencia física. Podemos haber recibido validación cuando logramos vernos bien externamente. Pudimos haber tomado esto incluso a otro extremo y usado nuestra sexualidad para obtener poder o la atención del sexo opuesto.

Incluso en los matrimonios, podemos continuar creyendo que sólo somos tan buenos "como nuestra apariencia". Si nuestra identidad está envuelta firmemente en cómo lucimos, un "día de cabello mal arreglado" puede hacernos sentir inseguros e indignos. Y más comúnmente, podemos aterrorizarnos de los cambios que la edad traerá.

Encontrando nuestra identidad a través de posesiones materiales / estatus:

Podemos llegar a estar apegados a nuestras posesiones materiales o "estatus" social usándolos directamente como una fuente de medición para valía personal. Podemos incluso razonar que con suficientes "cosas" encontraremos la seguridad y confianza que necesitamos en la vida. Por ejemplo, un auto deportivo que manejamos puede alimentar nuestro sentido de identidad en general - creyendo que de alguna manera prueba que tenemos valía en nosotros mismos.

Encontrando nuestra identidad a través de la reputación:

Podemos esforzarnos duramente para producir una reputación externa basada en vida moral, "bondad" y otros actos externos. Podemos encontrar seguridad en cómo somos vistos por otros, incluyendo los miembros de la iglesia, compañeros de trabajo, etc. Esto no quiere decir que ello quizá no se alinee con nuestro carácter, pero a menudo nos obsesionamos con esta reputación. Si alguna vez caemos en una situación en nuestras vidas donde esta reputación parezca "mancharse", podemos quedar devastados. Podemos provenir de un sistema familiar disfuncional en los que aquellos a nuestro alrededor tienen reputaciones negativas. Podemos usar nuestros esfuerzos para crear "una buena reputación" para superar las actividades vergonzosas de otro miembro de la familia.

Encontrando nuestra identidad a través del trabajo:

El trabajo es una parte importante en nuestras vidas. Llevamos un título y un conjunto de responsabilidades relacionadas al trabajo que realizamos. Algunos de nosotros encontramos totalmente nuestra identidad a través de ese título o puesto. Más aun, nos consumimos tanto en nuestro trabajo, que todo nuestro sentido de valor descansa en nuestro éxito o fracaso en él. Otros pueden tener trabajos o carreras profesionales que toman por obligación y necesidad, y no encuentran ningún gozo en las tareas. Estos trabajos pueden contrastar completamente con nuestras habilidades y talentos. Como resultado nos sentimos crónicamente negativos, desconectados, insatisfechos y desmotivados.

¿Cuál es el común denominador entre nuestros roles familiares, relaciones, apariencia, posesiones materiales, reputación y trabajo? A decir verdad, no ofrecen identidad, sino que roban identidad. Al obsesionarnos y sentirnos seguros en estas áreas, nos aterrorizamos con sólo pensar en perder o cambiar cualquier cosa en la cual nuestra identidad tenga una oportunidad de ser amenazada. Eso significa que cuando nuestras relaciones fallan, cuando perdemos un trabajo, cuando desarrollamos arrugas, o cuando enfrentamos una dificultad financiera, nuestro mundo entero puede parecer caerse en pedazos.

Si estos son métodos poco saludables de buscar identidad ¿Cuál es el verdadero método por el cual comenzamos a "encontrarnos a nosotros mismos"? Ciertamente esto no significa que paremos nuestras relaciones, vivamos inmoralmente, cambiemos nuestras posesiones materiales, descuidemos nuestra apariencia, o renunciemos a nuestros trabajos. ¡Por supuesto que no! La identidad involucra una "comunicación interpersonal" y una "visualización de uno mismo" que de hecho puede tomar algún tiempo en construirse. En realidad, la identidad no está basada en nada externo, incluyendo las relaciones, el trabajo, las posesiones, etc.

Más bien, la identidad es un asunto medular. Es la "esencia" misma de nuestro ser-las cosas intrincadas y detalladas que nos hacen ser quienes somos. El único potencial que tenemos para aprehender verdaderamente nuestra identidad es pedirle a nuestro Hacedor y Constructor. Él nos diseñó antes del tiempo y el espacio. Al estar en la búsqueda de Su punto de vista, vamos a encontrar quienes somos, y el propósito por el cual fuimos creados. Jeremías 1:5 dice "Te conocía aun antes de haberte formado en el vientre de tu madre; antes de que nacieras, te aparté y te nombré mi profeta a las naciones."

Para hacer esto, necesitamos volver a capturar nuestra identidad auténtica en varios niveles:

1. Encontramos identidad a un nivel espiritual con Dios, como su hijo espiritual.
2. Encontramos identidad a nivel personal a través de nuestras propias habilidades, talentos, llamados en la vida, etc.
3. Encontramos la identidad que ofrecemos en nuestras relaciones.
4. Encontramos la identidad que nos habilita para realizar un llamado único para servir a los demás.

Puntos de Aplicación:

Pero antes que continuemos, intentemos descubrir aquellas cosas que pueden estar manteniendo como rehén a nuestra "identidad verdadera". ¿Quién le dice a usted quien es?

Responda lo siguiente:

¿Se define usted por su apariencia, reputación o posesiones materiales? ¿Cómo?

_____

_____

_____

_____

¿Se define a sí mismo por el trabajo que hace o por el empleo que tiene?

_____
_____
_____
_____

¿Qué piensa que diría su cónyuge o pareja acerca de quién es usted? (si aplica)

_____
_____
_____
_____

¿Qué dirían sus padres y hermanos acerca de quién es usted?

_____
_____
_____
_____

¿Qué piensa que dirían sus hijos acerca de quién es usted (si tiene hijos)?

_____
_____
_____
_____

¿Qué dicen sus amigos acerca de quién es usted?

_____
_____
_____
_____

¿Qué dicen los hermanos de su iglesia y/o su pastor acerca de quién es usted?

_____
_____
_____
_____

El Proceso de Obtener su Identidad

Si nuestra identidad ha sido dañada o perdida totalmente, tan sólo "encontrarla" no sucederá de inmediato. De hecho, todo lo que ha sido realizado en este libro de trabajo hasta este punto nos ha llevado al lugar donde finalmente estamos listos para adoptar una identidad auténtica.

Veamos el ejemplo de Megan, una mujer que entró a recuperación por su codependencia. Megan siempre había creído que su formación de la niñez había sido normal. Pensaba que había algo en ella que estaba fallando. Sin embargo, cuando miró atrás, se dio cuenta que su identidad nunca había sido desarrollada de una manera saludable. Ella se sentía invalidada y rechazada dentro de su familia. Sus padres nunca afirmaron o animaron a Megan. De hecho, sus padres a menudo interrumpían o corregían sus intentos de hacer tareas normales del día a día. Esto le enseñó a Megan que ella era incompetente. Más aún, sus padres nunca hablaron de sus calificaciones o logros en la escuela. En vez de eso, se enfocaron exageradamente en su hermana mayor quien ganó becas y premios por su aprovechamiento escolar. Se sentían tan "orgullosos" de su hermana mayor, que en comparación, Megan tenía pocas razones para ser reconocida. En realidad, Megan fue muy brillante y siempre recibió calificaciones de "A" y "B" en la escuela. No fue que sus padres le dijeran que no daba la talla, sino que simplemente nunca le pusieron atención ni le dieron afirmación. Los padres de Megan desconocían esto totalmente.

Ya que Megan no tenía confianza en sus capacidades, se vio a sí misma interiormente como un fracaso. En vez de seguir la universidad, Megan terminó entablando relaciones con hombres que consumieron su vida. Megan no se dio cuenta que su miedo a ser vista como incompetente o "tonta" le llevaron a encontrar personas quienes ella pensó no serían una amenaza para su baja autoestima e "identidad". No sólo fue atraída a personas que no la juzgaran, también fue atraída a relaciones en las que a ella se le pidiera que compensara excesivamente. Por mucho tiempo, Megan encontró validación en estas relaciones porque nunca pareció ser útil o "especial" en su propia familia. Estas personas realmente la "necesitaban". Pero eventualmente, los ciclos adictivos de otros y de su propia codependencia perpetuaron en algo enfermizo. El rol de Megan en sus relaciones poco saludables ya no la dejaron sentirse "especial" o "validada". De hecho, las relaciones se hicieron tóxicas.

En su recuperación, Megan tuvo que hacer memoria y descubrir primero los mensajes que ella recibió de su familia de origen. Megan necesitaba identificar y perdonar a sus padres y a sí misma por permitir que estas falsas "verdades" la influenciaran de manera tan profunda. También ella tuvo que tratar con más capas de "equipaje" como resultado. Pero eso no puso a Megan automáticamente en un camino a la sanidad. No sólo tuvo que rechazar los mensajes negativos, tuvo que recibir nuevos mensajes en su vida basados en la verdad. Ella tuvo entonces que tomar una decisión de continuar como una víctima del pasado, o como una hija de Dios llena con un futuro y esperanza (Jeremías 29:11).

Aquí es donde muchos malentienden el proceso de recuperación o santificación. Perdonar es un evento que se realiza una sola vez, pero las consecuencias pueden dejar suficiente daño en nuestras almas que necesitemos tiempo para volver a ganar lo que se ha perdido. Para alguien como Megan, ella perdió toda su niñez y principios de su edad adulta creyendo que no tenía nada que ofrecer al mundo. Debido a que su niñez tenía que haber sido una etapa en la que ella cultivara y desarrollara sus habilidades, talentos, intereses y ambiciones, ella tuvo literalmente un "parálisis de crecimiento" en esta área de la vida. Megan no sólo necesitaba quitar la vergüenza y encontrar perdón, ella necesitaba iniciar el proceso mismo que hubiera sucedido naturalmente a través de su niñez en un sistema familiar saludable. Ella tenía que descubrir sus dones, talentos únicos, intereses, habilidades y pasiones en la vida. Debido a que Megan había crecido y se había convertido en una persona muy insegura, dejo de intentar cualquier cosa. Era necesario que ella diera un paso de fe y tratara nuevas cosas, descubriera nuevos intereses, y esencialmente "aprender" como era por dentro. Mientras que necesitó ser arraigada espiritualmente, también hubo cosas prácticas que aprender que requerían tiempo, planeación cuidadosa, establecimiento de metas y motivación.

¿Cómo podría Megan pasar por este proceso de descubrimiento? Ella necesitaría una Guía que la lidere. Cuando Megan se comprometió a reclamar la Palabra de Dios como su fuente de identidad, ella comenzó a verse a sí misma como una preciosa y valiosa hija de Dios. Partiendo de ahí, Megan naturalmente se sintió inclinada a seguir sus intereses. Debido a que la máscara de vergüenza fue retirada y al Espíritu Santo se le había dado acceso en su vida, Él estuvo en el proceso de ayudarla y redefinir quien es ella. Él estuvo trabajando con ella - de maneras que sólo ella pudo entender - para desenmascarar y revelar los deseos de su corazón. Deseos que Él le había dado, y dones y talentos que Él había puesto en ella.

El proceso de auto-descubrimiento de Megan se volvió emocionante. Ella comenzó a entender que conectarse con su verdadera identidad era un privilegio y que la persona que Dios diseño que ella fuera era satisfactoria. Ella encontró intereses que nunca soñó buscar, y eventualmente, encontró relaciones saludables y completas.

Como lo fue el caso de Megan, la lucha por identidad sucede primero como una batalla espiritual real en la mente por los mensajes y creencias que escogemos recibir. Así como una raíz se levanta repentinamente y produce algún tipo de fruta, cuando los mensajes vienen de Dios, eventualmente producirán la perfección de la plenitud de su voluntad en nuestras vidas. Honestamente no tenemos que perseguir frenéticamente qué "hacer a continuación". Dios comienza a mostrarnos y coloca cosas directamente en nuestros corazones y mentes que se alinean con Su voluntad para nosotros (Fil. 2:13).

Quién Dice Dios que Somos

Dios claramente nos da una identidad en Su Palabra. Nuestra identidad verdadera viene al vernos a nosotros mismos a través de la verdad que somos llamados, amados, escogidos, redimidos y dotados de poder por parte del Señor. Hay preciosas verdades que podemos adoptar que nos garantizarán la capacidad de ser transformados, sanados, presentados y liberados para ser la persona que Dios pretende que seamos.

Pero simplemente leer un fragmento de la escritura no significa que ocurrirá la transformación. Debemos recibir las promesas de Dios y su verdad en nuestros corazones. ¿Cómo ocurre esto? El cambio verdadero ocurre a nivel de la fe (Romanos 12:2). Veamos:

1. Primero debemos tener fe para que la semilla de esa promesa obtenga el "terreno" donde pueda ser plantada en nuestros corazones (Hebreos 11:1).
2. Debemos hablar esa verdad en nuestra situación personal, incluso si nos "sentimos" de forma diferente.
3. Debemos asirnos de esa promesa y reclamarla, incluso cuando las cosas no "parecen" alinearse con lo que Dios dice (esto permite que la promesa eche raíces).
4. Debemos esperar y ver que la fidelidad de Dios traduzca esta promesa en una realidad. Esto produce el fruto verdadero de esa promesa (Gál. 6:9). (Lea Lucas 8:4-15)

Reclamar la verdad de Dios nos permitirá ver el mundo a través de Su perspectiva. Esto nos defenderá de maneras falsas y potencialmente amenazantes que usamos anteriormente para asegurar nuestra identidad. Por ejemplo, si dependemos del amor de una persona que nos falla, esto puede despedazar nuestro sentido de estima y valor. Pero mientras aprendemos a asegurar nuestra ancla en cómo Dios nos ama, sin importar lo que pase, encontraremos seguridad en conocer esto.

Mientras cambiamos, en la misma médula de nuestro ser, comenzamos a vernos a nosotros mismos como preciosos. Comenzamos a operar a través del Espíritu Santo, no de nuestra propia voluntad, o de comportamientos adaptables o aprendidos.

La Verdadera Identidad Comienza: Reclamando Nuestra Identidad como Hijos de Dios

Toda la Biblia es una revelación de la verdad de Dios. Pero para ayudarle a comenzar, aquí hay algunas de las maneras fundamentales en las que podemos estabilizarnos en nuestra identidad y propósito en la vida.

He sido Rescatado, Redimido, Adoptado y Escogido

Me condujo a un lugar seguro; me rescató porque en mí se deleita. (Salmo 18:19)

Pero ahora, oh Jacob, escucha al Señor, quien te creó. Oh Israel, el que te formó dice: «No tengas miedo, porque he pagado tu rescate; te he llamado por tu nombre; eres mío. (Isaías 43:1)

Dios decidió de antemano adoptarnos como miembros de su familia al acercarnos a sí mismo por medio de Jesucristo. (Efesios 1:5)

Ustedes no me eligieron a mí, yo los elegí a ustedes. Les encargué que vayan y produzcan frutos duraderos, así el Padre les dará todo lo que pidan en mi nombre. (Juan 15:16)

Después de haberlos elegido, Dios los llamó para que se acercaran a él; y una vez que los llamó, los puso en la relación correcta con él; y luego de ponerlos en la relación correcta con él, les dio su gloria. (Romanos 8:30)

Soy Amado

Y estoy convencido de que nada podrá jamás separarnos del amor de Dios. (Romanos 8:38)

porque eres muy precioso para mí. Recibes honra, y yo te amo. (Isaías 43:4)

pero Dios mostró el gran amor que nos tiene al enviar a Cristo a morir por nosotros cuando todavía éramos pecadores. (Romanos 5:8)

Espero que puedan comprender, como corresponde a todo el pueblo de Dios, cuán ancho, cuán largo, cuán alto y cuán profundo es su amor. (Efesios 3:18)

Miren con cuánto amor nos ama nuestro Padre que nos llama sus hijos, ¡y eso es lo que somos! (1 Juan 3:1)

Se me ha dado Poder

Ciertamente, yo soy la vid; ustedes son las ramas. Los que permanecen en mí y yo en ellos producirán mucho fruto porque, separados de mí, no pueden hacer nada. (Juan 15:5)

Es Dios quien nos capacita, junto con ustedes, para estar firmes por Cristo. Él nos comisionó y nos identificó como suyos al poner al Espíritu Santo en nuestro corazón como un anticipo que garantiza todo lo que él nos prometió. (2 Corintios 1:21-22)

Pues todo lo puedo hacer por medio de Cristo, quien me da las fuerzas. (Filipenses 4:13)

Pues Dios no nos ha dado un espíritu de temor y timidez sino de poder, amor y autodisciplina. (2 Timoteo 1:7)

...porque el Espíritu que vive en ustedes es más poderoso que el espíritu que vive en el mundo. (1 Juan 4:4)

Soy Importante

Pues yo sé los planes que tengo para ustedes —dice el Señor—. Son planes para lo bueno y no para lo malo, para darles un futuro y una esperanza. (Jeremías 29:11)

Pues somos la obra maestra de Dios. Él nos creó de nuevo en Cristo Jesús, a fin de que hagamos las cosas buenas que preparó para nosotros tiempo atrás. (Efesios 2:10)

Puntos de Aplicación:

1. Escoja escrituras usted mismo que se apliquen a la situación de su vida y a las áreas en las que está luchando. Estas deben ser promesas que usted necesita recibir personalmente en su vida.
2. Coloque esos versículos de la escritura en un lugar donde usted pueda acceder a ellos durante el día, quizá en el espejo del baño, en la puerta del refrigerador, etc.
3. Diga en voz alta las promesas siempre que le sea posible.
4. Ore por fe para reclamar la promesa y fortaleza hasta que la promesa se haga realidad en usted.
5. A un lado de la escritura, escriba las fechas, o descripciones de cómo Dios hizo que esa verdad fuera real en su vida.

Recupere Su Identidad

El mejor regalo que Dios le dio es la visión verdadera, el plan y el propósito para el cual Dios lo creó. Imagine -hubo un día en el cielo en que Dios pensó en usted. Cuando Él determinó el color de sus ojos, el lugar donde viviría, la gente en su familia. Ahora imagine cómo Él vio su corazón e implantó su personalidad, sus preferencias, sus deseos. Y luego, Él nos dio libre albedrío. Así que a pesar de cómo Él le creó, le dejó espacio para tomar decisiones por cuenta propia.

Para muchos de nosotros, la vida se complicó a lo largo del camino. Nuestro modo de "supervivencia" ocasionó que perdiéramos la vista y nos distrajéramos. Espiritualmente, Satanás y su ejército trabajaron duramente para atacarnos en los lugares mismos donde teníamos talentos, sabiendo bien que si Dios hacía su voluntad en nosotros, podríamos ser un arma peligrosa para su imperio. Emocionalmente, nos hemos desconectado y hasta disociado de nuestro yo verdadero, ocasionando esa separación entre lo externo y lo interno.

Ahora, de la misma forma que le pedimos al Señor que revelara y luego que quitara las áreas dañadas en nuestras vidas, es hora de convertirnos en la persona que Dios quiso que fuéramos cuando nos creó. ¡Nuestro VERDADERO yo! Cuando comenzamos a acercarnos a nuestra búsqueda por la identidad auténtica, esto puede parecer un proceso egoísta. Sin embargo, cuando lo vemos desde el contexto apropiado, encontramos que no está enfocado en uno mismo sino enfocado en Dios. De hecho, Dios merece que encontremos y usemos todas nuestras habilidades y capacidades justo como Él nos las dio (Mateo 25:14-30).

La formación de una identidad saludable es un proceso de crecimiento, no un evento inmediato. Si usted recuerda el ejemplo de Megan, su identidad propia había sido atrofiada debido a la inseguridad y a su enfoque en los demás. De la misma forma que Megan, si nunca tuvimos la oportunidad de un descubrimiento apropiado de nosotros mismos estamos esencialmente pidiendo a Dios que nos guíe en la jornada que podemos haber pasado por alto en nuestra juventud. Sujétese de Él como un niño y pídale que le revele lo que "hace que usted sea usted". ¿Está listo?

¿Quién es usted? Encontrando sus dones y su llamado

Observemos las tres áreas principales: dones espirituales, dones de la vida y personalidad.

Dones Espirituales

La Biblia es clara al afirmar que Dios nos da dones espirituales. Estos son apoyos sobrenaturales de modo que podamos servir a Dios más efectivamente en el mundo y en la iglesia a través del poder del Espíritu Santo. Cada cristiano tiene al menos un don espiritual y a muchos les son dados más de uno.

Los distintos dones espirituales se enumeran en Romanos 12, Efesios 4, 1ª Corintios 13-15, y en otros pasajes. Lea esas escrituras y aprenda más.

Lo que es más importante entender acerca de los dones espirituales es que pueden o no complementar nuestra personalidad y otros talentos. Ya que estos son dones del Espíritu Santo, no están basados en absoluto en nuestra humanidad.

Debemos entender y recibir nuestro don espiritual para que este sea activado. Si somos guiados por nuestras emociones, podemos terminar reaccionando a las necesidades percibidas a nuestro alrededor y literalmente perdernos del verdadero llamado que tenemos. Es posible hacer muchas "cosas buenas" y aún así perdernos la oportunidad de vivir el plan personal de Dios para nuestras vidas.

Busque apasionadamente encontrar su don espiritual. Pídale a Dios que le coloque sabiamente en la iglesia adecuada donde este don será usado de acuerdo a Sus propósitos.

Puntos de Aplicación:
1. Encuentre una encuesta para detectar dones espirituales. A menudo están disponibles en Internet, y también querrá preguntarle a su pastor para obtener información.
2. Determine sus tres dones espirituales más importantes. Luego, responda las siguientes preguntas:
   a) Cómo me veo a mí mismo usando estos dones en la iglesia ahora mismo?
   b) ¿Cómo puedo encontrar la mejor manera de ofrecer estos dones al cuerpo de Cristo?

Dones para la Vida

Dios colocó recursos naturales a través del universo que con el tiempo han sido usados en una variedad de formas para mantener la vida como la conocemos hoy. Piense en el petróleo que está en la superficie terrestre, o los minerales depositados en la tierra que tienen beneficios ilimitados. Dios conocía de antemano que estos mismos recursos serían descubiertos y utilizados en el tiempo y lugar apropiados.

De la misma forma, usted tiene recursos naturales que fueron depositados en su vida. Estos dones tienen mucho valor para usted en lo personal, pero también fueron diseñados para contribuir al lugar, momento y propósito que Dios diseñó para su vida.

Desafortunadamente, muchos de nosotros no hemos venido a ese lugar de descubrimiento, y puede estar operando en nuestras vidas completamente sin alinearse con nuestros dones. Más aún, la disfunción de nuestra codependencia literalmente nos ha cegado e inhabilitado de encontrar quienes somos realmente.

Estas son algunas razones por las que no estamos usando nuestros dones:
- Nuestros dones y nuestro propósito individual no fueron vistos, valorados o entendidos apropiadamente en el rol que jugamos en la familia de origen.
- Estamos conscientes de nuestros deseos y dones, pero nos da miedo usarlos. El miedo de fallar (o de tener éxito) nos ha paralizado literalmente para avanzar hacia adelante.
- Nuestros dones y talentos quedaron tan enterrados bajo los defectos de carácter, que nunca se les permitió la oportunidad de crecer y prosperar.
- Descartamos nuestros "dones" como si no tuvieran importancia o fueran insignificantes y por tanto pasamos tiempo tratando de operar y funcionar fuera de ellos, o tratando de adquirir "dones" nuevos y diferentes que no necesariamente coinciden con quienes somos.

Así como los recursos naturales de Dios, quizá necesitemos pasar algún tiempo "escarbando" y pidiéndole a Él que nos revele esos dones. Típicamente, estos tipos de dones de vida serán usados para cumplir con objetivos de carrera profesional o vocacionales, o para prestar servicio en organizaciones como voluntario y otras funciones de la comunidad.

Puntos de Aplicación:

Comience a buscar las habilidades naturales para la vida que usted puede poseer. Considere tomar una valoración vocacional, de carrera o de habilidades para obtener una idea de las áreas de dones generales y/o de intereses.

Responda lo siguiente:
1. ¿Tengo actualmente dones en la vida que estoy o que no estoy usando?
2. ¿Mi vocación se alinea con mis verdaderos talentos, habilidades y deseos?
3. Si no es así, ¿Qué acción puedo tomar para entender mejor mis habilidades?
4. ¿Cómo puedo comenzar a implementarlos en mi vida y carrera?

Entendiendo Nuestra Personalidad

Además de nuestras habilidades, dones y talentos espirituales, también tenemos una personalidad que Dios nos dio. Nuestra personalidad denota la manera en que hablamos, nos movemos, interactuamos, conversamos y nos relacionamos con otras personas. Mientras que podemos ser motivados por creencias equivocadas, sentimientos negativos, y comportamientos disfuncionales (vea el capítulo 3), debajo de nosotros aún tenemos una personalidad que nos hace las personas que somos. Los niños pequeños demuestran mejor su personalidad. Cada bebé desarrolla una personalidad única incluso cuando los bebés tienden a hacer cosas similares. Como humanos, no somos creados de "un mismo molde", y por definición nuestras personalidades nos hacen únicos.

Al ver defectos en nuestro carácter debemos tener cuidado de no querer quitar las cosas que en realidad sólo son una parte de nuestra personalidad. Eso significa que incluso si sufrimos de codependencia podemos continuar siendo muy amigables, ayudadores y sociables. Esto puede ser confuso al principio, pero en realidad no tenemos que buscar nuestra personalidad. Simplemente necesitamos aprender a aceptar la persona que somos a nivel medular.

Conforme continuamos trabajando para retirar esas cosas que no son de Dios, nuestra personalidad natural continuará desarrollándose. Se nos pide que hagamos "morir" a nuestra carne, pero esto no significa que Dios está desechando todo acerca de nosotros.

También, es importante saber que no todas las personas ven el mundo de la misma manera que nosotros lo vemos porque tienen diferentes personalidades. Parte de lo que adoptamos en recuperación no es sólo un sentido del "yo", sino un respeto y honor por el derecho dado por Dios a las otras personas para sean lo que son llamadas a ser.

Puntos de Aplicación:
1. Llene una prueba de personalidad en Internet (busque por "pruebas cristianas de personalidad"), o escoja otra herramienta de prueba de personalidad tal como la Myer-Briggs.
2. Escriba el nombre y la descripción de su personalidad.
3. ¿Está de acuerdo con esta valoración? ¿Por qué o por qué no?
4. Escriba su propio análisis de su personalidad.

Reclamando Nuestra Identidad en las Relaciones

Los "surcos" que hemos cavado en las relaciones pueden ser difíciles de superar. Nos involucramos en patrones de relaciones y en pensamientos tóxicos. Debido a esto, nos proyectamos y defendemos. Podemos incluso pelear para funcionar en las relaciones donde desesperadamente queremos ser entendidos y vistos. Las relaciones pueden ser difíciles de reparar cuando dos personas resquebrajadas no sólo están buscando satisfacer sus necesidades personales, sino que se están viendo el uno al otro a través de filtros equivocados e inadecuados.

De la misma forma que el enemigo nos insulta, en las relaciones ambos podemos recibir mensajes de vergüenza e imputar la vergüenza en los demás. Incluso cuando comencemos a entender nuestra verdadera identidad, otros pueden no verla o no respetarla. ¿Qué podemos hacer? ¿Cómo podemos superar esto? En realidad la identidad auténtica no tiene que ser adoptada por ninguna otra persona distinta a Dios y a nosotros mismos. Aun puede herir cuando la gente nos rechaza, pero debemos aprender a tomar esas ofensas delante del trono de gracia. Conforme descubrimos que algunas personas en nuestras vidas son peligrosas y poco saludables, será necesario establecer un límite físico y/o emocional (capítulo 11). También debemos estar conscientes de grupos de personas o de ciertas situaciones donde somos vulnerables a referencias externas.

Por otro lado, debemos buscar la amistad de aquellos que nos pueden amar como somos. Si nos hemos estado escondiendo y no nos podemos expresar auténticamente, esto puede ser complicado al principio. En relaciones cercanas, tales como el matrimonio, debemos entender que este proceso llevará tiempo. Sólo porque lo "entendimos" no significa que cualquier otra persona también lo entenderá.

A decir verdad, caminar con Dios requiere la capacidad de tomar los asaltos y los ataques emprendidos contra nosotros y rechazarlos. No sólo eso, sino que estamos en realidad llamados a orar y perdonar a aquellas personas que perpetraron los ataques. Debemos aprender a vivir la vida en la audiencia de "Uno", nuestro Señor, no del grupo, los familiares, o la cultura. Eventualmente descubriremos que cuando complacemos a Dios, tenemos todo el poder de vencer, y Dios tiene acceso para alcanzar a la gente en nuestras vidas.

También debemos aprender a hablar sobre nuestra identidad con la verdad desde Aquel que nos creó -el Soberano, todopoderoso e infinitamente sabio Dios, cuya aceptación, amor y paz sobrepasa todas las cosas que podamos obtener para complacer a la gente.

Dios Necesita Su Verdadero Yo

La Biblia no está llena de personas que fueron súper héroes. Ellos eran personas regulares, personas que Dios escogió, redimió y avivó con el fuego del Espíritu Santo. Eran personas que se equivocaban, fallaban, y no tenían nada de gran valor para ofrecer al mundo. Aun así "En cambio, Dios eligió lo que el mundo considera ridículo para avergonzar a los que se creen sabios. Y escogió cosas que no tienen poder para avergonzar a los poderosos. Dios escogió lo despreciado por el mundo —lo que se considera como nada— y lo usó para convertir en nada lo que el mundo considera importante. Como resultado, nadie puede jamás jactarse en presencia de Dios" (1 Cor. 1:27-29).

Debemos llegar a un lugar donde sin importar lo que hagamos, o lo que somos, seamos escogidos en base a la gracia de Dios. Si es ofensivo pensar que no somos escogidos por todos nuestros esfuerzos, grados y posiciones, entonces no estamos aún listos. Dios sólo requiere una rendición verdadera - personas que estén dispuestas a dejar que las llene con Su verdad en el poder de su Espíritu. "Los ojos del Señor recorren toda la tierra para fortalecer a los que tienen el corazón totalmente comprometido con él." (2 Cron. 16:9).

Dios lo necesita a usted. Por supuesto, Él no lo necesita para satisfacer Sus propios deseos, necesita a la persona que Él creó con sus manos, de modo que Él pueda usarlo de acuerdo a los dones y habilidades con las que Él ya le equipó. Esto le permitirá a Dios construir Su Reino en esta generación y en las generaciones por venir.

Conforme usted avance hacia adelante con valentía en esta jornada, es ahora tiempo de pedirle a Dios por una visión para su vida. Pídale que le dé una imagen de su vida, incluyendo su llamado, su propósito y sus relaciones. Proverbios 29:18 describe "Cuando la gente no acepta la dirección divina, se desenfrena." Otras versiones de la Biblia llaman a esa guía divina una "visión".

Mientras que la Palabra de Dios provee verdades estabilizantes, una visión es especialmente para nosotros, y no está directamente declarada en la Palabra de Dios. Una visión no necesita ser vista en realidad, pero es algo como una "imagen" en nuestras propias mentes. Lo engañoso es que una visión real proviene de Dios. Aunque quizá ya tengamos nuestras propias visiones de cómo QUEREMOS que sean las cosas, debemos estar dispuestos a dejar que Dios nos de una visión. Dios nos asegura que su visión se alineará con nuestros deseos:

Pues Dios trabaja en ustedes y les da el deseo y el poder para que hagan lo que a él le agrada. (Filipenses 2:13)

"Me complace hacer tu voluntad, Dios mío, pues tus enseñanzas están escritas en mi corazón." (Salmo 40:8)

Deléitate en el Señor, y él te concederá los deseos de tu corazón. (Salmo 37:4)

Nos es dada la promesa en la Escritura de que si nos rendimos a Dios, él alineará Su voluntad con nuestros deseos. Esto significa que no seremos forzados sólo a hacer una montaña de cosas que no disfrutamos, sino que nos apasionará y seremos llenos con el sentido de propósito de Dios.

Algunas cosas para recordar acerca de la visión:

- Una visión de Dios siempre está fundamentada en la verdad de la palabra de Dios. Por lo tanto, si nuestra "visión" tiene algo en oposición a la Palabra de Dios, sabremos que no viene de Él.
- Una visión de Dios brindará generalidades, no necesariamente detalles. Necesitamos esperar y dejar que Dios provea cada detalle conforme lo necesitemos.
- Una visión puede ser para el futuro, no en este momento. En otras palabras, Dios puede colocar un llamado o cumplir un deseo que tomará tiempo cumplir. Esto probará nuestra fe, del mismo modo que Abraham y Sara fueron probados.
- Dios no puede negar Su propia visión y plan para nuestras vidas. Por lo tanto, nunca tenemos por qué temer que no será cumplido.

¿Cómo podemos determinar si estamos dirigiéndonos hacia la voluntad de Dios en nuestras vidas conforme buscamos la visión? Es realmente sencillo, pero profundamente difícil. Constantemente ofrecemos y rendimos cosas a Él, pidiendo que Él se lleve esas cosas que no son de Él, y que mantenga aquellas cosas que sí son.

A los Ojos de Dios, Ya Estamos "Ahí"

Una sorprendente revelación es saber que Dios ya nos ve en nuestro mejor momento, y ya conoce el resultado final en nuestras vidas. Cuando Dios nos ve, Él nos filtra a través de nuestro potencial, no a través de nuestros retos actuales o nuestros "problemas emocionales". Cuando Dios nos ve, Él comienza a hablar a nuestras vidas de maneras que nos definen como "victoriosos", "fuertes", "justos" y "amados".

Incluso si no parece remotamente cercano o exacto con la visión de Dios para nosotros al principio, Él está trabajando para alinearnos a ser la persona que Él ya ve que somos.

.

Puntos de Aplicación:
1. Durante el siguiente día, ore pidiendo visión.
2. Lo que sea que venga a su mente, comience a escribirlo y continúe orando por ello.

Una Oración por Identidad y Visión
Padre Dios,
Gracias por reclamarme como tu propio hijo. Tengo la seguridad de quien soy en base a Tu gracia. Renuncio a las mentiras que he creído y las reprendo, especialmente _____ _____. Mi identidad no está fundada en nada ni en nadie más que a la verdad de quién dices Tú que soy. Padre, así como te he pedido que me liberes de la vergüenza en mi vida, ahora pido que tú marques el inicio de la auténtica persona que creaste para que yo fuera. Ayúdame a encontrar todo lo que Tú tienes para mí personalmente, y también lo que voy a compartir con otros. Dame una visión de modo que no me confunda acerca del futuro. Te agradezco de antemano.
En el nombre de Jesús,
Amén

11

Estableciendo Límites Saludables

Crecer en la recuperación puede ser maravilloso, doloroso y lleno de giros, y cambios de dirección inesperados. Conforme recorremos este camino, debemos esperar que los comportamientos negativos y las reacciones emocionales en nosotros y en los demás aparezcan y ocasionen que enfrentemos duras decisiones. "¿Qué debo hacer?" "¿Cómo debo responder?" "¿Es ese un comportamiento aceptable? Si yo perdono, ¿Debo permitir esto?"

Conforme adoptamos nuestra identidad auténtica, aprendemos a valorarnos a nosotros mismos a los ojos de Dios. Ya no deseamos participar en los mismos patrones poco saludables de comportamiento que antes nos tuvieron esclavizados. Así como hemos estado actuando en un modo de supervivencia, encontramos que aprender a vivir de manera saludable, puede ser divertido, emocionante y satisfactorio.

Pero, incluso si ha comenzado nuestra sanidad, esas formas de pensar antiguas no mueren rápidamente. Y más aún, sólo porque hemos cambiado, no significa que otras personas en nuestras vidas han cambiado ni siquiera un poco. De hecho, ahora podemos darnos cuenta mucho más que nunca de nuestras relaciones poco saludables.

¿Cómo podemos encontrar la libertad de ser auténticos, y al mismo tiempo protegernos de relaciones dañinas y dinámicas destructivas? El siguiente capítulo va a darnos una visión profunda en cuanto al concepto de los límites y afrontar nuestra necesidad de desarrollar nuevas formas de respuestas a los retos en las relaciones en base a los principios de Dios.

¿Qué son los Límites?

Los límites son cercas visibles o invisibles que definen propiedad, protegen nuestros derechos y establecen reglas para determinar qué es aceptable y qué no lo es, en una situación dada. Los límites dicen "Me pertenezco a mí" y "tú te perteneces a ti". En vez de simplemente separar, los límites protegen lo que poseemos y valoramos, incluyendo nuestras propias vidas y cuerpos. Nos permiten defendernos física, emocional y espiritualmente contra peligros intrusos y no deseados. Pero todo su diseño y propósito es para establecer el curso para el respeto mutuo, consideración, protección y seguridad en todas las formas de relaciones.

Algunas de las cosas que los límites definen y protegen son:
- Nuestros cuerpos
- Nuestras emociones
- Nuestra familia y seres amados
- Nuestras creencias
- Nuestros valores
- Nuestras identidades
- Nuestro tiempo
- Nuestras responsabilidades
- Nuestros roles
- Nuestras posesiones

El Sistema de Límites de Dios

Todos los principios, leyes y promesas de Dios descansan en un juego perfecto de límites establecidos en Su Palabra. Estos límites son muy específicos para cada una de las áreas de nuestras vidas. Son establecidos para protegernos, amarnos y brindarnos un ambiente seguro en el cual crecer en nuestra relación con Dios y con otras personas.

Dios no establece límites debido a que Él necesite protección, sino que los establece para ofrecer sus principios como guía para nuestras vidas - principios que de hecho nos protegerán. Con Sus límites establecidos, aprendemos cómo prosperar en nuestra relación con Él y en nuestras relaciones unos con otros.

Desarrollo de Sistemas de Límites

El establecimiento de sistemas de límites comienza cuando somos niños pequeños. Aprendemos las "reglas" de la vida y también aprendemos el concepto de las consecuencias de comportamientos equivocados. Más aún, nos enseñan acerca del rol de la gracia y el perdón a diferencia del castigo cuando transgredimos un límite. Como lo aprendimos en el capítulo 2, los límites para una cierta familia se componen de los sistemas de creencias individuales de los miembros de la familia. Dependiendo de qué tan saludables o no sean emocional y espiritualmente los miembros de esa familia, se determina si el sistema de límites es establecido o no con justicia, y bajo guías bíblicas seguras y saludables.

Por ejemplo, Rebecca fue criada en un hogar que no tenía una estructura de límites seguros. Sus padres eran ambos adictos a las drogas, y "todo se aceptaba" en su vida familiar. Las fiestas, drogas y el sexo eran cosas comunes a las que fue expuesta como niña. Su exposición a los límites no le enseñó moralidad o a diferenciar entre el bien y el mal; mucho menos nada de la Palabra de Dios. Ella no entendía las consecuencias del porqué en la vida se trataba de aprender a "sobrevivir" y "tratar de hacer frente" y "adormecer el dolor".

Por otro lado, Ryan fue educado en un hogar cristiano lleno de amor, gracia y límites seguros. Él aprendió que tenía la libertad de tomar decisiones, pero las malas decisiones traerían consecuencias. También conoció el propósito del perdón. Estuvo lleno de la Palabra de Dios y aprendió que ésta contenía las respuestas en su vida.

No debería ser sorpresa que Rebecca en su vida adulta, luchó con desarrollar cualquier tipo de sistemas de límites saludables. Su eventual recuperación consistió en un largo proceso de reconocer creencias falsas y comportamientos negativos, y a adquirir un nuevo sistema de creencias basado en la verdad de Dios. Partiendo de esto, el sistema de límites de Rebecca comenzó naturalmente a alinearse con la verdad de Dios.

Ryan creció para convertirse en una persona saludable; a él, se le inculcó ciertos límites que eran naturalmente una parte innata de su constitución. Él escogió caminar con el Señor y por lo tanto, continuó madurando espiritualmente.

Ya sea que se nos hayan dado límites saludables o no en nuestra familia de origen, es maravilloso darse cuenta, que sin importar qué tan sesgado pueda estar nuestro sistema de límites, la Palabra de Dios provee guía, respuestas y límites específicos que necesitamos para vivir la vida. Y, como lo aprenderemos, Él no sólo brinda esos límites, sino que nos da el deseo y la capacidad de llevarlos a cabo.

Tipos de sistemas de límites

Vamos a observar tres principales sistemas de límites: abiertos, cerrados y flexibles. Entendiendo cómo opera su sistema de límites le ayudará a comenzar a identificar dónde puede usted ser vulnerable.

Sistemas de límites abiertos - Un sistema de límites abierto ocurre cuando las influencias externas y la gente determina la manera que establecemos y nos adherimos a los límites. Podemos en realidad basar nuestros límites en las necesidades, demandas, problemas y deseos de otras personas. Más aún, con un sistema de límites abierto, podemos llegar a estar tan enredados con los pensamientos y sentimientos de otras personas, que somos incapaces de separarnos, y así perder totalmente el sentido del "yo" y convertirnos en "anexos" de otras personas. Tener un sistema de límites abierto significa que tenemos poca protección y somos vulnerables a permitir cosas dentro que son peligrosas o dañinas.

Para visualizar un sistema de límites abierto, imagine una casa con bardas rotas y pisoteadas. Quizá la puerta principal y todas las ventanas están abiertas. ¿Qué le dice ese cuadro? Se permite que entren intrusos. El lugar es vulnerable a ataques exteriores, y los extraños pueden habitar la casa junto con los propietarios legítimos.

Sistema de límites cerrados - Este sistema de límites es rígido, estricto y no es influenciado frecuentemente por nada ni nadie del exterior. Las familias y la gente con sistemas de límites cerrados no permiten que la gente se acerque a ellos, no comparten la vida con otros, y no miran influencias externas para determinar cómo deben vivir. La gente que opera bajo un sistema de límites cerrados viven con medidas resguardadas, secretas y protectoras. A menudo son perfeccionistas en su filosofía de vida y les gusta mantener las cosas dentro de confines específicos y establecidos. Cualquiera que pueda interrumpir su estructura, horario o sistema será visto como una amenaza.

Para visualizar un sistema de límites cerrados, podríamos imaginar una casa amurallada con paredes profundas y gruesas alrededor de su exterior. Las ventanas y puertas están cerradas, y las cortinas se mantendrían herméticamente cerradas. ¿Qué dice ese cuadro? ¡Manténgase alejado!

Sistema de límites flexibles - Dios nos creó para tener un sistema de límites flexibles. Esto nos da la capacidad de protegernos a nosotros mismos de amenazas, mientras que al mismo tiempo permite que entre gente a nuestras vidas. Los límites flexibles tienen guías específicas y consecuencias para comportamientos negativos. No son sólo "blanco y negro" porque son propensos a las influencias de gracia y perdón. Estaremos aprendiendo en detalle acerca del sistema de límites de Dios, que es el ejemplo definitivo de un sistema de límites flexibles.

Para poner este sistema en contexto bíblico, podríamos visualizar a este sistema de límites como una casa con una barda que tiene un punto de acceso con un portón donde la gente y las cosas pueden entrar y salir conforme sea necesario. El portón tiene a la verdad como su Guardián. Más aun, ese Guardián es la persona de Jesucristo. ¿Qué es lo que dice esta imagen? Que tenemos ciertos derechos en base a la verdad que podemos y debemos defender. Pero aún más importante, ¡tenemos un sabio Protector en nuestro portón!

Puntos de Aplicación:
¿Qué sistema de límites aplican a usted? ¿Fue ese el sistema de límites al que usted fue expuesto en su infancia?

_____

_____

_____

_____

Si usted tiene un sistema de límites abierto, ¿reconoce que las cosas y la gente que usted deja entrar no son seguras para usted? Explique.

_____

_____

_____

_____

Si usted tiene un sistema de límites cerrado, ¿puede reconocer el miedo de lo que otros podrían hacer para lastimarlo? Explíquelo.

_____

_____

_____

_____

¿Alguna vez consideró designar a Jesucristo como su Guardián? ¿Cómo puede eso aplicarse en una cierta área de su vida?

_____

_____

_____

_____

Límites, Derechos y Responsabilidades

Conforme nos preparamos para establecer los límites en la vida, vamos a mirar primero dos áreas básicas:
1.	Nuestro derecho dado por Dios como seres humanos
2.	Nuestras responsabilidades en las relaciones vs. la responsabilidad de Dios y de otras personas

¡Sí, tenemos derechos!

Uno de los conceptos erróneos más tristes es que ser cristiano implica que todos nuestros derechos han sido retirados de nosotros y siempre debemos satisfacer las necesidades y demandas de otros en el nombre del "amor cristiano". La vida cristiana de hecho requiere que "rindamos" algunos derechos, algunas comodidades, algunas preferencias y algunas seguridades como ofrendas de sacrificio por las necesidades de los demás. Más aun, al defender la verdad de Dios y el sistema de creencias fundamentales de Jesucristo estamos dispuestos a ser perseguidos por la causa. Por lo tanto rendimos nuestro derecho a ser "tratados con amabilidad" por cualquier persona que se oponga a nuestro sistema de creencias.

Pero lo que el Cristianismo no significa es que nos deshagamos de nuestra individualidad y nuestro derecho básico a pensar, sentir y actuar en base al libre albedrío. Sin embargo, nos rendimos al Señor, por tanto nuestra individualidad, pensamiento, sentimiento y comportamiento se alineará eventualmente con Su carácter. En la etapa temprana de la recuperación podemos confundirnos en cuanto a distinguir la diferencia entre reclamar nuestros derechos y ofrecer un amor sacrificado.

Para ayudar a traer algo de claridad, abajo hemos enumerado algunos de los derechos básicos que reclamamos como Cristianos y como seres humanos:

- Tenemos derecho a tomar decisiones en base a nuestro libre albedrío, en base a los hechos y la guía del Espíritu Santo. No tenemos que vivir por lo que otras personas necesitan, sienten, desean o quieren de nosotros si esto puede causar daño. Luego tenemos la elección de hacer cosas por los demás en base al amor de Dios y su dirección, no porque simplemente nos sentimos forzados u obligados.

- Tenemos el derecho de sentir, incluso si a alguien más no le gusta lo que sentimos. Si nuestras emociones están basadas en el pecado, las traemos a Dios, pidiéndole a Él, que nos ayude a lidiar con ellas. No cambiamos nuestros sentimientos simplemente para complacer a otra persona. Dios no autorizó a otro ser humano para que esté a cargo de nuestras emociones (ni nosotros estamos a cargo de las emociones de ellos).

- Tenemos el derecho a decir "no" a algo que una persona solicita de nosotros cuando se opone a nuestra conciencia dada por Dios, o las responsabilidades dadas por Dios. Sólo porque la gente solicita cosas de nosotros, no significa que automáticamente necesitamos cumplir con la solicitud. Necesitamos el discernimiento de Dios y el buen juicio para hacer esas cosas que Dios nos pide que hagamos, y no porque nos sentimos presionados a hacer para complacer a los demás.

- Tenemos el derecho de ser la persona que Dios creó, incluso si no se alinea con las expectativas de otras personas. Pertenecemos a Dios ante todo. Las ideas de otras personas en base a cómo ellos quieren que vivamos nuestras vidas, incluyendo nuestros padres y familiares no remplaza la visión de Dios para nosotros (Consulte el capítulo 10).

- Tenemos el derecho a no condonar ni permitir comportamientos y tendencias pecaminosas, colocando protecciones y consecuencias conforme sea necesario. Dios tampoco pasa por alto o "aprueba" el pecado. De la misma forma que Dios responde al pecado a través de límites y consecuencias, nosotros podemos hacerlo. Debemos buscar Su sabiduría en una situación dada de modo que no nos excedamos ni nos quedemos cortos en esos límites.

- Tenemos el derecho de perseguir sueños, encontrar gozo, vivir en paz y tener balance en nuestras relaciones, sin importar lo que escojan hacer aquellos cercanos a nosotros. No tenemos por qué permanecer esclavizados a emociones y sentimientos tóxicos de desesperación. La revelación de la Palabra de Dios expone este plan individualizado para nosotros una y otra vez. Pensar que debemos vivir en dolor emocional contradice el plan de Dios en nuestras vidas.

Es importante recordar que estos derechos de ninguna manera deberán infringir nuestra capacidad de amar a otros en forma sacrificada y de "hacer morir el yo". Por tanto, si comenzamos a reclamar nuestros derechos para hacer algo que queremos hacer, estamos haciendo mal uso de ellos para elevar el "yo". Eso contradice la Palabra de Dios. Se necesita sabiduría para discernir donde comienzan y terminan nuestros derechos y donde pueden ser ofrecidos como sumisión. Podemos comenzar preguntándonos lo siguiente:

1. De acuerdo a la Palabra de Dios, ¿Tengo este derecho?
2. ¿"Mi derecho" está infringiendo o transgrediendo el mismo derecho de alguien más?
3. ¿Estoy reclamando este derecho para mí, pero no estoy dispuesto a otorgar este derecho a otros?

Dando Derechos a Otros

Establecer límites y derechos básicos mutuos en las relaciones puede ser "complicado", cuando confundimos nuestra necesidad de proteger nuestras propias vidas con el derecho de controlar el comportamiento de otra persona. Mientras que adoptar nuestros derechos puede ser un alivio merecido, el reto es que debemos permitir a otros tener la misma libertad. La verdad es que no tenemos derecho a tratar de cambiar cómo piensa, siente o actúa otra persona. No tenemos derecho a que esa persona se "convierta" en quien queremos que sea. Cualquier esfuerzo para lograrlo es una transgresión mayor a los límites.

Si estamos tratando con gente poco saludable, esto significa que debemos permitir que ellos tomen decisiones que puedan llevarlos a cosas destructivas y dañinas en sus vidas. Pronto aprenderemos cómo lidiar con las infracciones de límites, pero la clave en esta sección es simplemente dar a las personas sus derechos a escoger - sea que escojan bien o mal. La gente tiene derechos.

Sumisión vs. Reclamar Derechos

Dios no nos llama para que nos dejemos pisotear, pero nos llama a someternos. La sumisión no opera por alguien más controlándonos, o porque nos sentimos obligados, o "forzados" a hacer algo. La sumisión es un sub-producto del amor. Se construye sobre el respeto y honor de otra persona. En esencia cuando nos sometemos, renunciamos a nuestros "propios derechos" y permitimos que alguien más tome una decisión. Todo esto, asumiendo que no estamos comprometiendo nuestros derechos y sistemas de creencias fundamentales como lo acabamos de enunciar.

La cosa más importante que se tiene que entender en cuanto a la sumisión, es que no busca manipular a alguien más, para lograr satisfacer necesidades personales o controlar un resultado. En vez de eso, cuando dos personas se unen en amor y sumisión debe haber compatibilidad, no obligación.

¿Hay algún estímulo en pertenecer a Cristo? ¿Existe algún consuelo en su amor? ¿Tenemos en conjunto alguna comunión en el Espíritu? ¿Tienen ustedes un corazón tierno y compasivo? Entonces, háganme verdaderamente feliz poniéndose de acuerdo de todo corazón entre ustedes, amándose unos a otros y trabajando juntos con un mismo pensamiento y un mismo propósito. No sean egoístas; no traten de impresionar a nadie. Sean humildes, es decir, considerando a los demás como mejores que ustedes. No se ocupen sólo de sus propios intereses, sino también procuren interesarse en los demás.
(Filipenses 2:1-4)

Somos capaces de someternos a una persona, cuando amamos a Dios, a nosotros mismos y a los demás apropiadamente (Capítulo 4). Si alguno de estos puntos está faltando, la sumisión rápidamente se hará poco saludable y llevará a la codependencia.

Puntos de Aplicación:

Escriba una lista de esos derechos que usted claramente pudo haber sentido que fueron invalidados en su propia vida. ¿Por qué piensa usted que no creyó tener derecho a ellos?

_____
_____
_____
_____

Escriba una lista de las formas en que usted invalidó los derechos de otras personas. ¿Ve usted alguna similitud?

_____
_____
_____
_____

¿Usted lucha para entender la sumisión verdadera? ¿Cómo cree usted que se quedó corto?

_____

_____

_____

_____

Responsabilidad en las Relaciones

Parte de aprender a establecer límites justos y razonables, es el decidir dónde termina el "yo" y dónde comienza el "tú". Para desglosar esto, vamos a estudiar tres funciones en una relación: nuestra responsabilidad, expectativas razonables que podemos colocar en otros, y la responsabilidad de Dios.

Nuestra responsabilidad: Nosotros desarrollamos nuestro sentido de responsabilidad en las relaciones en base a nuestras propias creencias y convicciones. Esto significa que nuestros roles y responsabilidades son independientes de cómo otra persona se comporta en la relación. Conforme crecemos espiritualmente en la gracia y la verdad de Dios, aprendemos cada vez más profundamente lo que Él requiere de nosotros a nivel del corazón (no sólo una lista de reglas a seguir). Creciendo en nuestra recuperación de la codependencia, requiere que aprendamos a enfocarnos continuamente en nuestras propias responsabilidades en una situación dada, en vez de apuntar o enfocarse constantemente en las necesidades de otros.

Expectativas razonables: Así como tomamos responsabilidad de nuestro propio comportamiento, podemos tener expectativas razonables de las cosas que deseamos recibir en las relaciones. El término "razonable" es importante porque a menudo la gente no logrará cumplirlas, y más aún, podemos tener expectativas que no son justas o realistas.

Los límites son diferentes a las expectativas. Los límites protegen las cosas que valoramos en nuestras vidas, pero las expectativas están enfocadas en cosas que deseamos recibir de otros. Las expectativas razonables deben basarse en la verdad bíblica, no simplemente en nuestras propias necesidades emocionales. Puede ser difícil discernir cómo establecer estas expectativas, y puede requerir inicialmente asistencia externa.

Si estamos en una relación con alguien que está ausente emocionalmente por cualquiera que sea la razón, es justo decir que incluso las expectativas razonables no serán cumplidas. Sólo porque fijemos expectativas, no significa que debemos hacerlas valer como un "estado de derecho". No podemos cruzar por encima y hacer que una persona haga algo simplemente porque queremos que lo haga.

La responsabilidad de Dios: Dios siempre cumple Su responsabilidad en

Su relación con nosotros. SIEMPRE. Necesitamos entender que podemos tener altas expectativas de Él cuando están basadas en Sus propias promesas. Algunas veces, nuestras expectativas de Dios pueden estar basadas en nuestros propios deseos y necesidades percibidas, por tanto nos sentimos enojados cuando Él parece fallarnos. En los desafíos de nuestras relaciones, aprenderemos que nuestra dependencia de Dios "llenará las brechas" donde nuestras relaciones humanas en algún punto nos fallen. Este es el objetivo de la recuperación - alcanzar el lugar donde podamos encontrar que los recursos de Dios en nuestras vidas son verdaderamente suficientes.

Tabla 7 : Responsabilidad y Expectativas

Nuestra responsabilidad (con Dios, nosotros mismos y otros)	Expectativa razonable (de otros)	Responsabilidad de Dios
Nos ofrecemos a nosotros mismos como seres humanos completos en las relaciones, sin necesitar que alguien más nos haga sentir completos.	Podemos esperar que las personas sean seres humanos completos en las relaciones, sin buscar compensar las deficiencias.	Aprendemos a encontrar la suficiencia en Cristo, - Él nos hará completos a través de Él.
Somos capaces de ofrecer perdón continuamente cuando otras personas cometen malas acciones contra nosotros, ofreciendo un patrón de gracia en las relaciones.	Podemos esperar que la gente ofrezca perdón y gracia donde quedemos cortos.	Sabemos que todo el perdón viene de Dios. Donde fallamos uno con el otro, encontramos gracia a través de Dios.
Somos responsables por los cambios que necesitamos hacer en nuestras vidas. No somos responsables por los demás.	Podemos permitir que la gente sea responsable de los cambios que necesitan hacer en sus vidas. Ellos no son responsables por lo que hacemos nosotros.	Dios pone en nosotros convicción de aquellas cosas que necesitamos cambiar, y luego nos da el poder para cambiar.
Tomamos responsabilidad por nuestras propias emociones y no hacemos a otros responsables de nuestro estado de ánimo, sea bueno o malo.	Podemos esperar que la gente tome responsabilidad de sus propias emociones, y que no nos haga responsables de su estado de ánimo, ya se este sea bueno o malo.	Sabemos que sólo Dios puede ayudarnos a identificar nuestras emociones y las causas de raíz detrás de ellos.

Nuestra responsabilidad (con Dios, nosotros mismos y otros)	Expectativa razonable (de otros)	Responsabilidad de Dios
Podemos ofrecer nuestras ideas, creencias y deseos en la relación sin importar qué tan diferentes puedan ser de otras personas. Respetamos sus diferentes puntos de vista, pero no permitimos que se hagan concesiones con nuestras creencias medulares.	Podemos esperar que la gente ofrezca sus ideas, creencias, deseos y que respeten nuestros distintos puntos de vista.	Le pedimos a Dios que tome nuestras ideas, creencias y deseos y los alinee con su voluntad.
Amamos a los demás de la mejor manera que sabemos, entendiendo que no será perfecto.	Podemos esperar que la gente nos ame de la mejor manera que ellos conocen, entendiendo que no será perfecto.	Sabemos que sólo Dios nos ama perfectamente y que encontramos nuestra necesidad más profunda de amor a través de Él.
Cuando ocurren problemas, aceptamos la responsabilidad de nuestra parte, y no recurrimos a culpar a otros.	Cuando ocurren problemas, ellos aceptan su responsabilidad por su parte, y no recurren a culparnos.	Le pedimos a Dios que resuelva los problemas en nuestras vidas y buscamos la Palabra de Dios para obtener respuestas.
Nos comprometemos a ser fieles y honestos con otros.	Ellos se comprometen a ser fieles y honestos con nosotros.	Dios es fiel por naturaleza. Es imposible que Él vaya en contra de su propio carácter de fidelidad; por lo tanto, siempre podemos contar con Él.

Cuando Otras Personas Nos Fallan

¿Qué pasa cuando cumplimos nuestras responsabilidades pero otras personas en nuestras relaciones no cumplen las suyas? Si somos los receptores de una transgresión, podemos establecer límites para protegernos de que ocurra esa transgresión, pero no podemos cambiar el corazón de la otra persona. En vez de intentar equilibrar una relación desbalanceada, debemos estar dispuestos simplemente a dejar que ocurran esas brechas y pedirle a Dios que llene las piezas faltantes. Si la relación es extremadamente malsana o dañina, quizás tengamos que alejarnos de esa relación (permanente o temporalmente).

No sólo encontraremos que Dios puede satisfacer nuestras necesidades cuando hacemos esto, sino que al no manipular la situación y simplemente nos enfocamos en mantener nuestra "vida en orden", Dios puede tratar con la otra persona. De hecho fueron nuestros esfuerzos los que trataron de "arreglar" la situación lo cual aceleró el problema.

Aprendiendo a establecer límites de esta forma en donde nos permitimos a nosotros mismos, a otros y a Dios rendir cuentas de nuestras propias responsabilidades, requiere una disciplina tanto de "dejar ir como dejárselo a Dios". Si comenzamos a pedirle a Dios que nos de la capacidad para entender y cambiar nuestros corazones en esta área, esto nos llevará a niveles más profundos de libertad. Esto nos permitirá obtener algo de "cordura" mientras somos capaces de enfocarnos en las cosas que podemos cambiar y nos damos cuenta de que no somos capaces de cambiar otras. Cuando aprendemos a depender de Dios como nuestra fuente definitiva, ya no permitimos que la gente nos manipule emocionalmente, ni intentamos manipularlos a ellos. Más aun, llegamos a comprender que ya no nos basamos en lo que otras personas tienen que ofrecer, entendiendo que tenemos todas nuestras necesidades satisfechas a través de Dios. Sólo porque otros son irresponsables, infelices, perjudiciales, o faltos de amor no significa que nosotros tengamos que serlo. No necesitamos comprometer nuestras vidas de ninguna forma sólo porque la gente nos falla.

Aplicando Soluciones a las Infracciones de Límites

¿Puede imaginar con cuántas infracciones de límites trata Dios en un día? ¡El número debe ser asombroso! Pero debe ser un merecido alivio, saber que Dios tiene un método de operación en nuestras transgresiones a los límites, que está basado en Su amor y gracia para nosotros y no, en Su deseo de "castigarnos". Para entender la operación básica del sistema de límites de Dios, vamos a extraer algunas verdades que encontramos en la parábola del "hijo pródigo". Si usted no está familiarizado con este pasaje, por favor tómese en este momento un tiempo para leer (Lucas 15:11-32).

Algunas de las cosas que queremos señalar en esta parábola son las siguientes:

- El padre no retuvo a su hijo, no le dijo "no", o trató de detenerlo para que no se vaya. (Esto denota cómo Dios nos da libre albedrío. Él no controla radical o forzosamente nuestra toma de decisiones)
- El padre no va a perseguir al hijo, incluso cuando en algún punto él probablemente se dio cuenta que algo andaba mal. (Esto denota la voluntad de Dios de permitir que las consecuencias surtan efecto sin intervenir directamente)
- El hijo lleva un estilo de vida salvaje y necio, gastando eventualmente todo el dinero. En su desesperación, al hijo no le queda otro remedio que comer alimento para cerdos para poder sobrevivir. (Sí, ¡comida para cerdos! Esto

denota que Dios dejará que las consecuencias lleguen a niveles de gravedad)

- Las cosas dramáticamente dan un giro cuando el hijo "volvió en sí" y se da cuenta el terrible error que había cometido. También recuerda que su padre es un hombre razonable y que posee una fortuna. Él decide que le es preferible convertirse en un jornalero de su padre que vivir con los cerdos. (Esto denota el poder de las consecuencias dolorosas que nos llevan a un estado de quebrantamiento)

- Cuando el hijo regresa a casa, su padre le saluda con brazos abiertos, le besa y hace una gran fiesta para celebrar a su hijo. Mientras que su hijo pretendía ser tratado sólo como un esclavo, en vez de eso fue recibido con perdón, amor y restauración - y les son restituidos todos los derechos como hijo.

Como podemos ver, la manera en que Dios trata con las infracciones a los límites es permitiendo que las consecuencias produzcan suficiente dolor que lleven al arrepentimiento y finalmente a la reconciliación. Es interesante que el hermano del hijo pródigo - quien se quedó en casa y aparentemente hizo "todo bien" - encontró espantoso que el hijo descarriado recibiera este nivel de atención. De hecho, se sintió con el derecho a la recompensa.

Como muchos de nosotros, es difícil concebir que el corazón de Dios no es movido simplemente al hacer todo legalistamente y en un formato de "seguir las reglas". De hecho, el Cristianismo del Nuevo Testamento está basado en el principio que Dios es alguien que cambia los corazones, no tan sólo un creador de reglas que espera que las cumplamos por nuestros propios esfuerzos (Romanos 2:29). Esto significa que cuando nos quedamos cortos, dependemos de la gracia y el perdón de Dios, no por nuestros propios esfuerzos de deshacer el daño que ocasionó nuestro pecado.

Conforme nos aproximamos a desarrollar límites en nuestras vidas, debemos mantener en mente esta perspectiva. Dios odia el pecado y trata con él de acuerdo a cuando éste aparece. Él nunca lo excusa, "ni lo aprueba", ni lo minimiza. Más bien, nos permite cosechar las consecuencias de nuestras decisiones. Esto es lo que hace que el amor de Dios sea "severo" algunas veces. Pero cuando nos humillamos y pedimos perdón por nuestros comportamientos, Dios nos perdona. De hecho, el objetivo final de Dios en todo tiempo es perdonarnos y restaurarnos del pecado en nosotros, y del pecado que ha sido cometido contra nosotros.

Los principios que acabamos de aprender de la parábola del hijo pródigo pueden ayudarnos a construir una "estructura" para establecer límites saludables en nuestras relaciones. Esto incluye:

- Definir qué es y qué no es aceptable (en base a mi moral, creencias, etc.) en mis propios comportamientos y en los comportamientos de aquellos a mi alrededor.

- Prescribir o permitir consecuencias y dejar que estas consecuencias se arraiguen, sin importar las ramificaciones (dejar de "rescatar" o "acolchonar" tales consecuencias en la vida de otros).

- Aprender que el objetivo final de una consecuencia es la aflicción y la contrición de modo que podamos ofrecer gracia a la persona que sobrepasó el límite. (Aprendemos a no "castigar" los comportamientos negativos, sino tratar bíblicamente con ellos. Amamos a la persona, pero no aceptamos el pecado).

- Aprender que cuando no ocurre la contrición y una persona continúa sin respetar nuestros límites, tenemos permitido (y deberíamos con amor) continuar prescribiendo las consecuencias. (Recuerde que cuando no estamos intentando controlar o cambiar el comportamiento de otra persona, estamos protegiéndonos del mal comportamiento de otra persona que está afectándonos directamente).

- Es necesario perdonar a esta persona sin importar si la persona que sobrepasó el limite está arrepentida o no. Sin embargo, la reconciliación sólo ocurre cuando la persona que está infringiendo el límite está arrepentida y merece el perdón.

Para aplicar estos principios vamos a ver un ejemplo de un matrimonio. Sheila y Todd se casaron directamente acabando el bachillerato. Ellos fueron mejores amigos y "compañeros de copas" que compartieron metas e intereses sencillos pero comunes. Sin embargo, después de casarse, Todd comenzó a tomar más y más, lo cual comenzó a ocasionar que él se retirara de la relación. Al principio, Sheila no reconoció el problema porque "ir de fiesta" parecía normal, pero eventualmente él se encontró bebiendo todo el tiempo. Ella no sabía lidiar con el alcoholismo de Todd y realizó esfuerzos extremos para hacer que él lo dejara. Ella comenzó a supervisar y administrar su vida. Ella demandaba saber cómo usaba su tiempo y peleó con él una y otra vez por su falta de interés en la relación.

Mientras más peleó y controló Sheila, más se bloqueaba Todd y se alejaba de la relación. Él bebió más. Ella hizo cosas para tratar de "encender" el romance y lo trajo de nuevo a la relación, pero debido a que él continuó bebiendo, ella se sintió rechazada y por tanto intentó controlarlo más aún. El ciclo continuó.

Ella no entendió la naturaleza de la adicción de Todd, y se encontró a sí misma exhausta por sus esfuerzos de manejar el hogar, las finanzas, la relación y todo lo demás. La gota que derramó el vaso ocurrió cuando Todd recibió una infracción por "conducir bajo influencia del alcohol" y pasó la tarde en la cárcel. Ella se sintió tan devastada y sin esperanza que pensó que la relación debería terminar. Para entonces, ella comenzó a asistir a la iglesia y se había convertido a Cristo. Después de consultar con el pastor de recuperación, acerca de Todd, a ella se le ofreció una mejor alternativa, que sencillamente terminar su matrimonio justo ahí y en ese momento.

El pastor le explicó a Sheila la realidad de la adicción, y cómo Todd realmente necesitaba ayuda. El pastor también le ayudó a ver, que a pesar de lo horrible que eran los comportamientos de Todd, ella se había convertido en un fomentador de esta adicción. Debido a que ella no tenía límites definidos, nunca dejó que él se diera cuenta de su comportamiento, y en vez de eso, trató de controlarlo y suplir las cosas que él no daba en la relación.

Juntos, Sheila y su pastor examinaron las maneras en que ella podría desarrollar algunos límites. Con la ayuda de él, ellos escribieron un plan que enumeraba los límites y las consecuencias del comportamiento adictivo de su esposo. A través de una intervención familiar, los amigos y los familiares expresaron a Todd su amor y preocupación. Se le dio la opción de obtener ayuda a su problema de alcoholismo o enfrentar serias consecuencias: básicamente ser "apartado" de aquellos que él amaba.

Mientras que él se resistió al principio, Sheila no se retractó de las consecuencias. Esto la hirió profundamente pero pidió que Todd se fuera de la casa. Comenzó a usar la oración como su mayor "arma" en la adicción de Todd y le rogó a Dios que intervenga a beneficio de Todd . A Todd le tomó varios meses más de continuar bebiendo para darse cuenta que él no quería vivir de esa forma. Tal y como el hijo pródigo, las circunstancias se hicieron muy severas; él estaba listo y deseando obtener ayuda.

Sheila le dio a Todd una segunda oportunidad basada en límites específicos a fin de que él primero obtuviera ayuda. Pero más que otra cosa, para que este proceso funcionara, ella tuvo que tomar la decisión de que ella genuinamente pudiera perdonar a Todd y darle el espacio y el tiempo para pasar a través de su proceso de sanidad. Ella también tuvo que explorar por qué ella tenía esos límites tan deficientes. Las infracciones a los límites de Sheila no fueron sólo el permitir la adicción de Todd, sino que ella sentía que tenía la autoridad de controlar sus comportamientos. Más aun, ella necesitaba entender por qué ella se enredó en este estilo de vida perjudicial en primer lugar.

Ella rastreó muchas de sus tendencias hacia el pasado con su familia de origen. Además de perdonar a Todd ella también necesitaba perdonar a sus padres y a sí misma por permitir tal falta de salud en su vida. Los nuevos límites de Sheila le permitieron a Todd sufrir las consecuencias negativas de su comportamiento. Pero su habilidad para perdonarlo finalmente le llevó a la restauración de su relación. Al dar a Todd gracia y entendimiento, él fue capaz de enfocarse en sí mismo y en las razones de por qué aprendió a medicar sus emociones.

Como Sheila tenemos un derecho a establecer límites en nuestro hogar. Sin embargo, tenemos una obligación de asegurarnos que esos límites sean realistas y justos, y que estén fundados en el amor, no en el control. Y lo más importante, debemos estar dispuestos y listos a seguir a través de las consecuencias, de otro modo la "barda" (límite) quedará pisoteada y ya no será válida.

En casos de adicciones, los miembros de la familia deben aprender a amar a la persona mientras que se mantienen en contra y se oponen al comportamiento adictivo cueste lo que cueste. Mientras que no podemos hacer que alguien deje la adicción, podemos quitar todos y cada uno de los "amortiguadores" que fomentarán que el adicto permanezca con el comportamiento adictivo. Como el hijo pródigo, es sólo cuando el dolor de las consecuencias traen al adicto a un "punto de quiebre" para que realmente exista el potencial para que el cambio se lleve a cabo.

La parte difícil de este escenario es que al dejar ir a una persona, debemos estar preparados a que ellos puedan tomar una decisión que los lleve a un resultado negativo. En estas situaciones, debemos orar para que Dios nos otorgue la gracia de manejar ese resultado. Podemos continuar orando para que Él intervenga divinamente en la vida del adicto.

Antes de permitirnos quedar abrumados por este proceso, recuerde el principio fundamental de seguir los límites de Dios: Él trata con nosotros a nivel del corazón cuando Su Espíritu mora en nosotros. Por lo tanto, si en nuestras vidas buscamos a Dios en primer lugar, nuestras habilidades de definir límites y adherirnos a ellos naturalmente seguirán nuestro afán de recuperación. Y debemos recordar los motivos de Dios - ellos siempre nos impulsan hacia el amor, y gracia para con nosotros y hacia la gente que nos rodea que batallan con comportamientos negativos.

Puntos de Aplicación:

¿Cómo podemos comenzar a definir límites en una relación difícil? Este es un proceso que puede ser usado para aprender cómo definir y establecer límites saludables en las relaciones:

Identificar dónde deberían ser construidos los límites

- Identifique donde usted hace concesiones o permite malos comportamientos en su vida, debido a que usted no quiere hacer enojar o perder a una persona.
- Escriba una lista de esos comportamientos junto con el nombre de la persona. Declare algo como esto:
  - No puedo permitir _____ (mencione el comportamiento) en mi vida.
  - Si _____(nombre de la persona) se involucra en ese comportamiento en mi vida, necesito imponer una consecuencia para protegerme de los efectos dañinos que puede imponer en mi vida.
- Imponga la consecuencia. Si esta persona rompe continuamente este límite sin una sombra de pesar o cambio, estoy dispuesto a seguir adelante con las consecuencias, incluyendo:
  - _____

Al establecer límites, necesitamos orar y buscar la sabiduría del Señor. Si somos dirigidos por nuestras emociones no haremos decisiones sabias y podemos herir las relaciones aún más. En otras palabras, si en realidad estamos simplemente reaccionando con enojo para "castigar" a alguien, entonces eso definitivamente no es un límite.

Evalúe el motivo de su corazón

- ¿Es válido mi deseo de que la persona cambie su comportamiento? ¿Está esa persona haciendo algo que es una clara infracción al bienestar y salud de la relación? ¿Es tan sólo mi preferencia personal o mi necesidad emocional?
- ¿Entiendo que no es mi responsabilidad controlar el comportamiento de esa persona, pero que puedo rehusarme a permitirlo en mi vida? Sí o No
- ¿Por qué no puedo permitir este comportamiento en mi vida? ¿Qué sucederá si continúo permitiéndolo? ¿Qué sucederá si establezco un límite que rechace este comportamiento?
- Recuerde, un límite no se usa para CONTROLAR el comportamiento de otra persona; se usa para PROTEGER nuestras propias vidas, valores, etc.
- Nota: El abuso físico siempre es un factor decisivo y puede requerir la salida física inmediata de la relación, si está claro que hay un peligro inminente. Esto no significa que la persona que se encuentra al otro extremo del abuso no será capaz de obtener ayuda, pero el riesgo de salir lastimado puede requerir una separación física. **Por favor busque ayuda de inmediato si usted está en una situación de abuso físico y de abuso severo.**

Límites y Reconciliación

¿Qué hacemos si alguien ha abusado de nosotros o nos ha maltratado extremadamente en una relación? ¿Será suficiente con el perdón y unos "nuevos" límites? ¿Deberá continuar esa relación? No debemos confundir perdón y límites con reconciliación. Ya sea que hayamos transgredido a una persona o que alguien nos haya transgredido, la reconciliación se trata de un proceso de sanidad que ocurre cuando AMBAS partes participan. Si ha sido erigido un muro de separación en una relación debido a malas acciones o dinámicas dolorosas, podemos decidir si deseamos o no caminar hacia una restauración de esa relación. Algunas veces las relaciones perjudiciales pueden necesitar ser "perdonadas" pero no restauradas. La voluntad y el deseo de Dios siempre será reconciliar las relaciones rotas en una familia y restaurar los matrimonios. Así que sería totalmente equivocado que abandonáramos esos compromisos. Sin embargo, quizá necesitemos ayuda para discernir la estrategia exacta a tomar en cada situación dada. Al final, todo lo que podemos hacer es nuestra propia responsabilidad personal, orar, y dejar el resultado a Dios, confiando en Su plan perfecto.

Límites e Intimidad

Aunque puede parecer que cuando se vive una vida basada en un grado variante de límites puede ocasionar una separación, nada puede ser más erróneo. En realidad, cuando dos personas aprenden límites saludables, ellas establecen un ambiente seguro que esta lleno de respeto mutuo. Es en este ambiente en que la relación puede prosperar y crecer, creando la atmósfera para una intimidad verdadera.

¿Qué es intimidad? Es la capacidad de ver dentro de otra persona sin el miedo de ser rechazado. Es una forma de cercanía basada en vulnerabilidad y honestidad. Permite a la gente vernos en niveles "en crudo" donde podemos revelar las cosas más profundas que nos hacen ser quienes somos.

Sólo podemos tener relaciones con intimidad si desarrollamos un sentido saludable de identidades propias. Si simplemente estamos "fusionados" con la persona en la relación, eso no será intimidad, sino codependencia, llevándonos a la pérdida de toda nuestra identidad. En la intimidad retenemos quienes somos y permitimos que otros retengan quienes son ellos. Es mediante "ver", "aceptar" y "perdonar" que encontramos cercanía en estas relaciones.

¿Cómo se nos puede garantizar que la intimidad será obtenida de esta forma? A decir verdad, Dios trata con nosotros íntimamente. Él nos pide que seamos transparentes, abiertos y honestos ante Él. A cambio, Él nos recibe tal y como somos, nos perdona por nuestros errores, y nos acepta y nos ama incondicionalmente. Mientras aprendemos a confiar más en Él, nos entregamos total y apasionadamente en la relación. La realización se encuentra a través de nuestra relación íntima con Dios, y luego nuestra capacidad para tener intimidad con aquellos cercanos a nosotros.

Si usted está recuperándose de una relación dolorosa, la intimidad no debe ser la meta en sí misma. En vez de eso, la meta debe ser lograr que su vida y sus propios límites estén alineados con Dios. Como lo aprendimos en algunos de los ejemplos anteriores, cuando eso ocurrió, se estableció un ambiente que condujo a la intimidad.

Una Oración para Reconciliación e Intimidad

Padre,

Mientras veo las fallas en mis límites, me siento abrumado sobre dónde comenzar. En un sentido, necesito tomar control de mí mismo nuevamente. Pero en otro sentido, estoy en realidad estableciendo el escenario para amar más a las personas, y amarlos con mayor intimidad. Es difícil para mí comprender cómo chocan estas dos realidades, aunque sé que así es exactamente como operas conmigo. Dios, te pido que cambies mi corazón y que intervengas en la vida de las personas que amo de modo que podamos primero experimentar la intimidad contigo, y finalmente experimentar intimidad el uno con el otro. Gracias porque eres un Dios que me creó para mantener relaciones que estén llenas de realización y vehemencia. Te pido que yo sea capaz de experimentarlas a cabalidad. En el nombre de Jesús, Amén

12

Balanceando Principios Y Prioridades

Hemos estado en un viaje. Un viaje que denota que hay un punto de inicio y un punto de terminación. Quizá comenzamos este viaje desgastados y agotados, buscando respuestas del por qué la vida no estaba funcionando. Quizá hemos encontrado algunas cosas que esperábamos, pero muy probablemente, encontramos cosas que no esperábamos.

La verdad es que la recuperación puede ser dolorosa. Ahora que hemos encontrado la realidad de los problemas que tenemos que enfrentar, puede ser extremadamente abrumador darse cuenta que el viaje no termina aquí, que realmente sólo esta comenzando. La recuperación es un proceso que lleva toda una vida. Requiere rigurosa honestidad, una auto-confrontación sin miedo, rendirse diariamente a Dios, y la voluntad de "tomar nuestra cruz" y seguir a Cristo Jesús. Pero, ¿Cuál es exactamente el "resultado final" de este proceso? Si somos lo suficientemente valientes para seguir los caminos de Dios, nos embarcaremos en experimentar la realización que hemos buscado todo el tiempo: una paz interna verdadera y duradera y el entendimiento del amor de Dios. Cuando experimentamos intimidad con Dios, estaremos unidos a la capacidad de ser exactamente la persona que Dios quiso que fuéramos cuando nos creó . Incluso si nuestras relaciones humanas en un punto nos fallan, descubriremos que aún tenemos la capacidad de experimentar la máxima expresión de amor que existe - el amor ágape de Dios.

Este libro de trabajo es una de muchas herramientas que pueden ayudarnos y apoyarnos a lo largo del proceso de sanación. Pero preste atención, es simplemente un punto de referencia para guiarnos en la dirección correcta. Así mismo, esta guía tendrá un efecto mínimo, a menos que seamos capaces de aplicar los principios en nuestras vidas. Una cosa es "sentirse" diferente o ver la vida desde una perspectiva diferente. La prueba real esta en que podamos tomar esas cosas que aprendimos y aplicarlas a las situaciones diarias en todos y cada uno de los días de nuestras vidas.

Por naturaleza, como seres humanos queremos tomar atajos. Queremos llegar al resultado final sin pasar a través del dolor y la disciplina que se requiere. Pero las cosas en la vida que generan mayores beneficios pueden ocasionar dificultades y sufrimientos. Es sorprendente cuánto tiempo y esfuerzo estuvimos dispuestos a invertir en las necesidades y problemas de otras personas. Ese tipo de dolor nos dejó exhaustos y sin esperanza. Si pudiéramos tomar esa misma cantidad de esfuerzo que usamos negativamente y aplicarlo a un estilo de vida orientado a soluciones en base a los principios de sanidad de Dios, de seguro veremos resultados dramáticos.

Balanceando lo Espiritual y lo Práctico

Hay dos lados del proceso de recuperación. El primero es espiritual, se apoya en las cosas que no se ven y la batalla en la que estamos involucrados en base a todo nuestro sistema de vida, incluyendo nuestras creencias, pensamientos, sentimientos y comportamientos. Para crecer y hacernos fuertes espiritualmente, necesitamos desarrollar un estilo de vida de disciplina espiritual. En realidad todo se resume en fomentar una relación íntima con Dios. Esto significa estar saturado de Su verdad, y encontrar la amistad de otras personas que conozcan a Dios personalmente y hayan experimentado su amor. No significa intentar "llevar a cabo" la vida cristiana de forma legalista.

El otro lado de la recuperación auténtica es lo práctico. Ya que vivimos en un mundo físico, con circunstancias físicas, necesitamos trabajar los principios espirituales con eventos de vida tangibles. Si "espiritualizamos" nuestras vidas al punto de que quedemos absorbidos por los conceptos, pero no conozcamos cómo aplicarlos, podemos sentirnos frustrados. Podemos incluso usar "cosas" que suenen espirituales para escondernos, ocasionando así una separación entre nuestro carácter interno y externo.

El proceso de transformación ocurre conforme Dios nos cambia espiritualmente y a nivel del corazón, y hace de nuestro "entendimiento de las cosas" una realidad en nuestras situaciones prácticas del día a día.

No podemos dividir en secciones la vida cristiana. Las cosas no son independientes de nuestra vida espiritual, tales como nuestro trabajo o nuestra vida familiar. De hecho, nuestras vidas en su totalidad caen bajo uno de los dos sistemas: un sistema de esfuerzos propios, o un sistema de dependencia en Cristo. El resultado de esto y todos los detalles pequeños e intrincados en el camino, descansan en nuestras capacidades para aprender la vida a través de la verdad de Dios.

A Dónde Estamos Dirigiéndonos

Jesús enseñó una parábola de dos hombres: un sacerdote y un aborrecido cobrador de impuestos. Si pudiéramos colocar esto en la cultura moderna, esta historia pudiera ser entre un líder de iglesia y alguien que el mundo pudiera considerar un "fracasado". Así es como va:

> El fariseo, de pie, apartado de los demás, hizo la siguiente oración: "Te agradezco Dios, que no soy un pecador como todos los demás. Pues no engaño, no peco y no cometo adulterio. ¡Para nada soy como ese cobrador de impuestos! Ayuno dos veces a la semana y te doy el diezmo de mis ingresos". En cambio, el cobrador de impuestos se quedó a la distancia y ni siquiera se atrevía a levantar la mirada al cielo mientras oraba. Sino que golpeó su pecho en señal de dolor mientras decía: "Oh, Dios, ten compasión de mí, porque soy un pecador". Les digo que fue este pecador —y no el fariseo— quien regresó a su casa justificado delante de Dios.
>
> Pues los que se exaltan a sí mismos serán humillados, y los que se humillan serán exaltados. (Lucas 18:11-14)

Muy frecuentemente miramos a la persona tipo "líder religioso" y pensamos que es el modelo para nuestras vidas y la persona que lo tiene todo perfectamente bien. Medimos nuestro progreso en la recuperación por cómo estemos logrando cumplir la "Lista de control de Dios". Pero la verdad es que Dios no está interesado en todo eso. De hecho, Él dice que los que piensan que lo "lograron", ¡no han logrado nada en absoluto!

Dios desea nuestras habilidades humildes para admitir nuestras debilidades. Somos "justificados" lo que significa que somos hecho justos con Dios cuando admitimos que no lo logramos. En esta transacción, se nos da acceso al Espíritu Santo. El Espíritu Santo hace que nuestras vidas cambien, pero a través de la realidad interna de Cristo viviendo en nosotros.

Así que, ¿cómo podemos en realidad medir nuestro progreso en la recuperación y en la vida cristiana en general? Podemos decir con seguridad que simplemente por el hecho de establecer límites, aprender "nuevas reglas" e incluso caminar en obediencia, no refrenará el mal. La medida de una vida transformada es la que rige por los principios que revelan la voluntad de Dios: caminar por gracia, gratitud y amor. Mientras nuestra vida se someta a la verdad de la Palabra de Dios y a estos principios, la vida cristiana lleva más y más fruto.

Estableciendo Prioridades

La vida se basa en prioridades. Sólo tenemos un cierto tiempo al día para lograr las cosas, sólo tenemos un cierto espacio en nuestros corazones para llevar cosas, y sólo tenemos una cierta cantidad de energía para enfocarnos en las cosas que necesitan hacerse. Esa es la razón por la que la organización básica de nuestras prioridades, determinará la manifestación de cómo todos los cientos de funciones prácticas aparecerán en nuestras vidas. Si somos impulsados a "complacer a la gente" nuestras actividades y el balance de nuestras vidas será manifestado de acuerdo a ello.

Prioridades en la Relación

En la codependencia nuestras prioridades en las relaciones fueron distorsionadas. Tomamos las necesidades de otros en base a compulsión, vergüenza y culpabilidad. Creíamos que necesitábamos enfocarnos en los demás. Pero estas prioridades colocadas erróneamente ocasionaron numerosos problemas.

En vez de cambiar cada "cosa" en nuestras vidas que no estuviera funcionando en las circunstancias físicas, necesitamos aprender a iniciar cada día instruyéndonos a vivir bajo las prioridades de Dios: Debemos buscar una relación íntima con Jesucristo primero que nada, y por encima de todo lo demás. Esto será completamente el objetivo de nuestros días y el propósito total de nuestras vidas. Simplemente necesitamos aprender a "venir a Él" como somos y estar en Su presencia.

1. Debemos abrir nuestros corazones para permitir que la verdad de Dios entre en nuestras vidas. Eso significa que nuestros corazones deben ser capaces de recibir los dones que Él da, y debemos deshacernos de nuestras tendencias de orgullo. Bajo la "espada" de la verdad de Dios, comenzamos a tener la voluntad de que Dios nos enseñe, nos de convicción y nos cambie. (Hebreos 4:12).

2. Aprendemos a servir y a amar a la gente exactamente como Dios nos pide que sirvamos y amemos. Ya no nos sentimos obligados a reaccionar hacia otras personas, pero permitimos que Dios nos guíe de manera que podamos responder bíblicamente a las situaciones. Esto manifiesta un amor real, un amor derivado del propio corazón de Dios.

Aplicando los Principios de Dios en las Relaciones

Conforme tomamos todo lo que hemos aprendido hasta este punto, ¿Cómo podemos aplicarlo a nuestras relaciones? Los cambios en relaciones no necesariamente suceden de inmediato. Una de las lecciones más dramáticas que hemos aprendido es que no podemos cambiar a otras personas. Pero de igual forma, tenemos la capacidad de ser cambiados cuando nos sometemos a Dios. Luego, Él nos transforma a través de Su amor y gracia, y nos enseña sus principios para las relaciones. Estos mismos principios son una receta para al éxito para saber cómo operar en las relaciones en nuestras propias vidas. Esto incluye:

- **Amor** - Las bases de las relaciones de Dios con nosotros están basadas en un amor incondicional, el amor ágape (1 Cor. 13). Aprendemos a dar este mismo amor a otros. No amamos a la gente necesariamente porque sean "dignos de ser amados". Nosotros los amamos porque Dios nos amó primero.

- **Santidad** - La base de la relación de Dios con nosotros está basada en Su santidad. Él nunca condonará o permitirá comportamientos pecaminosos. Podemos aprender a odiar los comportamientos negativos en nuestras relaciones con otros y darnos cuenta de que no necesitamos permitirlos en nuestras vidas. Tenemos la opción de decir "no".

- **Libertad** - La base de la relación de Dios con nosotros es el libre albedrío. Él nunca opera controlándonos hasta que nos hayamos rendido voluntariamente por nuestra parte. En nuestras propias vidas, nosotros honramos el libre albedrío de los demás y evitamos nuestras tendencias para controlar su comportamiento. Les damos el derecho a escoger, actuar y comportarse de la manera en que lo escogen. Si sus decisiones pudieran dañarnos personalmente, podemos establecer límites que nos protejan y que impongan consecuencias (Capítulo 11).

- **Gracia y misericordia** - La base de la relación de Dios con nosotros es la gracia y la misericordia. La gracia es obtener las cosas que no merecemos. La misericordia es no obtener el castigo que merecemos. Cuando recibimos estos sorprendentes regalos del cielo, los ofrecemos en nuestras relaciones.

- **Disciplina** - Dios nos ama lo suficiente para disciplinarnos cuando hacemos cosas que nos alejan de Sus mejores planes. Su disciplina es la evidencia de Su amor (Hebreos 12:6). Aplicamos disciplina a nuestras relaciones cuando estamos en una posición de autoridad (como padres) usando esta misma forma de disciplina por amor.

- **Perdón y reconciliación** - Dios se reconcilia con nosotros a través del perdón. El perdón es el puente que nos da continuamente acceso para disfrutar la comunión, la paz y el amor de Dios. La manera en que nuestras relaciones son reconciliadas y restauradas es a través del mismo perdón. Algunas veces necesitamos perdonarnos a nosotros mismos. Algunas veces necesitamos perdonar a otros.

- **Ser la mejor versión de uno mismo** - Dios busca edificarnos en la visión que Él tiene para nuestras vidas - eso significa que todo lo que Él ofrece en nuestra relación es para alimentarnos, para hacernos como Jesús y cumplir Su propósito en nuestras vidas. De la misma manera debemos aprender a ofrecer a los demás la libertad de convertirse en la persona que Dios quiso que fueran. Nosotros no interferimos o intentamos hacer de la gente nuestro "proyecto" de lo que pensamos debieran ser.

- **Intimidad** - El mayor deseo del corazón de Dios es que encontremos intimidad en Él. Tan cerca que le vemos a Él y Él nos ve a nosotros. Le permitimos completo acceso a nuestras vidas en esta condición. El deseo más alto en nuestras relaciones cercanas es esta misma intimidad. Cuando aprendemos a ser auténticos, vulnerables y honestos; tenemos el potencial de crecer cerca de otras personas que corresponden y honran esa intimidad.

Puede tomar algún tiempo trabajar estos principios en nuestras vidas diarias experimentándolas primero con Dios y luego transfiriéndolas a nuestras relaciones con otros. Es un proceso de madurez y crecimiento. Pero al entender estos principios y encontrándonos con Dios de corazón a corazón, nos da la oportunidad de aplicar estos mismos principios hacia todos los demás.

Por favor tome nota: *Una Casa Edificada por la Gracia*, explica a detalle las relaciones en la segunda fase de la recuperación.

Una Oración para Aplicar los Principios en las Relaciones basadas en Dios
Padre Dios,

¡Ciertamente esta lista me abruma! Estoy sorprendido de cómo me amas, me respetas y me cuidas en mi relación contigo. Ni siquiera sé cómo recibirla enteramente, mucho menos ofrecerla a otras personas. Te pido que conforme permanezco en ti, pueda convertirme más y más como Tú eres. Y en esa semejanza sabré cómo dar los mismos dones a otros, a través del don central del amor que me has dado. Te agradezco por quien Tú eres.
En el nombre de Jesús,
Amén

Puntos de Aplicación:

1. Escriba los principios con los que usted batalla más.

_____
_____
_____
_____
_____
_____
_____
_____

2. Ore en cuanto a ese principio cada día y pídale a Dios que lo transforme a nivel de su corazón.

3. Observe y ponga atención a las situaciones donde usted puede aplicar ese principio en sus relaciones con otras personas.

Prioridades Prácticas

Como codependientes compensamos exageradamente, nos sentimos agotados por las presiones y expectativas a nuestro alrededor. Mucho de nuestro enfoque estaba dirigido a hacer cosas que ni siquiera teníamos qué hacer. Tomamos las prioridades de todos los demás y aparentemente descuidamos las propias. Conforme enfrentamos el "nuevo día" de nuestra recuperación, necesitamos ocuparnos de los planes y compromisos de cada día, así como nuestros objetivos a largo plazo y permitir que Dios los clasifique. ¿Cómo podemos saber por dónde comenzar? ¿Cómo podemos determinar lo que debemos mantener, o lo que podemos necesitar liberar?

Primero necesitamos la sabiduría de Dios que es por la cual nuestra relación con Él debe permanecer en el primer plano de nuestra lista de "cosas por hacer". A través de Su perspectiva, necesitamos administrar sabiamente nuestro tiempo, recursos y dones. Al tomar decisiones acerca del uso de nuestro tiempo y energía podemos considerar implementar lo siguiente:

- ¿Por qué está usted haciendo esto? Evalúe sus motivos.
- ¿Jesús le ha pedido, llamado o movido a hacer esto? ¿Cómo lo sabe?
- ¿Quién o qué emoción le está motivando a esto? ¿Es un sentimiento negativo como culpabilidad, vergüenza o miedo?
- ¿Quién se sentirá complacido si usted hace esto? ¿Dios, usted mismo o alguien más?
- Hacer esto ¿Evitará que usted haga cualquiera de sus otras responsabilidades? ¿Con qué puede interferir?
- Si está tomando varias actividades a la vez, ¿Cuál responsabilidad tiene prioridad? ¿Por qué?

Si hacemos estas preguntas y encontramos que nuestros motivos son erróneos, necesitamos continuar orando por claridad. Por ejemplo, si vemos a alguien en necesidad, mientras que al mismo tiempo tenemos una responsabilidad que cumplir, necesitamos ser capaces de tomar una decisión acerca de qué cosa Dios nos pondría a hacer. Podemos haber sido continuamente propensos a ser negligentes con nuestras propias responsabilidades para "ayudar a otros". Sin embargo, en una situación dada, Dios puede estar de hecho pidiéndonos que ayudemos a alguien. Necesitamos que Dios nos guíe. En la recuperación de la codependencia, no dejamos de amar a la gente; simplemente cambiamos nuestros motivos autorreferenciales a motivos centrados en Cristo.

Una Oración por las Prioridades

Padre Dios,

Me doy cuenta que algunas veces estoy operando por las necesidades y urgencias del momento en vez de ser guiado por el Espíritu. Por favor ayúdame a entender lo que tú quisieras que yo haga en cada situación. Me siento incapaz de separar mis prioridades y responsabilidades. Te pido que conforme avance en la fe, me guíes y me dirijas desde este día en adelante.

En el nombre de Jesús,

Amén

Puntos de Aplicación:

1. Escriba una lista de sus responsabilidades actuales. Ore por ellas y pídale a Dios que revele las responsabilidades que no le corresponden a usted.

2. Durante la semana siguiente, tome nota de cuándo usted asumió responsabilidades fuera de las suyas. Pregúntele a Dios. "¿Se supone que yo deba estar haciendo esto?"

3. Tome nota de cuándo usted claramente reemplazó su propia responsabilidad con la de alguien más. ¿Por qué sucedió eso?

4. Con el tiempo, aprenda a establecer límites y diga "no" a las cosas que pudieran sobreponerse o interferir con sus compromisos.

Un acto de equilibrio

Si vemos todos los conceptos que hemos aprendido y los patrones de comportamientos que hemos evaluado, vemos dos extremos: La manera de Dios y nuestras propias estrategias disfuncionales de supervivencia.

Nuestras tendencias intentarán cambiar externamente nuestro comportamiento y movernos al extremo opuesto de cualquier comportamiento negativo que fue revelado. Suena como algo lógico, pero de hecho en nuestras propias fuerzas esto puede ser muy dañino. Sin ese cambio en el corazón, podemos externamente hacer lo "opuesto" pero la raíz malsana aun es lo que impulsa ese comportamiento.

Cuando el Espíritu Santo entra en nuestras vidas en un sentido experimental Él nos da la capacidad de tomar muchas facetas de nuestras vidas y perfectamente balancearlas y alinearlas de acuerdo a la verdad. De hecho, es sólo cuando la presencia del Espíritu Santo entra en nosotros que podemos reconocer la diferencia. Él trata con la raíz, y aplica el remedio, ocasionando que nuestra reacción de comportamiento sea balanceada.

Algunos ejemplos de cómo podemos estar desbalanceados en nuestro enfoque a la recuperación incluyen:

- Podemos darnos cuenta que somos personas "necesitadas" en las relaciones, y por tanto nos alejamos de las relaciones completamente y comenzamos a aislarnos
- Podemos ver que encontramos seguridad en nuestro desempeño en el trabajo, y dejamos de intentarlo completamente, ocasionándonos que nos volvamos flojos e irresponsables.Podemos ver cómo hemos sido permisivos con una persona y completamente alejarse de ella sin mayor explicación.

El desbalance aparece en muchas otras maneras. Para poder tratar con el impulso central de nuestras raíces de codependencia, es difícil conocer donde comenzar. Aquí hay algunos asuntos importantes de "raíz" que podemos aplicar en el área de balance.

Balanceando la verdad con el amor. Si sólo nos enfocamos en la verdad de lo que hemos aprendido, nos volveríamos ásperos y críticos con nosotros mismos y con los demás. La verdad es un regalo maravilloso - finalmente nos hace libres. Sin embargo, si usamos la verdad para evaluarnos a nosotros mismos y a los demás por los estándares, hemos negado la necesidad de balancear la verdad con el amor. De hecho, en 1ª Corintios 13:1-2 se nos recuerda que todos los "dones" que poseemos, incluyendo el conocimiento y el entendimiento, son totalmente carentes de sentido si no tenemos amor. Dios realmente opera con la verdad como el método por el cual somos hechos libres. Pero esa verdad es absorbida en Su amor y aceptación.

Balanceando nuestras capacidades de ver fallas sin nuestras habilidades de dar y recibir gracia. Cuando Dios comienza a revelar las áreas en nuestras vidas que necesitan cambiar, eso no significa que Él espera que cambiemos todas las cosas de inmediato. Por ejemplo, podemos haber aprendido a usar medidas de control en las relaciones. Dios puede mostrarnos esta tendencia continuamente en nuestra experiencia diaria. Él usa la exposición de este comportamiento para permitirnos confesar, arrepentirnos, y pedirle a Él que nos cambie, conociendo que el defecto de carácter de terquedad no necesariamente se "detendrá por sí solo".

Conforme confesemos continuamente y pidamos a Dios que nos cambie, gradualmente avanzaremos dejando nuestras tendencias controladoras, y aprenderemos a adaptar un sistema de libertad en las relaciones.

Aprender a abrazar la gracia significa que podemos estar seguros de la paciencia de Dios y su amor en nuestras luchas para cambiar. Cuando recibimos la gracia en nuestras vidas, seremos capaces de ofrecerla a otros.

Balancear la tolerancia de la gente con la intolerancia del pecado. A través de los límites saludables, comenzamos gradualmente a aprender, a no aceptar ni a incentivar comportamientos pecaminosos, pero sí amar a las personas dondequiera que se encuentren. Si la gente está pecando o cometiendo actos de transgresión, podemos establecer cualquier límite que necesitemos para protegernos de esos efectos. Algunas veces esos límites no tendrán nada que ver con la persona, pero nos facultarán a responder de manera diferente en situaciones negativas.

Si de pronto tenemos la revelación de que estamos permitiendo comportamientos negativos, podemos comenzar a "deshacernos de la gente" completamente. Incluso pudiéramos ser groseros y críticos en nuestro método, disgustados por cómo anteriormente fomentamos ese "mal comportamiento".

Mientras que podemos defendernos o protegernos de personas poco saludables y sus estilos de vida pecaminosos, debemos recordar que ellos también necesitan ser liberados. Nuestro enfoque siempre debe estar en orar por ellos. Conforme crecemos en Cristo nuestro corazón debe ser amoroso y compasivo, a pesar del comportamiento de una persona. Eso no significa que lo permitiremos en nuestras vidas, pero lo veremos desde otra perspectiva.

Balancear nuestra necesidad de desconectarnos con la habilidad de intimar. Quizá tengamos que desconectarnos de lazos poco saludables que fueron creados en nuestras relaciones. Estos lazos estaban basados en nuestro sistemas de "amor" pecaminoso y basado en necesidades. La desconexión puede ocurrir por una razón, pero eso no significa que necesitemos separarnos o aislarnos de otros. En vez de eso, la desconexión significa que estamos quitando las maneras dañinas en que estábamos "ligados" en esas relaciones.Estos "lazos" estaban en realidad basados en nuestra codependencia, no en el amor genuino.

Una vez que nos desconectamos de lo que nos hace mal, podemos preparar nuestros corazones para lazos saludables que finalmente nos darán la capacidad de lograr una intimidad. El proceso de recuperación prepara nuestros corazones para dar y recibir amor apropiadamente.

Una Oración Para Pedir Balance

Padre Dios,

Conforme aprendo estos nuevos principios y entiendo cómo pude haber sido poco saludable en mis relaciones, dame la gracia para cambiar lentamente de acuerdo a tu espíritu obrando dentro de mí. No puedo hacerlo todo en este momento. No puedo arreglarlo todo al instante. Ayúdame a aprender a balancear.

En el nombre de Jesús. Amén.

Haciendo un Resumen de Todo

La vida que Dios desea que vivamos es una vida llena de propósito, trascendencia, pasión, relaciones, y más que todo, amor. La recuperación es un proceso de separación, donde somos dueños de lo que es "nuestro", no somos dueños de lo que no es "nuestro" y Dios nos ha dado la capacidad de conocer la diferencia (la "Oración de la Serenidad"). Más que otra cosa es creer en un Dios que es infinitamente más alto y sabio que nosotros.

Aunque es doloroso, los lugares mismos donde hemos sido heridos terminan siendo los lugares en donde Dios puede usarnos más. Esto significa que nuestra codependencia no es una maldición, sino que bajo la sanidad y restauración de Dios, será una bendición.

> Toda la alabanza sea para Dios, el Padre de nuestro Señor Jesucristo. Dios es nuestro Padre misericordioso y la fuente de todo consuelo. Él nos consuela en todas nuestras dificultades para que nosotros podamos consolar a otros. Cuando otros pasen por dificultades, podremos ofrecerles el mismo consuelo que Dios nos ha dado a nosotros. Pues, cuanto más sufrimos por Cristo, tanto más Dios nos colmará de su consuelo por medio de Cristo. Aun cuando estamos abrumados por dificultades, ¡es para el consuelo y la salvación de ustedes! Pues, cuando nosotros somos consolados, ciertamente los consolaremos a ustedes. Entonces podrán soportar con paciencia los mismos sufrimientos que nosotros. Tenemos la plena confianza de que, al participar ustedes de nuestros sufrimientos, también tendrán parte del consuelo que Dios nos da. (2 Cor. 1:3-7)

Qué sorprendente es asirnos a esta verdad - que mientras más hemos sufrido, más estamos expuestos a que Dios nos consuele. Mientras más experimentamos el consuelo y amor de Dios nos acercamos más a Él, y por tanto Él continúa cambiándonos. Verdaderamente esto significa que aquellos de nosotros que hemos sufrido y recibido el consuelo de Dios podemos ser usados en mejores maneras que aquellos que para comenzar nunca han tenido problemas. Conforme maduramos nos volvemos instrumentos y testimonios vivientes de Su amor, gracia y poder. No podemos hacer otra cosa que compartirlo con otros porque esto rebosa y brota de nosotros.

Comience a alabar a su Dios por lo que Él le ha mostrado, y las oportunidades que usted tiene para ser Su vasija. Comience a agradecer a Dios de antemano por las bendiciones que él desea otorgarle. Usted no es un "codependiente" por identidad. Usted es un hijo de Dios que puede poseer tendencias codependientes. Y Dios va a usar esto mismo en su vida como catapulta para su propósito final y eterno. Lo que el enemigo intentó usar para su destrucción, Dios lo usará para su bien (Gen. 50:20) y Su gloria. ¡Aleluya!

Carta de Amor de Dios para Usted

Hay un propósito para todo este libro de trabajo y esta jornada - que usted conozca a su Padre y a su Salvador íntimamente. El "acertijo" al final de este libro de trabajo es que usted mida su corazón en comparación a este amor radical que Él tiene para usted ahora mismo.

Llene los detalles:

Estimado(a) _____ (su nombre),

Me doy cuenta que algunas veces sientes que no das la talla. Me doy cuenta especialmente de que _____ (mencione una lucha actual) que estás pasando por un momento difícil. Quiero que sepas que te amo. Quiero que sepas que sin importar lo que hagas o no hagas, eso no cambiará mi amor por ti.

Veo la forma en que lo has intentado. Conozco los esfuerzos y las luchas que te has sentido obligado a cumplir. Pero ¿No entiendes que no tienes que intentar o trabajar para agradarme? Yo te quiero a ti - no a tus obras o esfuerzos o tus afanes. Quiero tomar tus cargas y cargarlas por ti. Especialmente esas cosas que están consumiéndote ahora mismo: (mencione algunas luchas importantes que ha tenido)

_____

_____

_____

Yo veo lo que tú no has sido capaz de ver. Veo quien eres verdaderamente. Veo aquellos detalles pequeños e intrínsecos que hacen que tú seas quien eres, especialmente (mencione distinciones acerca de usted) _____

_____

_____

Mi hijo(a), yo te formé. Te entretejí en el vientre de tu madre. Cuántas veces sentí dolor en mi corazón cuando no te viste a ti mismo de una manera justa. Pero ahora, te pido que salgas de donde te escondes. Vive, haz, y conviértete en la persona que yo quiero que seas cuando te creé . Especialmente quiero verte lograr esos sueños y visiones que te he dado: (enumere sus sueños)

_____

_____

_____

_____

Sé que en tu relación con _____ (mencione una relación difícil) aún te sientes desafiado. Deja de luchar y ponlo todo sobre mi. ¿Acaso no sabes cuánto tienes para ofrecer? Recuerda, tienes una responsabilidad en esa situación, pero más allá de eso, no puedes cambiarla o arreglarla.

Tú sabes que esto es lo que has estado tratando de hacer para que funcione la relación

(mencione aquellas maneras en que usted trató de compensar en las relaciones)

———————————————————————————————————————
———————————————————————————————————————
———————————————————————————————————————

Cuando escribiste esas listas de las maneras en las que has sido herido, y las cosas que has hecho mal, yo ya sabía el daño que te habían ocasionado. Lloré contigo. Quizá no lo entiendas pero puesto que yo ya experimenté todo el pecado en tu vida, puedo identificarme más de lo que puedes comprender. De hecho, lo experimentamos juntos. Pero mira, sé que la sangre que derramé en tu favor es suficiente. Sólo necesitas aceptarla como un regalo. Y si te hubiera obligado, no sería un regalo en absoluto. Aplica ese regalo a esas heridas. Perdónate a ti mismo y a los demás, y especialmente recibe mi perdón: (mencione las heridas)

———————————————————————————————————————
———————————————————————————————————————
———————————————————————————————————————

¡Si tan sólo pudieras ver tu futuro! ¿Me permitirás guiarte hacia él? Quiero que elimines esos patrones de comportamiento que son destructivos de modo que puedas ser todo lo que yo quería que fueras cuando te hice. Esos mecanismos de supervivencia no son necesarios, especialmente (mencione algunas maneras en las que aprendió a sobrevivir)———————————————————————————————

———————————————————————————————————————
———————————————————————————————————————
———————————————————————————————————————

En vez de eso, te pido que simplemente confíes en mí. Permíteme ser tu Protector, Sanador, Defensor y Amoroso Dios. Mientras persigas tus metas en la vida, tu llamado, tus sueños, y tus relaciones, no voltees a verme como si fuera una lista contra la cual necesitas medirte a ti mismo. Soy tu Creador, y te amo y deseo una relación contigo más de lo que puedes llegar jamás a comprender. Tengo un plan y un propósito para ti. Es a través de mí que encontrarás los deseos de tu corazón. Alcanza lo alto y no te rindas. Tienes valía en base a tu relación conmigo, y nada en el cielo o en la tierra jamás cambiará eso.

Con amor tu eterno Padre celestial

Punto de Aplicación
Escriba una carta a Dios con su entendimiento honesto y valoración de:
* Cómo Dios le ama
* Cómo Dios le ve a usted

- El plan que Él tiene para usted
- Cómo desea usted servirle
- Cómo ama usted a Dios
- Con qué usted está "atorado" y necesita ayuda

Apéndice A

¿Conoce personalmente a Jesucristo?

Donde quiera que esté, y cualquiera que sea el asunto que le trajo a leer este libro, entienda que todo su contenido tiene promesas que pueden pertenecerle a usted. Quizá usted ha buscado y se ha preguntado el propósito de la vida, e intentó consumir esas empatías internas y necesitó un significado para su vida proveniente de fuentes externas. Quizá la religión le hirió, o la gente pudo haberlo decepcionado.

Pero hoy usted puede hacer una nueva afirmación que es independiente de todo lo que ha ocurrido externamente en su vida. Jesucristo ya lo conoce. Él ya compró y llevó el peso de su vergüenza pasada, presente y futura. Él conoce las maneras en que la gente le ha herido, él sabe las cosas que usted ha hecho mal. Dondequiera que usted esté ahora, Jesús es una persona real que le ama y desea reunirse con usted en su punto de necesidad. Él tiene la solución para sus necesidades.

¿Cómo puede usted tener esa relación personal?
1. Reconozca que su pecado le ha separado de Dios y que necesita un Salvador.
2. Reconozca que Jesucristo es el Hijo de Dios y que vino a la tierra como un hombre. (Juan 1:14, 1 Juan 3:5)
3. Confiese su vida pasada de pecado - viviendo para sí mismo y no obedeciendo a Dios. "pero si confesamos nuestros pecados a Dios, él es fiel y justo para perdonarnos nuestros pecados y limpiarnos de toda maldad." (1ª Juan 1:9
4. Arrepiéntase de ese pecado, lo que significa "cambiar de dirección". (2 Corintios 7:10-11).
5. Confíe en Jesucristo como su Salvador y Señor. Si confiesas con tu boca que Jesús es el Señor y crees en tu corazón que Dios lo levantó de los muertos, serás salvo. Pues es por creer en tu corazón que eres declarado justo a los ojos de Dios y es por confesarlo con tu boca que eres salvo. Como nos dicen las Escrituras: «Todo el que confíe en él jamás será deshonrado»- (Romanos 10:9-11)
6. Pídale a Jesús que tome posesión de su vida.

Aquí hay una oración para ayudarle:
Padre que estás en el cielo,

Estoy quebrantado y perdido. He tratado de vivir mi vida a mi manera y he fallado miserablemente. Te necesito. Creo que Jesucristo es tu Hijo y que vino al mundo para morir por mí. Por favor, perdona mis pecados y lléname con tu Espíritu. Me arrepiento de mi pecado y quiero comenzar una nueva vida siguiéndote. Te pido, Jesús que vengas a mi corazón y seas mi Señor y Salvador. Entrego mi vida en tus manos. En el nombre de Jesús. Amén.

www.ingramcontent.com/pod-product-compliance
Lightning Source LLC
Chambersburg PA
CBHW082353270326
41935CB00013B/1613